The Leader in Me

リーダー・イン・ミー

「７つの習慣」で子どもたちの
価値と可能性を引き出す！

スティーブン・R・コヴィー／ショーン・コヴィー
ミュリエル・サマーズ／デイビッド・K・ハッチ 著
フランクリン・コヴィー・ジャパン 訳

キングベアー出版

Simon & Schuster Paperbacks
A Division of Simon & Schuster, Inc.
1230 Avenue of the Americas
New York, NY 10020

First Simon & Schuster trade paperback edition August 2014

SIMON & SCHUSTER PAPERBACKS and colophon
are registered trademarks of Simon & Schuster, Inc.

For information about special discounts for bulk purchases,
please contact Simon & Schuster Special Sales at
1-866-506-1949 or business@simonandschuster.com.

二〇〇九年の『子どもたちに「7つの習慣」を』(『The Leader in Me』)発刊から約五年。

その間、「リーダー・イン・ミー」のプログラムは約二〇〇〇を超える小学校に導入されました。子どもたちへのリーダーシップ教育は世界中に広がり、子どもたちの価値と可能性を引き出しています。

そして今、日本においてもリーダーシップ教育を広げるために、『子どもたちに「7つの習慣」を』を大幅に刷新し『リーダー・イン・ミー』としてお届けします。

本書を推薦します

『7つの習慣』シリーズを、世界中の子どもたちの教科書とし、すべての大人の必読書にしたなら、私たちは輝かしい未来を手に入れることができるだろう。人生のゴールとは自分で創るもの。そして、その幸せを追い求めるプロセスこそが充実した人生と言えるのだ。本書を通じて一人でも多くの子どもたちの未来が輝くことを祈る。

明治大学大学院教授　野田　稔

これからの「よのなか」の生き方に、親や先生はモデルにならない。正解はないのだから、まず思い思いに自分でやってみて修正していくしかないでしょう。大事なのは、友だちだけじゃなく、異なる考え方の人ともＷｉｎ－Ｗｉｎのネットワークを築くこと。『リーダー・イン・ミー』は、そのためのセルフマネジメントを教える新時代の道徳のプログラムだ。

教育改革実践家・元杉並区立和田中学校校長　藤原和博

成功している人がみんな同じような道をたどったわけではありません。学ぶペースも、それぞれの得手不得手もさまざまです。実りある人生を送った人たちに共通点があるとすれば、むしろ通り一遍でない、個性的な人たちだったということでしょう。「7つの習慣」のプログラムによって、一人ひとりが自分自身の人生のリーダーになっていただきたい。

女優・国連開発計画親善大使　紺野美沙子

過去と他人は変えられないけど、自分と未来は変えられるのだ。あなたの夢は何だろう？　人生は夢に向かって行く過程こそが、もっとも楽しいし幸せなのだ。夢は見るものじゃなくて叶えるもの。「7つの習慣」を、あなたの夢が実現した世界に向かうパスポートにしよう！

ブリキのおもちゃ博物館館長　北原照久

地球環境、エネルギー、安全保障、少子高齢化、ＩＴ社会の進展といったさまざまな分野における急速かつ重大な変化を鑑みれば、現代は少なくとも過去の延長線上に単純に未来が来るような時代ではなくなっている。そんな単純系から複雑系に、確実性から不確実性へと混迷の度を深める世の中を生き抜くには、不動の座標軸を持たねばならない。コヴィー博士が人類の叡智を結晶させた『7つの習慣』シリーズを一生涯にわたる思考と行動の原点にしていただきたい。

千葉商科大学教授・学部長　宮崎　緑

本書を賞賛する人々

教育界の有力者たちからの言葉

教育は、子どもたち一人ひとりの能力を育み、生きていく力を身につけさせるためにあるのです。教育が画一化されると、子どもたちの真の才能に気づいてやれず、彼らの創造性や好奇心、知識欲の芽を摘んでしまうことになります。子どもたちの成長を助けようと思ったら、彼らは何を成し遂げる能力があるのか、彼らにとって真に必要な学校とはどのようなものなのか、我々は根底から考え直さなければなりません。『リーダー・イン・ミー』にはその実践法が豊富に例示されていて、意欲をかき立てられます。子どもたち、そして教師たちの真の能力に関する刺激的な発想に根づいた変革プロセスを示してくれます。その裏づけとなっているのは、「リーダー・イン・ミー」を活用して急激かつ積極的な変革を成し遂げた、世界各地の学校の実践的経験です。教育の変革に必要なリーダーシップは学校の外にあるのではなく、学校の内部、特に子どもたち自身にあることをこの本は教えてくれます。

ケン・ロビンソン卿（国際的な能力開発・教育アドバイザー。著書に『才能を引き出すエレメントの法則』祥伝社などがある）

『リーダー・イン・ミー』は、我が国で現在もっとも定着している取り組みの一つであり、実に素晴らしいものです。内容が魅力的で、この手法の原則や期待されるメリットがわかりやすく説明されています。教育に関心のある人々の、まさに必読の書といえるでしょう。

ダニエル・ピンク（『To Sell Is Human and Drive』の著者）

学校が変われば、我々の将来も変わります。子どもの頃に教養と自制心、礼儀を身につけた人間は、大人になってもそれらを持ち続けるものです。砂が石を磨くように、学校での体験は子どもたちそれぞれが内に秘めている輝きを引き出します。『リーダー・イン・ミー』の根底に流れているのは、より良き世界という考え方と、我々をそこへと誘ってくれる包括的な折り紙つきの原則です。「学習をすべての人に」という使命の実現に努力しておられる教育界のリーダーたち全員に、私はこのフレームワークを強く勧めたいと思います。

ローレンス・W・レゾッテ（卓越した学校コンサルタント）

米国における学校教育の衰退を食い止め、反転させようと思うなら、すべての子どもたちに優れた教育を保証するための方法を考え直す必要があります。子どもたちがそれぞれの潜在能力を発揮し、アメリカンドリームの実現を目指すためには、人格が不可欠です。それを伸ばしてあげるために学校は何をすべきか、この本はその方法の具体例を紹介しつつ、何が可能かを教育者たちに示してくれます。

ジェフリー・カナダ（ハーレム・チルドレンズ・ゾーンの社長兼CEO）

フリーダム・ライターズと私はフリーダム・ライターズ基金を創設しました。その目標はただ一つ、それぞれの児童や生徒、それぞれの教師、それぞれのクラス、それぞれの学校を変えることによって世の中を変えるというものです。「リーダー・イン・ミー」は、あらゆる学校が教育を通じて世界を変えるための理想的な青写真といえるでしょう。私は、この手法を導入された、情熱あふれる教師や革新的な校長先生たちにお会いすることができました。そして、私は児童たちに感銘を受けました。私のところへ堂々と歩み寄り、私の目をじっと見て握手し、「主体的になっているんです」と言ったのですから。私は彼らが「7つの習慣」を実践し、素晴らしい成果を上げるところを目の当たりにしました。そういうこの私も、目標に達成するために、自分の同僚たちやスタッフと一緒にこの実証済みの手法と「7つの習慣」を活用させていただいております。

エリン・グルーウェル（教師／フリーダム・ライターズ基金創設者）

学校を元気にさせるための外部からの努力は実を結びませんでした。多くの学校は成功の秘訣を切望しています。学習を有意義で楽しいものにするという、共通の目標に向けて教師、児童や生徒、親、地域社会を団結させるものは、地元の学校の中で築かれた結合力のある文化です。本書『リーダー・イン・ミー』は、どうしたら学校は魂と精神を取り戻すことができるか、実績や証言を交えて強烈に語りかけてきます。

テレンス・ディール（作家）

『リーダー・イン・ミー』は、学校それぞれの変革を通じて世界中の子どもたちの人生を変えるその手法を解いています。子どもは皆、人生において成功し、自ら設定した目標を実現する潜在能力と価値を秘めているのです。自分を奮い立たせ、信頼してくれる教師がいれば、子どもたちは、学校だけでなく、その後の長い人生においても自分がリーダーになれることを自覚するようになるものです。まさに注目すべき一冊、優れた手法といえます。

ロン・クラーク（ロン・クラーク・アカデミーの創設者／教師）

システム全体の真の改善のために敢えて厳しいプロセスを断行しようという方に、私は『リーダー・イン・ミー』をお勧めします。この手法を適切に実行している学校では、児童や生徒がその推進役を担っています。その結果、子どもたちは自信を深め、規律の問題も解消されつつあるようです。

ジャン＝クロード・ブリザード（ワシントンDC大学入試センター上級顧問）

今日の子どもたちが明日の社会を担うリーダーになる、と私は信じています。明るく、より良い未来を創造し得るリーダーに育ってもらわなければなりません。そのための手法として、『リーダー・イン・ミー』はきわめて有効だと思います。私たちの学校、地域社会、そして未来を望ましい方向へと変革するリーダーを育成するための本であり、手法であり、道筋です。

ジョン・ゴードン（ベストセラー書『The Energy Bus』および『The Energy Bus for Kids』の著者）

『リーダー・イン・ミー』は、現代のリーダーが実践すべきと我々が考える原則を解説し、その模範を示しています。そうした特質を子どもの頃に習得できれば、成功の評価尺度として真に重要なのは何かを理解した大人になれるのです。

クレイトン・クリステンセン（ハーバード・ビジネス・スクール教授。『イノベーションのジレンマ』『イノベーション・オブ・ライフ』等の著者）

子どもたちは大抵、高い期待に応えてくれます。その期待がその子ども個人に関わるものであればなおさらです。全国学力テストの点数が学校の最終目的と化している観がある今日、子どもたちが自分の潜在能力を発見し、自らの将来ビジョンを描き、責任を持った生き方をし、友だちと協力して問題を解決し、適切な意思決定をするのに、この『リーダー・イン・ミー』がきっと役立つでしょう。学習は魅力的な行為であり、その質を高める努力が学習の幅を拡げ、かつ学習者の能力を引き上げるということを再確認させてくれるからです。この手法が提唱する成功の習慣――ある意味では学習成果を上げるための情緒的、環境的要素である――は、学校の学習内容にシームレスに統合され、より大きな目的と意味合いをその内容にもたらしてくれます。

キャロル・アン・トムリンスン教育博士／ウィリアム・クレイ・パリッシュ教授（バージニア大学カリー教育大学院）

『リーダー・イン・ミー』は学校の文化を、諦めの文化から、どの子も潜在能力を備え、学校で有意義な学習体験ができるという希望と信念の文化へと変革します。そうした変化を、私はあちこちの学校で目撃してきました。

ジェイコブ・クラウ（デンマークのレゴ・エデュケーション社長）

教育者たちは、今日の学校が抱えている課題に対処すべく、懸命に努力されています。教育に情熱を燃やし、児童や生徒たちの成長に心底取り組んでおられます。しかし、それは教育者だけでできることではありません。『リーダー・イン・ミー』は、児童や生徒の自主性や自己規律を尊重することによって、自らの学習と成功に責任を持たせるという考え方のもと、そうした強力な文化の構築を目指す学校や教育者を後押しするものです。この手法を採用して成果を上げている学校が世界に広がりつつあります。児童や生徒たちが自力で二一世紀リーダーへと成長していく姿は、実に頼もしい限りです。

ダニエル・ドメネク博士（全米学校管理者協会、学区教育長協会専務理事）

『リーダー・イン・ミー』には、何よりも効果的なツールである彼ら自身の自己価値を児童や生徒たちに認識させることにより、不登校や社会的無視の連鎖を断ち切る力があります。これを実践している学校では、子どもたちが自分自身の人生だけでなく、社会的にも独自性を発揮できるような指導を行っています。

リサ・フェン（マサチューセッツ州ボストン在住ジャーナリスト）

「リーダー・イン・ミー」を他に先駆けて導入したのは、ノースカロライナ州のある学校です。児童たちに何をしてやれるか、模索を重ねた末の結論であり、我々の管轄下にある学校で試みられている刺激的な取り組みの際たるものです。従来の学校では見られなかった新たな手法が、ミュリエル・サマーズとショーン・コヴィーの手によって生み出されたのです。そこでは、自分の基本的価値観を見つめ直したうえで、子どもたちの価値観を育むことが求められます。我々は教育者、特にマグネット・スクール（訳注：米国公立学校の一種で、魅力的な特別カリキュラムを持つため、広範囲の地域から子どもたちをマグネットのように引き付けるという意味）の教育者として、児童一人ひとりが無限の可能性を秘めていることをはっきり認識しています。『リーダー・イン・ミー』は、児童たちを引き込み、サポートし、素晴らしい機会へと誘う道筋を示してくれています。子どもたちは皆、自分の潜在能力を発揮する方法はもとより、自分はどういう人間であり、何が自分にとって大切かを自然と気づく能力を養う方法を習得することが肝要です。我が国の将来はこうしたリーダーたちの肩にかかっており、明日のために必要とされるリーダーを鼓舞し、訓練することが、我々教育者の使命といえます。『リーダー・イン・ミー』は、教室の中だけでなく、さまざまな場面への応用が可能です。そういう私自身も子を持つ親であり、彼らの成長の指針となる貴重なヒントを授かりました。

スコット・トーマス（全米マグネット・スクール協会専務理事）

『リーダー・イン・ミー』は思慮深い的を射た内容で、とても有用な実に素晴らしい本です。実際の学校の実績、体験談、実例、写真が魅力的に配され、それらを通じて中核となる考えが提示されています。地域の子ども一人ひとりを大切に育てたいと願う学校の、まさに必読書です。

ケント・D・ピーターソン博士（ウィスコンシン大学マディソン校名誉教授）

私自身、ABコームス小学校を訪問した際、非常にしっかりした児童たちの出迎えとインタビューを受けてびっくりしました。予測不能な将来を生き抜く力を子どもたちに習得させるべく、学校は「リーダー・イン・ミー」や「7つの習慣」をどのように活用すべきか、この学校が素晴らしい模範を示してくれています。この本は、すべての児童や生徒、すべての職員が偉大さを秘めており、この手法を通じてその偉大さを実感できることを証明しています。

ジェフ・ジョーンズ（ソリューション・ツリーCEO）

何千という児童と長年関わってきた結果、今日の教育の無言の教えに私は気づきました。それは、「言われたことをやり、試験では良い成績をとり、外部の人間の判定を仰ぐ」というものです。自分独自の世の中への貢献の仕方は論文や筆記試験では十分に評価してもらえず、せっかく才能がありながら埋もれている子どもたちをずっと見てきました。『リーダー・イン・ミー』は、学校内に従来にない文化を創造します。正しいと思うことを自分で見きわめて実行すること、自信を持ち、他者にも自信を持たせること、自分の中にすでに存在する偉大さを認識し、伸ばすことを児童や職員たちに求めるのです。おそらくもっとも重要な点は、児童一人ひとりが手にできるような報酬が生み出されることでしょう。

結局、『リーダー・イン・ミー』の素晴らしさをもっとも実感できるのは、この手法で飛躍を遂げた子どもたちを目の前にしたときです。他の子たちとは明らかに違うんです。「リーダー・イン・ミー」実践校で私が目にするような、自信や情熱にあふれる子どもは、世界中他では見られません。私は以前ある実践校で学ぶ一人の男子児童に、「君の将来の夢は何？」と尋ねました。すると、その子はにっこり微笑みながら、自信たっぷりに答えました。「大きな仕事をしたいです」と。あなたの学校の文化にも「リーダー・イン・ミー」を組み込んでみてはいかがでしょうか。きっと「大きな仕事」をしてくれることでしょう。

ドリュー・ダドリー（ニュアンス・リーダーシップ社創立者／チーフカタリスト）

二〇〇七年にABコームス小学校を訪問した際、私はすぐに感じました。何かが違う、と。教育界に身を投じて以降、私はレゴ・エデュケーションを代表して数々の学校を訪れましたが、二年生の子に迎えられたのはこのときが初めてでした。この女子児童は自己紹介をしたあと、私に歓迎の言葉を述べ、訪問の目的を尋ね、サマーズ校長のところに案内すると言ってくれました。私はすっかり感心してしまいました。この学校、サマーズ校長とその教職員、そしてそれ以上に重要な要素として児童たちが反復的、安定的に成し遂げてきた成果について説明を受ける中で、スティーブン・R・コヴィー博士の「7つの習慣」を独自の方法で導入していることを知りました。博士のこの習慣は私もよく知っていました。

なぜなら、働き始めて間もなく、私のリーダーシップツール、スキルセット、考え方に加えていたからです。その習慣がこのように全校的に導入され、この児童もその中で指導を受けてきたことを知った私は、自分がこれまでに得ていた情報に確信を抱きました。適切な文化から生まれる結果は、やはり適切なものになるのです。あなたの目標が子どもたちを二一世紀において貢献できる働き手に育てることであるなら、豊かなコンテンツ、二一世紀に通用するスキル、実践的学習、敬意とリーダーシップの文化が成功の鍵となります。「リーダー・イン・ミー」の手法は学校文化を変革する切り札であり、子どもたちに自由な想像力と学習、そして成功をもたらします。

スティーブン・ターニップシード（米国レゴ・エデュケーション名誉会長／戦略的パートナーシップ担当専務理事）

私は米国でも特に難しい学校の文化の変革に取り組む際、「リーダー・イン・ミー」を中核とする手法を用いています。コヴィー博士の計り知れないほどの遺産の一つは、世界中の子ども、教師、職員たちに向けて博士が発信し続けた、リーダーシップに関する感動的なメッセージでしょう。また、ショーン・コヴィーも、子どもたちのためのリーダーシップを強力に推進されています。真の学校改革をお望みであれば、『リーダー・イン・ミー』を読むしかないでしょう。

サロメ・トーマス-EL（数々の賞を獲得している教育家）

教師たちからの言葉

「リーダー・イン・ミー」は、自分の日々の行動や学習に対する責任を児童たちに持たせるものです。私が教育者として経験した中で、もっとも核心を突いたプロセスの一つといえます。おかげで我が校の文化が完全に変革され、素行の悪い児童も減少し、教職員、児童、親たちの参加意欲が増し、教科の成績も向上しました。

ジャン・マッカータン（ミシガン州ウォーターフォード、ボーモント小学校校長）

これは命を救うものです。

アンジー・タイロン（フロリダ州ポートシャーロット、ニールアームストロング小学校校長）

「主体的である」とか、「Ｗｉｎ－Ｗｉｎを考える」といった習慣の意味を五歳の子どもでも理解していて、問題解決にリーダーシップ・ツールを活用しています。スクールバス内でのマナーの問題なども目に見えて改善されました。我が校の児童たちは私生活と学力の両面について目標を定め、計画を立ててそれらの達成に努力しています。目標を達成できたという満足感は測り知れないものがあります。児童たちは、私生活や学力の目標をクリアするたびに目標を引き上げています。子どもたちはもう、いじめなどはしなくなりました。教師、親、地域社会、そして児童の参加意欲がかつてないほど高まっています。

デボラ・ペヌル（ニュージャージー州ファーミングデール、アルデナ小学校校長）

ウィンチェスター小学校では「リーダー・イン・ミー」を導入して以来、読解力の標準テストの点数や宿題の履行率が向上しました。でも、それ以上に、児童たちが自信を深めたことが大きいと思います。以前は消極的だった児童たちが、失敗を恐れずにいろいろなことに主体的に取り組む姿勢が見られるようになりました。教職員についても、人生観が変わるほどの変化が起きています。親たちも、それぞれの家庭で習慣を実行してくれています。子どもたちにより良い人生を、と願っておられるすべての人々、自分自身も偉大さを身につけたいと思っているすべての人々にとって必要な教育の変革を実現するもの、それがこの手法であると私は確信しています。

キャシー・ブラクマン（ニューヨーク州ウエストセネカ、ウィンチェスター小学校校長）

我が校は創立日から「リーダー・イン・ミー」を導入しています。教職員や児童たちの間に信頼、結果責任、リーダーシップの文化を創造するという目的のもと、教職員に対する正規の研修と「7つの習慣」の教科への組み込みを連動させています。その甲斐あって我が校は、教育課のプログレスレポートに基づきニューヨーク市公立学区の最優秀校に指定されました。

ローズ・カー（ニューヨーク州スタテン・アイランド、ステートン・アイランド・スクール・オブ・シビック・リーダーシップ初代校長）

私たちの目的は、優れた学校をさらに優秀な学校へと変革することでした。過去に実施した取り組みは、短期的な効果はあったものの、児童たちの自己責任能力や学習に長期的な効果をもたらすことはありませんでした。「リーダー・イン・ミー」を導入してからというもの、親御さんたちがとても協力的になりました。すべてがうまくかみ合い、子どもの成長につながっていることを実感してくれています。教職員たちも、児童たちの人格と能力を最大限伸ばす前向きな手法だととらえています。

ジェニー・ウェラクソー（オーストラリア、ニュー・サウス・ウェールズ州グウィンビル、聖ブリジッド校校長）

我が校の児童は全員、何らかのリーダーです。私がやっているのではありません。先生方が児童たちと一緒に熱心にやってくださっているんです。

リサ・ヴァンリーウェン（カナダ、オンタリオ州ブラントフォード、ライアソン・ハイツ小学校校長）

システム全体を真に改善する綿密なプロセスを実行しようと思っておられる方すべてに、私は「リーダー・イン・ミー」を推奨します。適切に導入している学校では、子どもたちが諸活動を主体的に行うことで、自尊心が高まり、規律の問題が皆無もしくはかなり少なくなっています。

ジャン＝クロード・ブリザード（ワシントンDC大学入試センター上級顧問）

この学校の理事の一人として、また一人の児童の親として、私は毎日共通の用語を耳にし、「7つの習慣」が実践されるのを目の当たりにしています。息子に「早く寝なさい！」とか、「ゲームは勉強してからよ！」などと言わなくても、「ママ、最優先事項を優先するのを忘れないでね」とか、「おじいちゃん、Win-Winでいこうよ。おばあちゃんと喧嘩しないで！」などと向こうから言われてしまいます。「7つの習慣」と「リーダー・イン・ミー」は本当に凄いですね。

ジュノ・ディン・ホン（台湾・台北、リー・ジェン校理事／保護者）

私たちの最終的な目標は、子どもたちの生涯にわたってずっと寄り添って導くのではなく、自分で生きていける力をつけてあげることなのです。だとすれば、不変の原則を教えること以上に効果的な方法があるでしょうか。

ベス・シャープ博士（フロリダ州ファーンパーク、イングリッシュ・エステート小学校校長）

「リーダー・イン・ミー」の目的は関係の改善・構築にあります。それで、我が校の児童たちは特に目標設定プロセスを通じて自信を深め、より多くの成果を成し遂げています。先生方も非常に熱心に取り組んでくれておりま す。親の参加意欲も増し、コミュニケーションが深まるにつれて共通の用語が増えました。これほどやり甲斐のある仕事は初めてです。

マット・ミラー（ミズーリ州マンチェスター、レン・ホロー小学校校長）

最初から子どもたちも教職員も、自分の長所を見つけるようにと促されました。もちろん、自慢するのはよくありませんが。教師たちは今では、お互いの才能や児童たちの才能をしっかり把握しています。このように良い面に意識を向けることは親たちからも喜ばれ、児童たちの成長に寄与しています。

カーラ・ルイクス（オランダ、アメルスフォールト、アトランティス校校長）

リーダーシップ・スキルや「7つの習慣」を教えることは、教師として、親として、妻としての私を変えてくれました。計画性が増し、物事の優先順位を考え、もっとも重要なことに意識を集中できるようになったのです。

パム・アーモンド（ノースカロライナ州ローリー、ABコームス小学校一学年担当教諭）

三五年前にこれがあったらなあ、とつくづく思います。

シャロン・ターウェルプ（イリノイ州クインシー、ブレスト・サクラメント小学校五学年担当教諭）

「リーダー・イン・ミー」は児童と教職員たちが団結し、協力し合う雰囲気を創り出すのに役立ちました。我が校に望まれていた変革を起こすための、素晴らしい土台になったのです。専門的な学習要素は、教師が自分自身、自分の児童、そして学習環境を見る見方を変えてくれます。まさに驚異的な変化が起きたのです。

カレン・ウッドワード博士（サウスカロライナ州レキシントン、レキシントン学区ー教育長）

革新的で前向きな変革を実現したいという願望から、我々はリスクを覚悟で「リーダー・イン・ミー」を導入しました。このプロセスにより、子どもたちの人格を強化する、という学校が「思い描く終わり」の意義が高まり、私生活と学力の成長のための適切な環境が彼らにもたらされます。一人ひとりの子どもの価値を大切にすることで、それぞれが個性を伸ばし、自信を深め、シナジーを創り出し、世の中をより良くしたいという気持ちを強く持つのです。

マーサ・リンコン（コロンビア、ボゴタ、バッキンガム・スクール理事）

親たちからの言葉

私の九年生の息子が、宿題をほったらかしてテレビゲームをしたいなんて言い出すと、幼稚園に通っている子どもが、「最優先事項を優先して、宿題をやらなきゃだめ！」って甲高い声で兄に注意するんです。

エリッカ・ポラッツァ（ハワイ州パールシティー、レフーア小学校保護者）

二年生になる私の息子がコヴィー博士の「7つの習慣」を暗唱するのを初めて聞いたときは、顎が外れるほど驚きました。そのあと、さらに気づいたんですが、息子は暗唱できるのみならず、それぞれの習慣の意味を私に説明することもできました。こんな年齢から「7つの習慣」を応用する機会を息子に与えてくださって、感謝の気持ちで一杯です。

リュウ・ヂユ・チェン・ジェン（台湾・台北、リー・ジェン校保護者）

「7つの習慣」はこの二年間、私の息子の成長をサポートしてくれました。学校が「リーダー・イン・ミー」を始めて以来、息子は責任感が強くなり、自信もついたようです。計画も自発的に立て、他の人の気持ちも察することができるようになりました。息子のそうした成長ぶりを目の当たりにすることは親としてうれしい限りであり、学校にはとても感謝しています。

ウェイ・リン・リュウ（台湾・台北、リー・ジェン校保護者）

「7つの習慣」を導入して以来、うちの子どもたちに著しい変化が見られました。特に成長したと私が感じる点の一つは、自分の活動の優先順位を進んで決めて責任を果たそうとしていることです。宿題、学校での勉強、いろいろな用事に関する子どもたちの習慣が、すべて劇的に向上しました。

クリストファー・W・アダメック（フロリダ州セントオーガスティン、ウォーズ・クリーク小学校保護者）

私は子どもたちが成長していく様をずっと見守ってきました。何といっても、「リーダー・イン・ミー」のおかげだと思います。八年生の娘は常に信じ難いほどの自信をみなぎらせ、生まれながらのリーダーという感じですが、協力し合うことは苦手でした。「7つの習慣」を教わり、リーダーとしての責任を引き受けることで、彼女は互いに支え合うことの重要性も知ったように思います。四年生になる息子は、自分の殻を破ってリーダーに挑戦しています。その結果、それまでは無理だと諦めていたことも頑張ってやれるようになりました。

ジェン・トーマス（ミズーリ州エリスヴィル、クレストビュー中学校保護者）

リーダーシップの手法は、まさに私の息子が立ち直るのに必要なものでした。息子は学校の勉強に積極的に取り組むようになりました。宿題を全部やり、期限までに提出しています。「最優先事項を優先する」ということで、算数の宿題などは大抵学校で済ましてきます。彼の自信は日に日に強まっているようで、不安そうだった以前の姿が今ではうそのようです。他の子たちとの付き合いやスポーツなどに関してもとても意欲的で、Ｗｉｎ‐Ｗｉｎの考え方を身につけ、クラスの問題やグループ課題を通じてシナジーを創り出すことができています。何かの責任を与えられたときは、期待を裏切りませんでした。本当に感謝しています。

ロリー・ヘルミー（ワシントン州ムキルテオ、ムキルテオ小学校保護者）

私の子どもたちは、ＡＢコームス小学校でさまざまなリーダーシップ機会を与えていただき、それがとても良い方向に作用しているように思います。二人の娘はタイプがまるで異なりますが、音楽を演奏したり、スピーチをしたり、グループディスカッションをしたり、訪問者の案内役を務めたり、科学の夕べや絵画展などの家族向けイベントに参加したり、教職員によるイベントのコーディネートを手伝ったりして自信をつけ、意欲的になり、個人的にも素晴らしい成果を上げています。他の学校だったら、とても考えられなかったでしょう。

ハーディン・エンゲルハート（ノースカロライナ州ローリー、ＡＢコームス小学校保護者）

うちの二人の娘が、強力なリーダーシップ能力を養うことでどれほど成長したか、とても言葉では言い表せません。学校で役立つだけでなく、生涯を通じてプラスになるような特質や習慣を習得しつつあります。この教育法は心底素晴らしいと思います。家庭と学校の隙間を埋めてくれる、必須の栄養素といったところです。

ライアン／ジュリー・セクストン（ノースカロライナ州ローリー、ＡＢコームス小学校保護者）

企業や地域のリーダーたちからの言葉

幼稚園から始めて一三年間、地域全体の考え方を変えることが今、夢ではなくなっているんです。たった一三年ですよ。

ドニー・レイン（アラバマ州ディケーター、エナーソルブ社ＣＥＯ）

児童たちは小学校に入学したときからリーダーを任されるため、将来も自分はリーダーになれると確信するんです。それで、私たちが支援している学校のことを友人たちに話すとき、我々は未来をサポートしている、という表現で説明しています。それが、我々にとても好意的だった地域社会への恩返しなんです。

ペギー・チャーング（カリフォルニア州ローズミード、パンダ・エクスプレスおよびパンダケアズ共同創設者）

私が子どもの頃は、学校というのはただ勉強するだけの場でした。それが今では、子どもたちが倫理や社会参加、リーダーシップなども学べるようになりました。とても素晴らしく、有意義なことだと思います。

キャサリーン・クレスウェル（フロリダ州、国際ロータリークラブ会員）

「リーダー・イン・ミー」をジャカルタキリスト教学校団（ＰＳＫＤ）マンディリとインドネシアに導入することが我々の夢でした。そのためには、教職員、児童、保護者を含む学校の関係者すべてに、人がそれぞれリーダーシップ能力を発揮できるような共通の枠組みと言語を提供する必要がありました。このプロセスを導入して三年が経過した今、ＰＳＫＤマンディリはパイロット校の基準を満たすまでになりました。当初はただ想像の域を超えなかった、どこから見ても素晴らしい成果が達成されつつあります。

ローレル・タヒヤ（インドネシア、ダルマ・ベルマクナ財団理事長）

「リーダー・イン・ミー」のもっとも優れた点は、優等生あるいは問題児だけを対象にするものではないということです。すべての子どもが対象です。経済的背景とか社会的な経歴とかは一切関係ありません。皆のためのものなんですから。

ペギー・クリム（イリノイ州クインシー、ユナイテッド・ウェイ理事、市の出納役）

我々はこの国の未来をより良いものにすべく、日々努力しています。教育の質を高めることが、社会的格差の解消と新たな世代のリーダーの育成につながると信じています。我々は、コロンビアの公立学校を卓越性とリーダーシップの模範へと変革し、何千人ものコロンビアの子どもたちをそれぞれの私生活とキャリアにおけるリーダーへと育てようと頑張っています。そうした我々の取り組みを、「リーダー・イン・ミー」は力強く後押ししてくれます。

シルビア・マドリナン（コロンビア、テルペル財団理事）

「7つの習慣」は、一人ひとりが公私両面における課題を解決するための、シンプルな原則重視の枠組みを提供してくれます。大手の幼小中高教育会社を率いるCEOとして、我々は目下、何千という小学校や中学校の児童・生徒たちに「7つの習慣」を提供しています。子どもたちの学力や行動が改善するのを見ることは、私のこれまでのキャリアの中でもっとも有意義な経験の一つです。

マノエル・アモリム（ブラジル、アブリル・エデュカカオ社会長兼CEO）

はじめに

本書『リーダー・イン・ミー』の出版に向け準備の最終段階にあった最中、スティーブン・R・コヴィー博士は死去した。七九歳だった。

コヴィー博士は、この上なく精力的で有意義な人生を送られたと思う。個人および組織の効果性に関する不変の原則を、まさに世界中を飛び回って指導された。博士の言葉に救われた人は、おそらく何百万人もいるのではなかろうか。

ハーバード大学MBA課程を修了した博士は、繁盛している家業を継ぐものと周囲は見ていた。ところが、自分は教育の道に進みたいと父親に言った。そして、実際に教師になった。キャリアの最初の二五年間、彼は大学の教壇に立った。学生たちが新しい概念を理解できたとき、いやそれ以上に、自分の潜在能力に気づいたとき、彼らの目が輝きを放つ。そんな光景を見るのが博士はたまらなく好きだったようだ。博士の講義は人気を博し、教室から広い体育館に引っ越さなければならないほどだった。

そのうちに、学生たちに教えている原則を社員に教えてほしい、という依頼が、企業や政府から引っ切り無しに舞い込むようになった。博士は訪れる先々で人々の心をつかみ、彼らをいっそうの高みへと誘った。こうした経験を活かすべく、博士はやがて大学を去ることを決意し、フランクリン・コヴィー社の創設に関わった。同社は世界でも有数なリーダー育成企業へと成長し、その勢いは今日も衰えることを知らない。博士はこの間ずっと、「自分は基本的に教師である」という姿勢を貫き通した。

博士のキャリアが終わりに近づいた頃、彼は仕事を減らして家族との時間を増やすだろう、というのが大方の見方だった。博士は実際そうしたが、「クレッシェンドの人生を生きる（訳注：音楽用語で、だんだん強くなっていくのをクレッシェンドといい、人生もそのようにありたいという意味。音が徐々に弱まっていくのをデクレッシェンドという）」というモットーを忘れることはなかった。自分はこれからもっと大きな貢献ができる、という信念を常に心に秘めて活動していたのだ。しかし、博士がすでに積み上げてきた功績の大きさを考えたとき、「もっと大きな」貢献など、果たしてあり得るだろうか。

晩年、博士の情熱は彼を教壇へと呼び戻した。彼の画期的な名書『7つの習慣』は一九八九年の出版以来、五〇〇万人余の教育者、ティーンや大学生をはじめとする三〇〇〇万人余の学生たちに教えられた。この事実に博士は心を打たれていた。だが、彼の情熱をそれ以上に奮い立たせたのは、小学校に広がりつつあった熱いうねりだった。それは一九九九年、ノースカロライナ州ローリーにあるＡＢコームス小学校から始まった。

創造性あふれる教師数名が児童たちに習慣を教え始めたのだ。最年少は何と四歳の子どもたちだった。彼らの手法の特異性は、「7つの習慣」をカリキュラムとしない点にあった。むしろ、学校の文化を変革するための枠組みとして用いたのだ。その結果、ＡＢコームス小学校は、改善を急務とする学校から米国随一のマグネット・スクールへと実に短期間で変身を遂げた。素行問題を抱えている児童は目に見えて減った。児童たちは自信をつけた。教職員や親たちの満足度も向上した。そして、テストの成績も上がったのである。

間もなく他の学校も追随し、同様の目覚ましい成果を上げた。噂が広まるにつれ、起きつつある状況を本で解説する「道義的責任」があるはず、との声が博士のもとに寄せられるようになった。博士はそうした声に背中を押されて、二〇〇八年末に『リーダー・イン・ミー』(訳注：邦題『子どもたちに「7つの習慣」を』キングベアー出版)の初版を世に送り出した。これを機に、うねりはさらに拡大していった。現在までに二〇万部を売り上げ、二〇〇〇以上の学校が「リーダー・イン・ミー」の手法を導入している。その過程で、多くの教訓が得られた。導入および継続のための成功体験やヒントが続々と明らかになったのだ。それで、新たな実績、新たに判明した事実、新たな見通しを少しでも多く知っていただこうと、『リーダー・イン・ミー』第二版の検討が始まった。ただ残念なことに、この計画が実を結ぶ前に博士は他界されたのである。

そういうわけで、我々三人が共同で本書の執筆を引き継がせていただくことになったが、三人を紹介させていただきたい。スティーブン・R・コヴィーの息子であるショーン・コヴィーはフランクリン・コヴィー社の副社長であり、同社の教育チームを率いている。彼はキャリアの多くを、自身のベストセラー『7つの習慣 ティーンズ』、『7つの習慣 ティーンズ2 大切な6つの決断 ～選ぶのは君だ～』、『7 Habits of Happy Kids』(訳注：「7つの習慣」を幼児向けに編集した絵本。日本未発売)を通じて「7つの習慣」を子どもたちに伝えることに捧げてきた。これらの書はいずれも、『ニューヨーク・タイムズ』紙においてベストセラー書に選ばれている。

ミュリエル・サマーズは、本書の随所に登場する。彼女はABコームス小学校の校長として、「リーダー・イン・ミー」を他に先駆けて導入した人物である。同校で日々職務を遂行する傍ら、講演家としても好評を博し、また誇り高き母親でもある。私（デイビッド・K・ハッチ）は、企業、政府、教育機関の変革指導を担当し、その経験を本書で紹介させていただいた。初版で主任調査員を務めて以来、「リーダー・イン・ミー」の導入を目論む全世界の数百校を対象にコンサルティング活動を行ってきた。

コヴィー博士が生きておられたら、真っ先に主張されるだろう。学校に変革を起こした功績の大部分は、博士自身や我々ではなく、意欲的で独創的な思いやり深い教育者にあると。こうした教育者は増加傾向にあり、彼らが親や企業経営者、市の行政官たちとシナジーを創り出しながら、教育界に新たな希望をもたらしたのだと。まさに何百人もの教師、教育長、校長、親、教授、教育委員会の委員たちが賢明なる意見を提供してくださり、本書に綿密な検討を加えてくださった。こうした人々の洞察が本書の一ページ一ページの裏づけとなっているのである。ご協力に感謝したい。

コヴィー博士はまた、彼の長年のパートナーであるボイド・クレイグに心より謝意を表するだろう。彼は当初より本書の出版作業全体にわたり、明確なビジョンに基づく方向性を示してくれた。さらに、フランクリン・コヴィー社のコンサルタント、クライアント・パートナー、顧客サービス・コーディネータから成る教育チームと本社のチームとともに、貴重な洞察も提供してくれた。彼らの才能の素晴らしさもさることながら、子どもたちをサポートしたいという情熱と、教育者向けの専門的サービスにはただただ感服するばかりである。

我々は本書を世に出すにあたり、今日の教育者たちは近年、大量の批判的報道のターゲットにされていることをよく承知している。そうしたことは本書のねらいではない。我々は批判よりも、教育分野で起きつつある好ましい変化を促進したいと考えている。実際、近頃は大概どの学校を訪れても、深い感銘を抱いてそこをあとにする。子どもたちの人生を日々より良きものにしようと、多大な犠牲も顧みずに努力しておられる気高い教師たちの姿を目の当たりにするからだ。彼らの偉大さには本当に頭が下がる思いである。

『リーダー・イン・ミー』へようこそ。本書を通じてあなたの情熱を燃え上がらせることができれば、著者の目的は達成されたことになる。本書に登場する教育者たちの活動に感銘を受けたら、同様の機会をあなたの近くにある学校や身の回りにいる子どもたちに提供するため、あなたの長所をどう活用したらよいか、じっくり考えていただきたい。今の子どもたちの人生がより効果的で充実したものになるように、我々の取り組みに力を貸していただけたら幸いである。

ショーン・コヴィー
ミュリエル・サマーズ
デイビッド・K・ハッチ博士

目次

第1章

素晴らしすぎて信じ難い

リーダー・イン・ミー

私がこのリーダーシップ・モデルを人々に紹介し始めた当時は、否定的な人が何人かいました。戯言にすぎない、とね。でも、そんな彼らも、今では信奉者になってくれています。

レズリー・レイリー（フロリダ州セミノール郡公立学校）

『リーダー・イン・ミー』（邦題『子どもたちに「7つの習慣」を』キングベアー出版）の米国初版は二〇〇八年暮れに出版された。その冒頭で、夫婦ともに医師をしているパテール夫妻の話を紹介した。夫妻は子どもたちと一緒にノースカロライナ州ローリーに引っ越したばかりだった。子どもたちが安全で知的な学習環境で学ぶことのできるようにと、二人は学校選びを始めた。医者仲間に相談すると、ＡＢコームス小学校という名前が何度も登場した。

ＡＢコームス小学校は郊外に立つ公立の学校で、資料で見る限りどこにでもあるような普通の学校だった。児童数は九〇〇人ほど、その一八％は英語が母国語ではなく、四〇％が無料または割引で給食を支給され、二一％が特別支援を受けていた。校舎は半世紀前に建てられ、何年もこの学校で教えている教師も何人かいた。

このようにＡＢコームス小学校は普通の学校にしか見えなかったが、パテール夫妻が何度も耳に

ノースカロライナ州ローリーにある公立学校、AB コームス小学校

したこの学校の評判は、彼らの期待をはるかに超えていた。児童たちは礼儀正しく自信に満ちあふれ、教職員たちは教育熱心、おまけにテストの成績もなかなかで、校長は年間最優秀校長に選ばれたというのだ。規律上の問題もほとんどなく、他の学校では苦労した子がこの学校に来ると見違えるほど良くなる、と。何もかも申し分ないようだった。パテール夫妻から見ればまさに、「素晴らしすぎて信じ難い」という心境だった。

「その学校を自分たちの目で見てみよう」、パテール夫妻はそう思った。校内に足を踏み入れた瞬間、夫妻は何か引き込まれるような雰囲気に包まれたという。それは、どこの学校でも感じられるものではなかった。校舎が実に清潔だった。壁は、楽しく意欲を掻き立てるような作品で埋め尽くされていた。多様性が尊重されているように見えた。

聞いてみると、児童と教職員全員が「7つの習慣」を学んでいるということだった。世界のトップリーダーたちが長年自己啓発に活用してきたリーダーシップ原則である。全児童にリーダーとしての役割が与えられ、意思決定の多くが教師ではなく児童たちの手でなされていた。学習やその他について、児童自身が自分の目標を決め、達成状況を自分のノートに記録するのだ。これらのことすべてに感銘を受けた夫妻は、ＡＢコームス小学校は噂どおりの学校だ、という確信を胸に学校を後にしたのだった。

パテール夫妻は結局、子どもたちをこの学校に入れることにした。今ではその子どもたちも卒業し、この学校での素晴らしい経験を糧にそれぞれの道を歩み始めている。ＡＢコームス小学校はその後も、評判が本物か自分の目で確かめようと訪れる親たちが後を絶たないようだ。そのほとんどはそこで目にした光景に満足するのみならず、三〇ヵ国以上の二〇〇〇余の学校が今同じ道をたどり始めていることを知って喜んでいるという。

あなたの目にはどう映ったか

このＡＢコームス小学校の素晴らしすぎる噂を信じられなかったのは、決してパテール夫妻だけではないはずだ。おそらく、本書を読んでいるあなたもそう思っているに違いない。それはなぜか。私たちが最近何度も耳にする学校を取り巻く状況と似ても似つかないからである。いじめ、マナーの悪さ、学力低下、尊敬の念や規律の欠如、校内暴力、卒業率の低さ、教師の質の悪さ……こうした悪い評判にしか接していないため、こんなに良い評判を聞くとつい疑ってしまうのだ。疑わしいと思うか、どうせ長続きはしないと思うか、そのどちらかであろう。

こうした猜疑心も決して意味がないとは言えない。良い評判には一時の流行や質の悪いプログラムがつき物であり、そういうものはどうせすぐに消えていくということを気づかせてくれるからだ。だが、そうしたメリットもある反面、猜疑心からビジョンや情熱は生まれにくい。猜疑心は批判であって、模範にはなれない。猜疑心から型破りな発想は生まれないのだ。むしろ、考え方を小さな枠の中に閉じ込めてしまう。猜疑心は学校改善の戦略にはなり得ず、確固たる授業計画も描けない。その意味で、猜疑心やそれと似通った心理状態――悲観主義、皮肉、無関心、絶望など――を学校や教室、カウンセリングルーム、図書館、校庭に持ち込むのは絶対に避けるべきだ。

学校で何かを決めたり主導したりする際のひらめきは大概、希望から生まれる。希望を持っていると、何をやるにしてもより効果的な方法に気づくものだ。希望があるからこそ、児童も教職員も向上心を持ち続けられるのだ。学校を取り巻く暗く悲しい現実に一筋の光を投げかけてくれるもの、人々、それもあらゆる人々の可能性を見出してくれるもの、それは希望なのである。

パテール夫妻や、今ではさらに多くの親たちがＡＢコームス小学校などで目の当たりにするものは、まさにその希望なのだ。教育に熱意を燃やす教師、生涯役立つスキルの習得に励む児童、積極的に関与して満足感を覚えている親――こうした人々に彼らは希望を見出している。その結果として「リーダー・イン・ミー」という名のもと、従来にはない大きな希望が教育の世界にもたらされているのである。

あなたも本書を通じて「リーダー・イン・ミー」の趣旨を十分理解し、「素晴らしすぎて信じ難い」か否かの判断を自ら下していただきたい。

今日の現実に適応しているか?

著者は本書で紹介している学校について、「今日の現実に完全に適応している」という感想をよくいただく。それはこういうことだ。

比較的最近まで、私たちは情報化時代に生きていた。その時代は試験でも事実に関する知識が重視され、「事実」を誰よりも多く頭に詰め込んだ者が高い点数を取った。この知識重視の傾向は大学や職場まで続き、彼らは一流大学に進み、さらに出世競争の先頭を走ることができた。この時代の学校は、児童の脳細胞にできるだけ多くの学問的知識を詰め込むことだけを考えていればよかった。

だが、今やそういう時代は過ぎ去った。現在は創造的労働者の時代になっている。何が起きたかと言えば、それまで児童たちの頭に詰め込もうとしていた知識、トップクラスのエキスパートや一流の大学しか提供できなかったその知識が、今や世界中どこでも簡単に手に入るようになったのだ。飛行機に乗っていようが、バスを待っていようが、机に向かって仕事をしていようが、藁葺《わらぶき》小屋で生活していようが、人は今や誰もが、ポケットサイズの機器を操作するだけでほぼ瞬時に情報にアクセスできるようになった。それも、ついこの間までは、大学の図書館に丸々一ヵ月通っても得られなかったほどの大量の情報である。その結果、以前は膨大な知識量が不可欠だったエリート層の仕事の多くが、低賃金の人やコンピューターでもやれるようになっている。つまり、ただ知識を持っていても、新たな現実の中で成功できるとは限らないのである。

では、事実を知っているだけではもはや通用しないとなれば、新たな現実の中で成功する人とそうでない人を分けるものは何だろうか。ダニエル・ピンクらが主張するところによれば、成功者は平均以上の創造性、問題解決能力、そして先見性を備えているという。発明や設計をしたり、大局的観点で考えたり、物事に意義を見出したり、傾向に気づいたりする人がこれに当たる。有意義な事柄を知識を駆使して分析し、最大限活用し、統合し、提示し、実行する方法を知っている人たち

この二〇～三〇年ほどの間、世の中はある種の知識を持った特定の人たちのものであった。コンピューター・コードを操るプログラマー、巧みに契約をつくり上げる弁護士、ビジネスの数字をバリバリ処理するＭＢＡ取得者などである。だが、これからの世界で成功を収める上でカギを握る要素は変わりつつある。

ダニエル・ピンク（『ハイ・コンセプト「新しいこと」を考え出す人の時代』三笠書房）

だ。だからこそ、創造的労働者なのである。

だが、変化はそれだけではない。創造的労働者の時代へと移り変わるのと同時に、社会規範にも変化が起きた。その一つとして、学校が終わるとさっさと家に帰り、親が帰宅するまでずっと、鍵を閉めた部屋の中でゲームに一人で興じる子どもが増えている。こうしたゲームの多くは破壊的な活動を含み、他人と意志の疎通を図ったり、効果的な解決策を考えたりする必要はなく、実際には何の結果も生み出さない。放課後、友だちと顔を合わせず、ネット上で連絡を取り合う子どもたちもいる。

著者が調査しているある学校では、児童の九〇％が母子家庭の子どもで、その大半が父親の顔も見たことがないという。別の学校は薬物汚染地域にあり、外壁には銃弾が撃ち込まれた穴がポツポツと空いている。その一方で、科学技術や輸送機関の発達によって世界全体が一つの活動の場となり、地球市民的な発想をする児童たちも増えつつある。さらには、ある種の特権意識を感じている子どもたちもいる。そして、社会はますます変化しており、その多くは大人たちを不安な気持ちにさせている。正しいコミュニケーション法、節度ある紛争解決法、多様な背景の人たちとの協力の仕方、混乱した競争社会での効果的な生き方を今の子どもたちは身につけられるのか、と。

つまり、言い古された表現だが、「時代は変わった」のである。実際、その変わり様があまりに激しいため、今の時代は創造的労働者という括りだけでは説明し切れない。ダニエル・ピンクによれば、今日の現実で真の成功を手にしている人は、創造的労働者の特性に加え、聞き上手でチームをまとめる能力に長けているという。

「人と人の交わりの微妙さを理解し、自分自身の中に喜びを見つけ、他人から喜びを引き出す」ことができる人。自分がすべての事実を知っていなくても、適切な人材を集めて事実を組み上げ、解決策を導き出す術を心得ている人。共感することができ、人々の意見や才能を活かすことのできる人。要するに、知識を駆使して働く能力に留まらず、対人スキルにも優れた人なのである。

こうした主張を展開しているのはピンクだけではない。詳しくは第2章で述べるが、しばらく前から同様の新しい現実の存在を指摘している専門家は他にもいる。彼らが述べているのは決して未来世界ではなく、あくまで今の時代である。新しい現実の中で急速に出現しつつある次の三つの課題にどう取り組むか、教育に携わる者が綿密かつ斬新な視点で考えることを彼らは求めているのだ。

学力：今日の世界では、子どもたちは学問的知識を暗記して鵜呑みにするだけで終わらず、現実の場面にそれを応用する能力を習得することが求められる。将来成功を手にするためには、より強力で分析的かつ批判的な思考能力、問題解決能力、創造力を持たなければならない。そのためには、教育者が教え方やカリキュラムを見つめ直し、こうした思考法や応用法に対応させる必要がある。

学校文化：今日、子どもたちの集中力の欠如、いじめ、規律のなさ、不登校、孤独感といった問

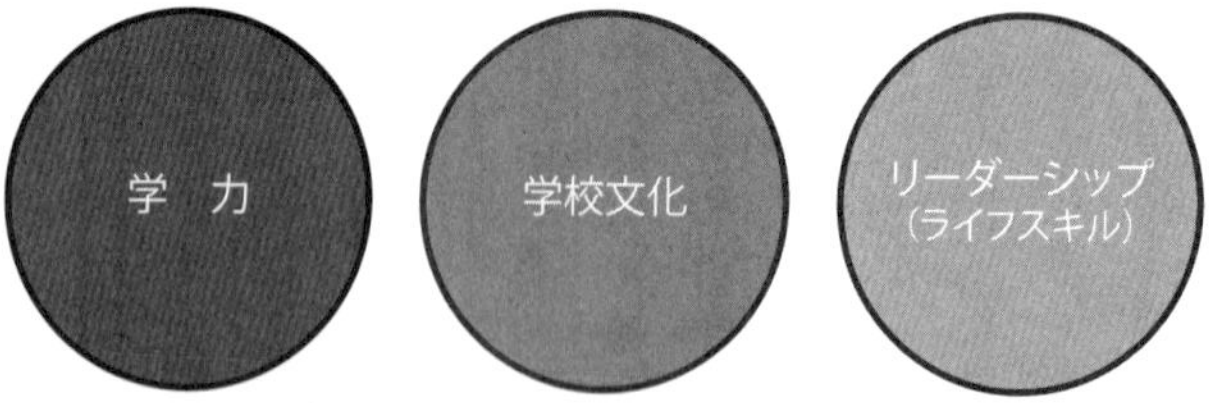

生まれつつある３つの課題

題への対応に苦慮していない学校があるだろうか。教職員間の協力関係の欠如、教師の熱意不足、共通ビジョンの欠如、変革への抵抗、有害な噂話の流布、親の無関心などの問題に直面していない学校があるだろうか。以前は学校が特に何もしなくても文化は自ずと築かれたが、今日の学校は悠長に構えている余裕はない。もっと積極的に取り組むことが必要である。

リーダーシップ：個人的スキルや対人関係スキルをもっと学校で教えることが急務となっている。これらのスキルは時に、職業能力、キャリアスキル、大学進学適性、社会・情緒的スキルとも呼ばれ、単にライフスキルという言い方もある。呼び方はともかくとして、多くの子どもたちが大学に進み、就職し、親になり、社会生活を送るうえでこうしたスキルは欠かせない。米国では、大学に入っても一年以内に退学する学生が三〇％を超えている。その理由の一つが、こうしたスキルの欠如にあると言えるだろう。人として生き、自立し、他人とうまくやっていく能力が欠けているのだ。かつてはこうした能力は家庭で育まれるものと考えられていたが、今やその前提が崩れているのである。

これら三つの課題のいずれも、まったく新たに出現したものでないことは言うまでもない。学校はこれまでも長年、これらの問題に取り組んできた。では、何が新たな現実になっているかと言えば、三つの分野すべてにおいて水準を引き上げるよう、途轍もないプレッシャーが教育者にかかっていることだ。

では、今日の学校はこの新たな現実にどう対処しているだろうか。米国の心理学者でハーバード大学教授のハワード・ガードナーによれば、その答えは、「うまく対処できていない」となる。彼は『知的な未来をつくる「五つの心」』（武田ランダムハウスジャパン）の中で、「だがいまの公教育による人間の育て方は、すでに過去のものとなった世界を大前提にしていて、これから現出しうる世界……は想定されていないように見える」と指摘する。また、ポール・タフは『成功する子 失敗する子――何が「その後の人生」を決めるのか』（英治出版）で、「児童の発達に関するここ数十年の一般通念は誤りで、私たちは間違ったスキルや能力に焦点を合わせ、間違った戦略を使ってそのスキルを教え、育てようとしてきた」と主張している。

ただ、こうしたことは専門家に言われるまでもなく、私たちも気づくことだ。企業経営者たちが最近の新入社員について、よく嘆いているのを耳にする。頭脳明晰な者を雇ったものの、チームでの働き方にしても、優先順位をつけて時間を配分したり、考えを明確に提示したりする能力もまったくなってない、と。

高校を卒業し大学に合格した子どもが、入学試験は優秀な成績だったが、目標を追求する方法、

時代の変化により、世界の子どもたちの教育にも新たな手法が求められている。

もめ事を大人らしく解決する方法、あるいはデジタル画面以外とも付き合う方法を知らない、と愚痴をこぼす親は数知れない。こうした経営者や親たちに尋ねてみるとよい。子どもたちが今日の現実に対して十分な準備ができていると思うか、と。おそらく彼らは口をそろえて、「できていない」と答えるだろう。彼らの苦渋に満ちた表情が目に浮かぶようだ。

この三つの課題については、このあと詳しく触れる。ここでは、「リーダー・イン・ミー」が今日の現実に完全に適応しているという感想を読者が抱く一つの理由を述べるに留める。それは幸いにも、学校によるこれらの課題への取り組みに「リーダー・イン・ミー」が役立っているからだ。そして、「これは、我々の仕事をもう一つ増やすものではない。我々が前からやっていることをより効果的に行うための方法である」という多くの教育者たちの言葉どおりに状況が進行していることは、本書の著者としてこれ以上ない喜びである。

新たな思考法とは？

著者がいつも疑問に感じるのは、教育界全体が適切な思考法で三つの課題に取り組んでいるか、という点である。アルバート・アインシュタインは警告した。「私たちは問題を生じさせたときと同じ思考レベルで問題を解決することはできない」と。言い換えれば、問題を解決しようと思ったら、一歩下がって考え方から見直す、パラダイムの再検討が必要になるということだ。

マーティン・セリグマン博士は、長年にわたって世界の心理学をリードしてきた一人だ。そんな彼が近年、比較的新しい学問分野である「ポジティブ心理学の父」と呼ばれるようになった。彼がアメリカ心理学会（ＡＰＡ）の会長をしていた頃、もっと細かく言えば、彼が自宅の庭にいたときの話だ。洞察に満ちた『世界でひとつだけの幸せ』（アスペクト）にも記しているように、彼はある日、庭の片づけをしていた。五歳になる娘のニッキがそばにいて、楽しそうにいたずらをしていた。そのうちに、ニッキが飛び跳ねたり、うろうろ歩き回り始めた。これに耐えられなくなった彼が怒鳴り声をあげると、彼女はどこかへ逃げ出した。

だが、間もなくしてニッキは彼のそばに戻ってきた。「パパ、お話があるの」と言いながら。「パパ、私が五歳になる前のこと、覚えてる？　三歳から五歳まで、私はぶつぶつ文句ばっかり言ってたわ。毎日ね。でも、五歳の誕生日に私は決めたの。もう文句は言わないって。とっても辛かったのよ。でも、私が文句を言うのをやめられたんだから、パパだって今みたいに怒鳴るのやめられるでしょ？」彼女の説教はそこで終わった。

さすがはセリグマン博士と言うべきか、彼は娘の言葉にちゃんと耳を傾けたのだった。そして、自分の行動を反省し、娘の積極的な性分に驚いた彼は、言い放った。「よし、私も態度を改めよう」と。

この短い会話は、セリグマン博士の家での態度を変えさせたのみならず、彼のキャリアも転換させた。心理学という学問は一世紀の大半、「人の矯正」に焦点を合わせていたことに彼は気づいた。問題点を見つけ出し、苦しみを軽減することを主眼としていたのだ。崇高な目的を振りかざして。そうではなく、人々を幸せな気分にすることに焦点を合わせた心理学があってもいいのではないか、彼はそう思い始めた。

その過程で彼は、「子どもを育てるということは、単にその子の悪いところを直すだけではない、もっと大きな目的があるはずだ。子どもの持つ強みや長所を見つけ、さらに伸ばしてやること、そして、彼らがそうした良い面を目一杯発揮できる分野を見つける手助けをすることが目的なのだ」という考えに到達した。それが彼の新たな思考法となったのである。

こうした考え方の変化はセリグマン博士にとって、心の病に関するカウンセリングや研究に費やしてきた自分の長年の過去をより深く見つめ直すきっかけとなった。これまでうまくいったことや、うまくいかなかったことを振り返った挙句、彼は次のような結論に達した。

心の病の予防は、未来志向、希望、対人関係スキル、勇気、何かに熱中できる能力、信頼、職業倫理感など、子どもたちの中に潜む強みや能力、長所を見つけ出し、育ててあげることによって成果が得られる。こうした強みを発揮できるようになると、心の病を引き起こす苦痛が緩和される。希望を捨てず楽観的に生きるスキルを育むことによって、遺伝的要因で子どもがうつになるリスクを低減させることができる。都会で暮らす若者は、麻薬取引が身近で行われる環境にあることから、薬物の乱用に走る危険性が高い。だが、未来志向を心がけ、スポーツなどに熱中し、職業倫理感もしっかりしていれば、その危険性は大幅に低下する。ただ、こうした強みを緩衝材として育てるという考え方は、欠点を病気ととらえ、それを治療することだけに目を向ける手法とは相いれない。

キャリアを順調に築いてきたセリグマン博士が、その途中で立ち止まって自分の考え方を見つめ直そうと思ったこと、そして、五歳の娘の助言に素直に耳を傾けたことは何とも素晴らしい限りである。ただし、本書でセリグマン博士の事例を紹介したのは、ただ彼に感銘を受けたからだけではない。著者は世界各地の学校と一体的に活動し、成功事例を研究する中で、セリグマン博士が心理学の分野で発見したことと共通するものが学校や教室にあることに気づいた。

私たちが長年にわたって見てきたように、教育界は子どもたちの学力の劣っている部分を見つけて適した療法を決める、いわばレーザー治療のような対処法を開発してきた。行動学の専門家たちは子どもたちのメンタルヘルスや規律の問題を集めて複雑なシステムをつくり上げ、それに基づいてあらゆるタイプの反抗的な子や秩序を乱す子の行動を分類している。そうすることで、子どもたちを蝕んでいる原因を正確に特定し、治療しようというわけだ。教師の成績を測定・評価して、彼らの能力向上につなげようとする、似通ったツールや戦術も開発されている。実際、私たちは、子どもや大人、さらには学校のあら探しに慣れてしまった観がある。やはり、崇高な目的を振りかざして。

ただし、この種の戦略やツールはまったく無駄と言うつもりはない。著者はその誤りを暴こうとか、追放してしまおうなどと考えているわけではない。だが、児童のGPA（成績評価値）を上げることに必死になるあまり、彼らのGAP（Got a Pain：苦痛を受ける）を上げてしまったのではないだろうか。教師の能力を向上させようと、彼らの「悪い点」に目を光らせて批判することだけに躍起になっていたのではないだろうか。教育界も、「欠点を病気ととらえる考え方」に陥り、「欠点の矯正」に走ってしまったのではないだろうか。「子どもや大人の強みや長所を見つけ、さらに伸ばしてやること、そして、彼らがそうした良い面を目一杯発揮できる分野を見つける手助けをすること」、また、未来志向、希望、対人関係スキル、勇気、何かに熱中できる能力、楽観主義、職業倫理感を育むこと――セリグマン博士がしたように一歩離れて眺め、こうしたことの効果を試すことによって何かが得られるのではないだろうか。すでに長年キャリアを積み重ねてきた人であっても、新たな思考法を取り入れることは可能ではないだろうか。

著者が本書の執筆を思い立ったのは、こうした疑問が頭から離れなかったからだ。読者の皆さまも、我々と一緒に一歩離れて教育の将来を見つめ、三つの課題について新たな思考法を探し求めていただけたら本望である。

「リーダー・イン・ミー」の三つの特長

「リーダー・イン・ミー」には次の三つの特長がある。このあと各章を読みながら、その特長を見つけていただきたい。

学校をあげた取り組み

「リーダー・イン・ミー」は学校全体、すなわち全教職員と全児童の才能を結集し、親や地域社会のサポートを最大限活用する。

最近行ったある上級コースのリーダーシップ・セミナーで、「皆さんの人生に大きな影響を及ぼした人は誰ですか?」と受講者たちに尋ねたところ、ある人がすぐに答えた。「私の場合、小学校の食堂で働いていた女の人です。私にとって学校は大変でした。でも、食堂に行くとその人がいつもいて、『元気にやってる?』なんて声をかけてくれました。心が和むのを感じたものです」

また、こんなふうに答えた人もいた。「運動場の管理人でした。友だちが大勢いる前で私に、『あなたは正直ね』って言ってくれたんです。それ以来、その言葉に恥じないように頑張ってきました」

さらに、図書館員、用務員、教師補佐、警備員、カウンセラー、バスの運転手、看護師、事務員、教師などを挙げる人たちもいて、同じような経験を語った。学校を変革し、子どもたちのためになる教育をしようというとき、全教職員を巻き込んで彼らの才能を活用しない手はない。「リーダー・イン・ミー」は、すべての教職員をリーダーとしてみなし協力を得るという考えに立つ。

同じことが児童にも当てはまる。学校が実施する取り組みの中には、優秀な児童だけとか、特殊な事情を抱えた児童だけを対象にするものがある。それに対して、「リーダー・イン・ミー」は一部の児童だけを対象にすることはない。どの児童もそれぞれ強みがあり、学校変革のリーダーとして貢献できると考えるのだ。ＡＢコームス小学校の校長、ミュリエル・サマーズはあるとき、児童の親からこんな質問をされたそうだ。「うちの子がこの学校に入れてもらうためには、リーダーシップの能力が優れていないといけないんでしょうか？」彼女は次のように答えたという。

今朝、当校にお迎えしたお客さまたちに歓迎の言葉を述べる役割を任されたのは、ＩＱが七〇に満たない特別支援が必要な児童でした。あの子は大企業の経営者になることはないかもしれませんが、対人関係スキルはものすごいものを持っているんです。社会に出ても、きっと彼に合った仕事が見つかると思いますよ。あの子は自分を、マナーのリーダーだと思っていて、日々成長しているんです。学力面ではハンディキャップがあっても、自分に自信を持っています。このリーダーシップ・モデルがすべての子どもたちに有効な秘密は、そこなんですよ。

子どもの人格全体が対象

同じ子どもは二人と生まれない。指紋が一人ひとり違うように、性格も十人十色だ。だが、母親のお腹を出た瞬間、周囲の環境の影響を受け始め、文化的均質化が進むことになる。この均質化が過度に進むと、一人ひとりの子どもの個性や価値、可能性が奪われてしまう。

「リーダー・イン・ミー」は、どの児童や生徒にも長所があり、貢献することができる、つまり誰もがリーダーになれるという考え方です。

「クローン人間」をつくり出す工場と化している学校もある。読み書きや算数など、二、三の教科に優れた人間を、まるで組立ラインを回しているかのように生産しているのだ。この種の学校に通う児童や生徒たちは毎日、図画、音楽、コンピューター、スポーツ、機械いじり、ドラマなどへの興味を校内に持ち込むことは許されない。教室ではきちんと列を成して座り、無駄口はたたかず、もぞもぞ動いたりせず、与えられたことだけを黙々とこなすように言われる。さらにひどいことに、子どもたちの価値や可能性は、二、三の教科の試験の成績で判断されてしまう。

> 人にはそれぞれ才能がある。だが、魚を木登りの能力で判断するとしたら、魚は一生涯、自分は能無しだと思って生きることになる。
>
> アルバート・アインシュタイン

「リーダー・イン・ミー」はすべての人の中に偉大さを発見し、育て、褒め称えようとする。

対照的に、「リーダー・イン・ミー」は人格全体――知性、肉体、情緒、精神――を育てようとする。その根底にある考え方は、すべての児童、すべての教職員に偉大さが宿っているというものだ。偉大さとは、高い地位に就くとか、ずば抜けた功績を打ち立てるといったことではない。強烈な個性や特異な才能を持つということであり、読み書きの能力や計算機を使いこなす能力はあってもなくても関係ない。「リーダー・イン・ミー」は児童一人ひとり、教職員一人ひとりの中にそうした才能を見つけ出そうとするものであり、そういう才能を発揮し、育てる機会を提供するのだ。

想像力をフル活用

「リーダー・イン・ミー」は、プログラムというよりも一つの手法だ。それも、教師が教師のために考案した手法なのだ。また、台本をひとまとめにして提供するようなものでもない。だから、使用する人が想像力を働かせる必要がある。それも半端な量ではない。

「リーダー・イン・ミー」は、コンピューターやスマートフォンのオペレーティング・システム（ＯＳ）に似ている。ＯＳはほとんどの機能に直接または間接に関係する。プログラマーは、そのＯＳ用のプログラムやアプリケーションを開発する際、ＯＳの動作原理や共通言語に対応している限り、創造力を自由に発揮できる。

「リーダー・イン・ミー」の楽しさを真に実感できるのは、校内のあちこちの壁一面に、教師や児童たちの想像力が表現されている光景を目の当たりにするときだろう。あるいは、リーダーシップ原則を広める目的で、ある女性教師と児童たちが作曲した歌を聴くときもそうだろう。さらに、過去に何度も行っている授業に初めてリーダーシップ概念を取り入れた教師の目がいつも以上に輝いているのを見るとき。一人の児童が大人たちの前でスピーチをし、終わってから腰かけるときのその子の顔の輝き見るとき。「私は三〇年以上も教壇に立っているが、『リーダー・イン・ミー』は私がこの職業に就いたときの初心を思い出させてくれる」という教師の告白を聞くとき。

著者の経験からして、教育者の多くは、自分の学校やクラスについて時々考え直し、見つめ直したり、企画やアイデアを練り直したりするよう求められるのを好むものだ。中には、自分を「企画屋」と考えている人もいるくらいだ。

本書の構成

以上、見つけていただきたいテーマは、学校全体、子どもの人格全体、そして豊かな想像力全体の三つである。一ページ一ページ、これらを探しながら読んでほしい。

このあとの本書の構成は次のようになっている。

次の第2章は引き続き背景説明だ。「リーダー・イン・ミー」がスタートした経緯を、理由を含めて紹介する。

続く第3～5章では、進化しつつある三つの課題に取り組む学校にとって、「リーダー・イン・ミー」がどのように役立つのかを考える。さらに、教育者たちがこれを、「やらなければならないことをもう一つ増やすのではなく、前からやっていることをもっと効果的に行うための方法」と見なす理由についても分析する。

第6章と第7章では、学校が親や地域社会を巻き込むことにより、「リーダー・イン・ミー」の効果を拡大・強化し、長続きさせようとする取り組みを紹介する。

本書で紹介する事例の大部分は小学校に関するものだが、少し手を加えれば中学校や高校にも同じプロセスを応用できる。第8章ではそのあたりを説明する。

「リーダー・イン・ミー」を立ち上げ、長期にわたって継続させるための最善の方法を第9章で取り上げる。そして第10章では、「リーダー・イン・ミー」がなぜ今日の現実に適応し、不可欠なのか、その理由を説明する。ここまで読み進めば、「リーダー・イン・ミー」の今日の現実への適応性、また子どもたちに現在そして将来を生き抜く術を教えるうえでの有効性を納得していただけるだろう。

さらに最後のページに到達した頃には、本書に登場した教育者たちの取り組みに対し、著者と同様の感銘を抱いてもらえるのではないだろうか。彼らは現代版「奇跡の人」である。本書で紹介するのは、二〇〇〇余の学校で生まれた素晴らしい実績や成功事例のほんの一部にすぎない。卓越した教職員たちが子どもたちのために進めている革新的な取り組みや日々の心配りには、著者も頭が下がるばかりである。

最後になるが、本書の目的は、子どもたちの潜在能力のみならず、あなた自身、そしてあなたの才能を花開かせることにある。本書を読み終えるまでに、そのことに気づいていただけたら幸いである。あなたの心を開き、新たな考え方をぜひ取り入れていただきたい。本書で学んだ知識をどうしたらあなた自身の置かれた状況に応用できるか考えてほしい。各章の最後に「自分自身を見つめ直す」として付した質問をじっくり考えてほしい。あなたの中に宿る偉大さに、さらに磨きをかけるために。

第2章

導入の経緯と理由

リーダー・イン・ミー

悪の葉っぱに斧を向ける人が一〇〇〇人いても、根っこに斧を向ける人は一人しかいない。

ヘンリー・デイヴィッド・ソロー

ＡＢコームス小学校が「７つの習慣」を導入したのは一九九九年のことだった。それから数年経ってから、サマーズ校長が導入の経緯の一部と理由を記録に残している。この章を始めるにあたって、彼女の回想録から何ヵ所かを紹介したいと思う。まずは彼女の自己紹介の件だ。

私は、ミュリエル・トーマス・サマーズと申します。生まれ育ったのは、ノースカロライナ州ライルズビルです。一〇歳で父を亡くし、私たち姉妹は母一人の手で育てられました。彼女は本当に素晴らしい母親でした。

大学はノースカロライナ州立大学チャペルヒル校に進みました。しかし、進路を決めかね、最初のうちは苦労しました。何をしたらよいのかわからず、ある日、誰か教えてくれないかと、まさに祈るような気持ちでベンチに座っていたことを覚えています。その瞬間、「教師になりなさい」という神様の声が聞こえたように思いました。小さな子を相手にするのはもともと大好きだったので、教育の道を志した途端、私は自分の「ボイス」を発見できたと感じました。

大学を卒業した私は故郷のライルズビルに戻り、五年間教師をしました。そのあとメリーランド州に引っ越し、さらに七年間教壇に立ちました。そこで私は素晴らしい人たちと出会いました。その中の一人、ジョアン・コーラーは、私が気づいていなかった一面を教えてくれました。学校管理職としての素質がある、というのです。それまでは教室の中の自分しか考えられませんでしたが、自分を信頼してくれている彼女の助言を大切にしようと思い、修士号を取ろうと決意しました。

やがて私たち一家は、生まれ故郷のノースカロライナ州に戻りました。最初の年は一年生の担任をし、その後教材開発の仕事を任せられました。教頭になったのはそのあとです。

ミュリエルの自己紹介に説得力を与えているのは、どの学校の歴史も輝かしい実績も、その廊下を歩くすべての人々の人生と哲学が積み重ねられた結果であるという事実だ。学校そのものが行動するわけではない。そこに集う人間が行動するのだ。ミュリエルならではの情熱や活力が、彼女を支える教職員全員の情熱や活力とうまく絡み合い、数々の成功に彩られたＡＢコームス小学校の長い伝統を形づくったのである。ミュリエルの話をさらに聞くと、そのことがいっそう明確になる。

私は最終的に、ノースカロライナ州ローリーにあるＡＢコームス小学校の校長に就任しました。ABコームス小学校は良い学校でしたが、学力はさほどでもありませんでした。この小学校は当時も今も、いわゆるマグネット・スクールです。何らかの特色を売りにして、本来の学区外からも児童を集めようという制度です。残念ながら、当時売りにしていたマグネット（磁石）は力が弱かったとみえて、児童があまり集まりませんでした。七〇〇人以上収容できる校舎に、児童はわずか三五〇人でした。

一九九九年、私はスティーブン・R・コヴィー博士がワシントンDCで主催したセミナーに出席しました。大学院でリーダーシップを勉強していたとき、彼の著作を読んでいました。その博士の生の講義を聴けるとあって、とても楽しみでした。博士の話の途中で、胸が一杯になったことを覚えています。周囲を見回すと、会場はいかにも成功者らしき人たちで埋め尽くされていました。誰もが一言も聞き逃すまいと真剣な表情でした。そして、私が感じていたのとまったく同じことを彼らも感じていたんだと思います。コヴィー博士が説いておられるのは、変わることのない普遍の原則なのだ、と。

気がつくと私は、管理職としての頭と親としての心でもって聴いていました。そして、話を聴けば聴くほど、私は思わずにはいられませんでした。「ミュリエル、こうした原則を学校で教えたら、児童たちは子どものうちに身につけられるんじゃない？『7つの習慣』のレンズを通して物を見ることを子どものころからずっと続けていけたら、あの子たちの人生はもとより、世の中全体がきっと素晴らしくなるんじゃないかしら」と。

この原則を子どもに教えることをどう思うか、コヴィー博士の意見を聞いてみたいと思った私は、休憩時間が来るたびに何度も勇気を奮い立たせようとしましたが、やっとの思いで意を決したのは最後の休憩時間でした。ステージから去ろうとしていた博士を呼び止め、「コヴィー博士、この『７つの習慣』を子どもに教えることは可能でしょうか？」と尋ねました。「何歳くらいのお子さんですか？」と仰ったので、「五歳です」と答えました。博士はしばし考えたあと、笑みを浮かべながら言いました。「十分可能だと思いますよ」と。そして、つけ加えました。「実行されたら、どんな具合か教えてくださいね」

私たちの会話はそれで終わりました。この短い会話がその後の私の人生に決定的な影響を及ぼすことになろうとは、そのときは思いもしませんでした。

ミュリエルがワシントンＤＣでの体験を通じて感じたことは、その後、多くの親たちも口にしている。「うちの子は一〇代なんですが、『７つの習慣』を実践してくれたらなあ」とか、「大学一年になる私の子どもがこれらの習慣を身につけていたら、さぞ良かったでしょうに」といった具合だ。「社員全員がこれらの習慣を実践してほしい」と、企業経営者の中にも同様の発言をする人が多い。ただし、ミュリエルが想定していたのは、大学生や一〇代の子ども、あるいは企業ですでに働いている社員たちではない。彼女は五歳の子どもたちのことを考えていたのだ。

ミュリエルが学校に戻ると、山のような仕事が待ち構えていた。それで、コヴィー博士と交わした会話や「7つの習慣」のことは彼女の頭からほとんど消えていた。しかし、しばらくして彼女は次のような最後通告を突きつけられることになる。

数ヵ月後、私は学区の教育長から、「突っ込んだ話」をしたい、と呼び出されました。我が校は児童の集まり具合が良くないため、マグネット・スクールとして別のテーマを考えるか、それができなければ学区を見直して普通の学校に戻るしかない、と言われました。つまり、「一からやり直すか、マグネット・スクールの資格を返上するかの二つに一つ」ということです。教育長がくれた猶予期間は一週間でした。そして、「予算の追加は認めませんよ」と最後に釘を刺すことも忘れませんでした。

何とかこの学校を救えないものかと、私は教職員たちと一緒に頭をひねりました。児童の親たちや地域社会の指導者たちにも相談し、彼らは学校に何を期待するか尋ねました。すると面白いことに、彼らの口からは同じ類の返事が返ってきました。子どもたちが、責任感が強く、思いやりがあり、心の優しい人、多様性を尊重し、難しい決定に直面しても正しい判断ができる人、そういう人間になってほしいというのです。

もう一つ興味深かったのは、意見を聞いた人たちの中に、「高い学力をつけさせたい」と答えた人はただの一人もいなかったことでした。人格を磨き、基本的なライフスキルを身につけてほしい、と願っていたのです。

「7つの習慣」

ミュリエルは企業経営者たちとともにセミナーに参加したとき、「『7つの習慣』を子どものころから学んだら、あの子たちの人生も世の中もきっと素晴らしくなるんじゃないかしら」という思いが脳裏から離れなかったという。「7つの習慣」の要点を子どもたちにわかりやすく言い換えたものを紹介する。これを読んだら、あなたもミュリエルと同じことを考えるだろうか。

第1の習慣：主体的である

私は責任感の強い人間である。率先して行動する。自分の行動、態度、気分は自分で決める。自分が犯した過ちを他人のせいにしない。自分の意志以外で怒ることはない。

第2の習慣：終わりを思い描くことから始める

前もって計画を立て、目標を設定する。有意義かつ効果的なことをする。クラス内で重要な役割を担い、学校のミッションやビジョンに貢献しており、良き市民になることを目指している。

第3の習慣：最優先事項を優先する

もっとも重要なことに自分の時間を使い、すべきでないと思うことにはノーと言う。優先順位を決め、スケジュールを組み、計画を実行する。自制心を発揮し、皆と歩調を合わせる。

第4の習慣：Win-Winを考える
勇気を出して自分が欲しいものを手に入れるだけでなく、他人の願望も考える。他人の「信頼口座」に預け入れをする。意見が対立したときは第3の案を模索する。

第5の習慣：まず理解に徹し、そして理解される
他人の考えや気持ちに耳を傾ける。相手の立場に立って物事を眺める。相手の話を最後まで聞く。自信を持って自分の意見を述べる。相手の目を見て話す。

第6の習慣：シナジーを創り出す
他人の長所を認め、自分も身につける努力をする。考え方の異なる人ともうまく付き合う。他人と協力し合う。自分だけでやらず、他人と連携するほうが効率的であることを認識し、問題解決に際しては他人の意見を求める。常に謙虚さを忘れない。

第7の習慣：刃を研ぐ
適切な食事、運動、睡眠によって健康に気を配る。家族や友人と過ごす時間をつくる。学校だけでなく、いろいろな方法、いろいろな場所で学ぶ。他人を助ける効果的な方法を見つけ出す。

要するに、マグネット・スクールとしての資格を守るには、ミュリエルと教職員たちは新たなテーマを一週間以内に見つけるしかなかった。ただし、彼女たちはただテーブルを囲んで座り、自分たちだけで頭をひねったわけではない。学校の関係者に相談し、彼らが学校に何をもっとも期待するかと、謙虚に心を開いて尋ねたのだった。

教師、児童の親、企業経営者たちが学校に求めたもの

ミュリエルも述べているように、一九九九年当時、ＡＢコームス小学校は決して悪い学校ではなかった。教職員たちは優秀であったし、児童たちも真面目だった。だが、問題を抱えていることも、また事実だった。

第一に、学校の周辺地域は人口の高齢化が進み、入学者数は減少傾向をたどっていた。これに伴って教職員の士気も同様に低下していた。どんなに頑張っても、改善が見られなかったからだ。テストの成績は地区最低で、規律の問題も増えつつあった。個人的に取り組みを進めている教師も一部いたが、教職員全員を束ねるような共通のビジョンや目標はなかった。何本もの矢がバラバラの方向に飛んでいるような状況だった。

ＡＢコームス小学校にとって有利な点と言えば、児童の多様性くらいだった。ローリーにある研究地区、リサーチ・トライアングルやいくつかの大学には、世界中から人々が集まっていた。それ

児童の多様性は AB コームス小学校にとって宝だった。

で、学区を超えてＡＢコームス小学校に入学していた児童たちの国籍は実に多様だった。教職員たちはこの多様性を大切にしていて、何としてでもそれを維持したいと考えていた。

マグネット・スクールとしての新たなテーマを決めるにあたり、どのような学校にしたいか、教師たちにも意見を求めた。すると、「やらなければならない仕事、教えなければならないことがまた増えるのは困る」というのが彼らの最初の反応だった。彼らはすでに山のような仕事を抱えていて、燃え尽きる寸前の状態だった。新しいテーマを打ち立てることによって、今でも手一杯の仕事がさらに増えるのは到底耐えられなかったのだ。

だが、その点を除けば、誇りに思えるような学校にしたい、と教師たちは答えた。自分たちが確信をもって支持できるようなテーマ、自分たちを引き立たせてくれるようなテーマを望んだ。自ら喜んで学校に来るような児童。他校が羨むような知識、創造性、人材、最新の手法などを有する教職員。仲間として力を合わせて働ける雰囲気。自分たちの能力を活かしてもらえる環境。毎日、充実感をかみしめながら家路につけること。彼らはこうしたものを強く求め、ミュリエルたちは彼らの意見を注意深くメモした。

次の手順として、学校に対する児童の親たちの期待を聞くことも当然必要だった。率直な話し合いが行われた。親たちの意見を要約すると、自立し、自分の決めたことに責任を持ち、他人と上手くやっていく術を子どもたちに身につけさせたいとのことだった。また、人々の多様性を受け入れ、問題解決能力を備え、人から信頼され、時間を上手に使えるようになってほしいという声もあった。社会に積極的な貢献ができる大人になることを望んでいたのだ。

親たちの中には一部、企業経営者も混じっていた。彼らは、子どもたちが将来、企業の戦力になれるよう、必要なスキルや資質を習得することの重要性を痛感していた。企業がもっとも求める資質やスキルに関する年次調査の結果を示して訴えた親もいた。そこには次の項目が並んでいた。

・コミュニケーション能力
・正直さ／誠実さ
・チームワークスキル
・対人関係スキル
・しっかりした職業倫理感
・分析能力
・スキル能力
・物事をまとめる能力

・自発性／率先力
・創造力

ミュリエルたちはやはり注意深く耳を傾け、メモを取った。親や企業経営者たちの意見から新しいテーマのヒントが得られるのではないか——彼女たちはそう期待していたのだ。

今日のボイス

ＡＢコームス小学校の話からいったん離れるが、一九九九年にミュリエルたちが関係者から聞いた内容は、学校に対する今日の大人たちの期待が変化しつつあることを示す初期のシグナルだったと言える。この変化はどのように生じたのだろうか。次に示す調査結果から垣間見ることができる。

一九九〇年代は、米国では教育の「基本理念に立ち返る」ことの重要性が強く叫ばれた時代だった。特に３Ｒ（Reading／wRiting／aRithmetic：読み、書き、そろばん）が重視され、その大部分は親たちからの要求だった。しかし、その九〇年代も終わり近くになると風向きが変わり始めた。変化のきっかけとして、九九年にコロラド州コロンバイン高校で起きた銃乱射事件を挙げる向きもある。この事件に動揺した親や教育者たちが、３Ｒ偏重主義の見直しを求めるようになったというわけだ。実際、親たちの多くがこの時、子どもの学力よりも学校での身の安全や精神的安定のほうを心配するようになった。「子どもたちは自暴自棄になり、その挙句あんな犯罪へと突っ走ってしまう。我々に何かできることはないだろうか？」教育者たちは自問自答を繰り返した。

今思えば、この事件のずっと前から大人たちの考え方に変化の兆しが表れていた。九〇年代初め、ミシガン州立大学のデュアン・アルウィン社会学教授は、学校に対する親たちの期待に見られる新たな傾向を指摘していた。一九二〇年代の親たちは、従順さ、順応性、尊敬、行儀作法などの特質を重視していた。ところが、アルウィンの研究の結果、九〇年代の親たちが子どもに何よりも求めるものは、自分で考える力、自分の人生に責任を持てる生き方、イニシアチブの発揮、多様性に対する寛容さであることが明らかになった。まさにＡＢコームス小学校の親たちが求めているものとほぼ一致するのである。

九〇年代末、国際連合教育科学文化機関（ユネスコ）が「学習：秘められた宝」と題した報告書を公表した。世界の教育専門家一五人が執筆にあたったこの報告書は、二一世紀の教育者が重視すべき四つのねらい（四本柱）を提言する内容だった。

・**知ることを学ぶ**：知識を教えるだけでなく、集中力、暗記力、調査スキル、抽象的な思考力、知的好奇心、論理的な問題解決能力の鍛錬を通じて、生涯にわたって学習する術を身につけさせることを教育者に求めている。
・**為すことを学ぶ**：「認定スキル」のみならず、「個人的能力」をもっと教えるよう教育者に促している。認定スキルは、特定の職務に必要とされるスキルであり、職業訓練学校でよく教えられている。それに対して個人的能力は、認定スキル以外にも、イニシアチブ、リスクを取る積極性、時間管理、コミュニケーション、イノベーション、リーダーシップ、チームワークといった一般的なライフスキルや特質も含む。これらのスキルは「高度な資格を備える人々に限られるものではなく」、その意味で「すべての人々に教えられるべきものである」と報告書は主張する。

・**共に生きることを学ぶ**：偏見、紛争、非行集団、略奪行為が社会に蔓延している世界の現状を踏まえ、「すべての人々の類似性と相互依存性に対する認識」を子どもの頃から植えつけ、「相手の立場に立って物事を見ることによって相手を理解する方法を教える」よう教育者に呼びかけ、「この共感の精神が学校で奨励されれば、子どもたちの生涯にわたる社会的行動に好影響を及ぼす」と指摘する。さらに、子どもたちは共通の目標のもと、プロジェクトに協力して取り組む機会を必要としていると主張する。「楽しいプロジェクトに一緒に取り組むと……人と人の違いや紛争さえも徐々に意識から消えていき、完全に消滅してしまうこともある」

・**人間として生きることを学ぶ**：最終的な柱は、「教育はすべての人の完全な発達――精神と肉体、知能、感受性、美的価値の鑑賞力、精神性――すなわち人格全体に貢献すべきである」と教育者に促す。「人生におけるさまざまな状況の中で最善策を見つけ出し、決断する」とともに、自分の生き方や教育に責任を持つ能力を子どもたちに身につけさせるためのさらなる努力を求めている。

大人たちの考え方におけるこうした変化は、二一世紀に入るとさらに加速した。多くの教育者たちが、ダニエル・ゴールマンの社会性と情動の学習（ＳＥＬ）に関する研究の影響を受けつつあった。学業と人生両面の成功を予測する指標としてはＩＱよりも心の知能指数（ＥＱ）のほうが優れている、とゴールマンは主張した。彼はキャリア上の業績について、「情緒的能力のほうが純粋な認識能力より倍ほども重要である」、そして「リーダーとしての立場でトップレベルの成功を成し遂げる要因としては、心の知能指数のほうがほぼ全面的に有利である」と主張した。心の知能指数は

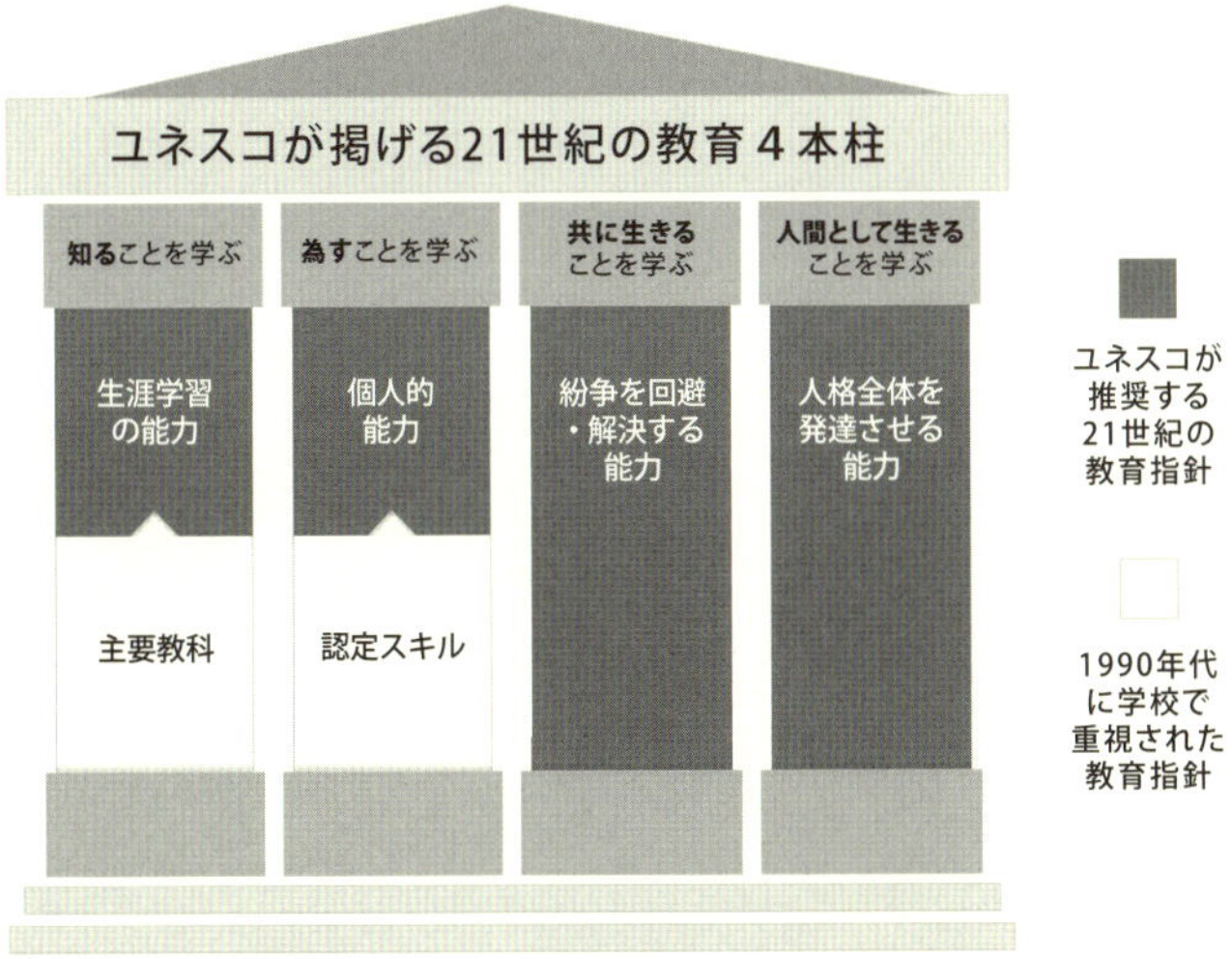

個人的能力と社会的能力に大別される。

さらに二〇〇七年には、教育者と企業経営者の連合体として高い評価を得ている「Partnership for 21st Century Skills」（二一世紀スキルのためのパートナーシップ）が興味深い調査結果を発表した。教育に対する米国の成人の考え方を調べたものだ。「Beyond Three Rs」（3R主義からの脱却）と題したこの調査では、学校で教える各種スキルを大人たちに重要度でランクづけしてもらった。彼らが3Rを、問題解決能力、チームワークと協調性、自主性、リーダーシップ、創造力、グローバル感覚、倫理感、社会的責任などのスキルと比較した結果をまとめたのが左表である。

二〇〇九年、英国を拠点とする世界的教育機関エデクセルが、今後入社してくる社員たちに何を求めるか、二四ヵ国の二〇〇〇社を対象に調査を行った。エデクセルはその結果について、「もっとも衝撃的だった結果」は、リスト上のいずれかの項目ではなく、「国が違っても回答に共通性が見られたこと」だと報告した。調査結果の上位は次のようになった。

・問題解決能力
・イニシアチブ
・共感
・前向きな考え方
・文化的相違を尊重すること
・コミュニケーション
・創造性／革新性
・責任を持つこと
・プロ意識
・マルチタスク
・チームワーク

個人的能力と社会的能力

個人的能力	社会的能力
自己認識	共感
自己評価	組織の一員としての意識
自信	奉仕
自制	鼓舞するリーダーシップ
透明性	他者の育成
適応性	変化を生み出す
達成する力	紛争管理
イニシアチブ	絆の構築
楽観主義	チームワークと協調性

教育に対する大人たちの考え方

	以下の各スキルを重要度（0～10）で９以上と評価した人の割合
読解力	75%
コンピューターなどのスキル能力	71%
クリティカル・シンキングと問題解決能力	69%
倫理観と社会的責任	62%
書面でのコミュニケーション	58%
チームワークと協調性	57%
口頭でのコミュニケーション	56%
生涯学習と自主性	50%
算数	48%
リーダーシップ	44%
創造性と革新性	43%
メディア活用能力	42%
グローバル感覚	42%
科学（生物学、化学、物理学）	38%

二〇一〇年、トニー・ワーグナーが著書『The Global Achievement Gap』（副題：『Why Even Our Best Schools Don't Teach the New Survival Skills Our Children Need – and What We Can Do About It』）を出版した。この本の中で彼は、職業、市民意識、学習のための「新たな基礎スキル」と彼が考えるものを挙げている。それは次のとおりである。

①批判的思考と問題解決能力
②ネットワークと影響力によるリーダーシップ
③機敏さと適応性
④イニシアチブと起業家精神
⑤効果的な口頭および文章によるコミュニケーション
⑥情報へのアクセスと分析
⑦好奇心と想像力

そして最後にもう一つ、二〇一三年に全米の成人を対象に実施されたギャラップ社の世論調査で、「幼稚園から高校までの子どもたちに批判的思考能力やコミュニケーション能力を教えるべきである」に対し、成人五人につき四人が「大いに賛成」と答えた。また、「目標設定スキルを教えるべきである」に対して六四％が、「創造力や協調性は有意義なテーマである」に対しては過半数が「大いに賛成」だった。

「児童や生徒たちが立派に成長するためには、算数や読書など主要教科をマスターすることも重要ではあるが、そうした知識だけでは足りない。高等教育や職場で将来成功するためには、批判的思考能力、創造力、コミュニケーション能力、その他のソフトスキル、さらには健全な肉体や円満な交友関係も必要になる」とこの調査は結論づけている。

今紹介したいくつかの調査レポートは、親、教育者、思想リーダー（自分の考えや哲学を表明し、広め、リーダーシップを発揮する人）、企業経営者たちが最近述べている意見の一部にすぎない。だが、第一章で紹介したダニエル・ピンク、マーティン・セリグマン、ハワード・ガードナー、ポール・タフの見解、さらにケン・ロビンソン卿やキャロル・ドウェックらが、新たな現実を生き延びるための新しいスキルや考え方として提示している主張と方向性は同じだ。同じことの繰り返しのように聞こえるとしたら、実際に同じだからだ。

そして、それらは、ABコームス小学校が一九九九年に聴取した関係者の意見ともきわめて近い。教育者が主要教科だけに固執せず、より広い視野で教育にあたることは、世界共通のニーズなのだ。こうした叫び声は教育者たちも何度か耳にして精通しているものであり、自分の子どもにも良かれと思っているのではなかろうか。しかし、常にそこに立ちはだかるのは、「では、どのようにやったらよいか？」という問題である。すでに山のように仕事を抱え、ものすごいプレッシャーを背中に受けている中で、これらのスキルや特質をどのように教えるべきだろうか。

児童たちが学校に期待するもの

マグネット・スクールとしての新しいテーマを探し求める過程で、ＡＢコームス小学校は、親、企業経営者、教師たちから助言を得ることに力を尽くした。では、児童たちは学校に何を期待しているだろうか。

つい最近、ある男の子がサマーズ校長と話をしたいと、校長室にやって来た。すぐにその男の子の目から涙があふれ始めた。彼の父親は軍人で、イラクに派遣されていて会えず、淋しくてたまらないということだった。涙にかすんだ目で、彼は訴えた。「校長先生、僕たちがＡＢコームス小学校で習っているような生き方を世界中の人たち全員に教えられたら、僕のパパは遠くに行かなくていいのにね」と。

激しい紛争は、わざわざ遠くまで出かけて行かなくても身近にある。近隣地域、家庭、そして学校も事実上、戦場と化している。とはいえ、子どもたちの大部分は良い子であることは間違いない。そして、彼らの多くが学校に期待するものは、優れた教育を受け、友だちといつも一緒にいられ、毎日を楽しく過ごすことなのだ（この順序は変化するかもしれないが）。ただし、彼らが何よりも望むのは心の安らぎであり、それが失われれば彼らは敏感に反応する。

心の安らぎは児童たちの表情や行動、テストの点に現われる。そのためには、次の四つの基本的欲求が満たされなければならない。

・肉体的欲求：安全、健康、食物、運動、住居、清潔、衛生
・社会・情緒的欲求：理解、優しさ、友情、尊敬
・知的欲求：知的成長、創造力、刺激的な課題
・精神的欲求：貢献、意義、独自性

これらの基本的欲求は、肉体、情緒、知性、精神の四つから成り、つまりは人格全体である。どの家庭でも、四つの欲求がすべて満たされることはないため、児童の多くはこれらに飢えて、これらを求めて学校にやって来る。教育者たちは、児童の知的要求を満たすことだけが自分たちの仕事だと思い込みがちだが、本当は四つの欲求すべてに対応しなければならない。

肉体的要求については、米国では児童にまず朝食を食べさせないと授業を始められない学校は多い。貧困による飢えが懸念される都会の学校ではなおさらだ。お腹を空かした子どもに何か教えても、身につくはずがない。学校によっては洗濯やシャワーの設備を備えているところもあり、児童たちの衛生に気を配っている。安全、体力、健康も、学校が常に気遣わなければならない肉体的欲求である。

また、多くの教師が心の傷を癒すのに時間を費やしている。中には些細なものや微笑ましいものもあるが、実に痛ましいケースもある。子どもたちが大きくなるにつれ、人間関係や感情的な問題が大きな意味を持つことが増え、しかも言葉で表現されるようになる。そうならなければ、つまり、

子どもたちが黙りこんでしまうようになれば、それはそれで心配が膨らむことになる。クラスメートや教師、その他自分が信頼している人を介して学校との人間的つながりを感じることができない児童は学校でよい成績を取るのが難しく、むしろ非行に走りやすい。人間関係がとても重要なのだ。

児童の欲求の中で、教職員たちがもっとも対応を迫られるのは知的欲求だが、その次に多いのは精神的要求だろう。「精神」という言葉には、「心または物の見方の性質」とか、「断固とした態度や積極的な自己主張など物の見方」といった、宗教とは無縁の定義が数多くある。「精神」について類語辞典を紐解くと、同義語がずらりと並んでいる。意志、道徳心、決意、勇気、気力、心、熱意、内なる自分、不屈の精神、たくましさなどだ。教師や教職員たちは日々、児童たちの精神面に重要な形で関与し、彼らの精神を鍛え、場合によっては萎えさせることもある。学校で大人の人からほめられたり、信頼されたり、自分の価値や可能性を教えてもらったりして、とても明るい気持ちになる子どもは多い。

その一方で、学校生活のかなりの部分を暗い気分で、ときには打ちのめされて過ごす子たちも大勢いる。小学校に入った当時は目を爛々と輝かせていた子が、四年生になる頃にはその輝きが消え失せてしまったりする。児童たちはしばしば残酷な世界を目の当たりにし、しかもそれがあからさまであるがゆえに、子どもたちの自尊心を一瞬にして踏みにじってしまう。実際、今日の社会で起きているなりすまし犯罪の中でもっとも有害なものは、経済活動よりも子どもたちの世界で起きているのだ。今の子どもたちは、内心目指すものがあっても、メディアやクラスメートからプレッ

大人が信頼してあげることによって救われる子どもが大勢いる。

シャーをかけられて思いどおりの生き方ができない。

こういう振る舞いをし、こういう仲間と付き合えば「カッコいい」とか、こういうファッションをし、無謀な行動ができたら「イケてる」とか言われる。また、テストでひどい点を取ったり、間抜けなミスを一つしただけで、レッテルを貼られてしまう。特異な才能や個性を奪われ、その他大勢の文化に染められてしまうのだ。こうした悲劇を未然に防ぐには、思いやりがあり観察力の鋭い教師や教職員がその子に、希望や夢、明るい見通しを持つこと、つまりは自分の価値や可能性を信じさせるしかない。

子どもたちが、自分は健康で安全と感じること（肉体的欲求）、今の自分が受け入れてもらえたと実感すること（社会・情緒的欲求）、知的な刺激を受けて知能が向上していると自信を持つこと（知的欲求）、今日は意気軒昂と感じること（精神的要求）――こうした欲求が満たされれば満たされるほど、自分の将来について考える気力が湧いてくるのだ。

子ども一人ひとりをリーダーに育て上げる

ＡＢコームス小学校の話に戻ろう。マグネット・スクールとしての新しいテーマを決めようとしていたミュリエルたちにとって、教師や親、企業経営者たちの意見がとても参考になった。ミュリエルは調査の結果を検討していたとき、ワシントンＤＣで受けた「７つの習慣」セミナーで学んだことを思い出した。

児童の親御さんや先生方、企業経営者たちの話を伺ったとき、コヴィー博士と交わした会話が自然と頭の中に蘇ってきました。子どもたちに教えてほしいと皆さんが望んでいることが、「７つの習慣」の内容とぴったり一致していたんです。私がセミナーで聴いたことを教職員たちに話すと、話がどんどん進んでいきました。要するに、何度も話に登場し、親御さんや先生方、企業経営者たちが言っていたことを的確に表現するように思える言葉、それは「リーダーシップ」だったんです。

「これだわ！　リーダーシップを我が校の新しいテーマにしましょう」私たちはそう考えました。

ABコームス小学校が学校関係者と話し合って決めた、マグネット・スクールとしての新しいテーマ、それは「リーダーシップ」だった。

私たちはすぐさまインターネットにアクセスしました。リーダーシップをテーマにしている小学校が他にないか、確認するためです。一件も見当たりませんでした。リーダーシップというテーマで何ができるか、教師たちがアイデアを絞り始めました。これは凄いことになりそうだ、と彼らも思ったようです。一週間後にリーダーシップというテーマを教育長のところに持って行くまでの間、教育長に絶対に承認させてみせると、教職員たちは精力的に作業をしてくれました。その成果は期待どおりでした。教育長も私たちの案を気に入ってくれたのです。それも二つ返事で。

そして、「リーダーシップ」がABコームス小学校の新しいテーマに採用された経緯、そして理由は以上のとおりだ。間もなくしてこの学校に、**子ども一人ひとりをリーダーに育て上げる**という新しいミッション・ステートメントが生まれた。自分の価値はテストの点や成績表の評価などでは測れないことを児童一人ひとりに知ってほしい。

それが教職員たちの願いだった。自分も成功できるのだ。会社の社長にはなれなくても、自分の人生のリーダー、学校内のリーダー、自分の将来を創り出すリーダーになれるのだ、と。だが、「どのようにやったらよいか？」という問題は依然として残っていた。

いざ、導入

新テーマの導入にあたって最初にやらなければならなかったことは、教職員全員に「7つの習慣」のトレーニングを受けさせることだった。彼らは一流企業のリーダーたちと同じ研修を受講した。上級主任コンサルタントのナンシー・ムーア博士の指導を受けた結果、教職員たちの間に強い絆が生まれたことは大きな成果だった。全員がお互いをよく知り合い、共通の言葉で話せるようになった。彼らはすぐ、「7つの習慣」をミーティングや課題への取り組み、私生活の改善に応用する方法を模索し始めた。

「7つの習慣」を児童たちに教える段階に至ったとき、教職員たちは各学年の一クラスだけを対象にして様子を見ることにした。教師たちが授業ごとに効果的な指導法を工夫したが、大概は従来の授業計画にこのコンセプトを組み込むことになった。いざ始まると、心配していたほど難しくはなかった。児童たちは「7つの習慣」を学ぶのが楽しそうだった。実験対象となったクラスでは、ほどなくしてしつけ上の問題が減り、児童たちの自信が見違えるほど深まったように見えた。親たちの反応も上々で、実験対象クラスを担当した教師は導入一年目の最後に、「全クラスに拡大する価値がある」と総括した。

この一年目には、他にも教職員たちの目を引く変化が起きた。学年末試験全科目の正解率が八四％から八七％へと上昇したのだ。データを分析してみると、正解率の改善は実験対象クラスの上昇によるものであることがわかった。実験対象クラスと他のクラスの唯一の相違点は、「７つの習慣」を教えたか否かだった。そして、これは凄いことになりそうだ、と教職員たちが本気で思い始めたのはこのときだった。

その翌年、リーダーシップというテーマが全校的に導入されたが、このときいくつかの工夫がなされた。意欲を引き出すような展示品や刺激的な格言が廊下に貼り出された。全校集会やその他の学校行事でも、リーダーシップが大々的に取り上げられるようになった。聖歌隊は、児童たちの夢を膨らませるような歌を歌った。自分の将来について考えてもらおう、という願いを込めてのことだった。児童たちにそれぞれのクラスのリーダー、あるいは学校全体のリーダーとしての役割が与えられた。そのうちに廊下や教室、教職員の会合や運動場でも「７つの習慣」の用語が飛び交うようになった。リーダーシップが名実ともにこの学校に定着したのだ。

教職員たちの中には、ボルドリッジ品質原則（訳注：創造的でかつ継続的に顧客が満足する品質を実現するための原則。米国の国家的競争力の向上に取り組んだ商務長官マルコム・ボルドリッジの名が冠されている）や各種ツールの訓練を受けている者もいた。この原則とツールを用いれば、成績データのより効果的な追跡や活用が可能になることを彼らは知っていた。そこで、彼らはそれをリーダーシップのテーマに組み込む方法を模索した。その取り組みの一環として、児童たちは目標を設定し、その達成状況を一人ひとりのノートに記録することにした。これにより、全児童が読み書きや算数を中心に、自分の成績のランクを知ることができるようになった。そして、二年目の終わりには進級者数が大幅に増加し、進級率は九四％に達した。児童たちの背景の多様さを考えれば、もの凄い成果と言えるだろう。

その後、テストの正解率は最高九七％まで上昇した。こうした学力面の改善もさることながら、もう一つの顕著な変化は、学校の「雰囲気」が一新されたことだ。児童も教職員たちも学校に来るのが楽しくなったように見えた。士気が急上昇するとともに、入学者数も三五〇名から九百名へと跳ね上がり、順番待ちをする子もいた。マグネット・スクールのテーマがまさに磁石のように児童を「引きつけた」のだ。教育長もやれやれと胸をなで下ろしたことだろう。

教師と教職員たちはその後、次年度の課題や個別の状況に合わせて一年ごとに修正を繰り返しながら取り組みを継続した。リフレッシュ研修を目的としたムーア博士と別のコンサルタントの訪問は、彼らの意欲をさらに高める効果があった。このことからも、「リーダー・イン・ミー」が一時だけのイベントではなく、毎年毎年枝葉をつけて拡大していく、終わりのないプロセスであることが確認される。ＡＢコームス小学校がこの原則を採用してすでに一五年余の月日が流れたが、彼らは今もなお、毎年少しずつでも改善していきたいと考えている。

世界に広がるリーダーシップ教育

本書の初版（邦題『子どもたちに「7つの習慣」を』）が書店に並んだ当時、八つの学校がABコームス小学校を手本にして同様の取り組みを開始していた。その他にも、少数ながら計画段階にある学校もあった。その五年後、その数は二〇〇〇を超えた。その大半は米国の学校だが、カナダに一〇〇校以上、さらにオーストラリア、アジア、ヨーロッパ、アフリカ、南米にも二〇〇校誕生している。こうした普及は草の根の運動による部分が大きく、親同士、教師同士の口コミで拡がったのだった。

大部分は公立学校だが、チャータースクールや私立学校も名乗りを上げている。「7つの習慣」はあらゆる年代層、文化、信条、社会経済的グループ、民族的背景に当てはまる普遍的原則の上に成り立っている。それで、キリスト教、ユダヤ教、イスラム教、仏教、シーク教、ヒンズー教など、さまざまな価値観を持つ学校が自らのカリキュラムに組み込むことができるのだ。また、北米先住民族の学校の中にも、都会や田舎や郊外の学校と同様に「リーダー・イン・ミー」を採用しているところがいくつかある。つまり、学校の種類は関係ないのだ。

ブラジルでは、きわめて治安の悪い地域も含め、一〇〇校余の学校が「リーダー・イン・ミー」を導入している。コロンビアでは、ある地元の財団が六〇校に資金援助しており、さらに一〇〇校の目標達成に向けて努力している。メキシコ、プエルトリコ、バミューダ、トリニダード、グアテ

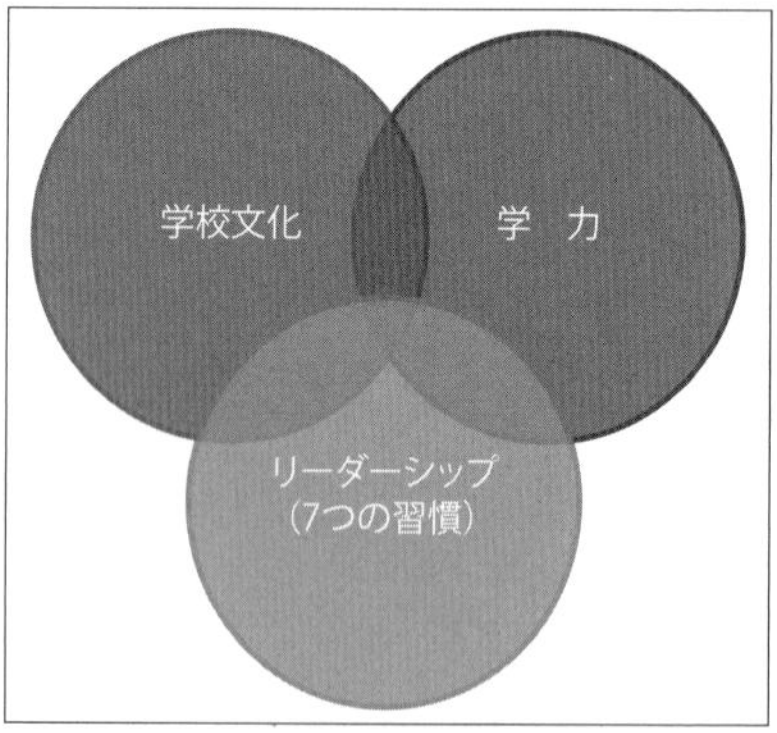

マラ、チリ、アルゼンチンといった国々にも、計画を進めている学校がある。学校への導入は、シンガポール、台湾、中国、韓国、インド、マレーシアなどのアジア地域でも進行中である。インドネシアでは、一〇校ですでに始まっている。タイには六校あり、そのうちの一つは最優秀小学校部門でキング・ロイヤル・アワードに輝いたサティット・バンナー小学校である。こうした動きはヨーロッパでも見られ、特に北欧のスウェーデンなどでは地元の学校を支援している自治体もある。オランダでも進行中で、ハンガリーでは七校誕生している。オーストラリアでは伝統校も参加し、アフリカや中東でも導入の動きが始まりつつある。これらの学校をすべて紹介するのは到底不可能であり、本書ではそのうちのいくつかを紹介させていただく。

これらの学校を観察した結果、重要な教訓が数多く浮かび上がった。その一つは、学力、学校文化、ライフスキルという三つの課題が事実上、高度に関連づけられているという事実だ。通常は、これらの課題に別々に取り組んでいる所が多い。学校の主たる使命は児童の学力を伸ばすことだからといって、そこだけに努力を集中する。そして、時間的余裕がある場合や、危機が発生した場合に、文化の課題に取り組む。それでもまだ時間や余力があれば、やっとライフスキル——ここからは**リーダーシップ・スキル**と呼ぶこととする——を教えようかと考えるのだ。それに対して、「リーダー・

イン・ミー」を導入している学校は、三つの課題のいずれか一つの改善に直接乗り出すと、その効果が他の分野にも及ぶことが多い。互いに絡み合っているからである。

重要な教訓の二つ目は、学校変革の手法は状況によって大いに異なるということだ。まったく同じ学校、同じクラスは二つとないため、導入方法が他の学校やクラスと**完全に同じということはあり得ない**のだ。学校やクラスはそれぞれ、自らの置かれた状況を精査し、導入の仕方やペースを決める必要がある。これは「リーダー・イン・ミー」のもっともよく知られた側面の一つだ。出来合いのプログラムや筋書きとは違い、教職員や児童がそれぞれの才能や情熱、想像力を出し合いながら独自のものをつくり上げていくのだ。いうなれば、一人ひとりが自分の名前やお気に入りのマークを書き入れるような作業なのだ。したがって、これから紹介するアイデアはいずれも、石に刻み込んだ変更不可能な手法ではない。創造力をさらに高めるためのたたき台と考えていただきたい。

重要な教訓の三つ目は、学校変革はインサイド・アウト（内側から外へと）のやり方が最適ということだ。すでに述べたように、結局は学校そのものが行動するのではなく、そこに集う人間が行動するからである。学校変革は個々の変革が集まった結果なのだ。その意味で、学校変革はまず、教職員をはじめとする人々のパラダイム――考え方――そして行動から手をつけなければならない。

その他の重要な教訓については、このあと本書の随所で紹介する。

調査結果は語る

ダニエル・ゴールマン、および学習・社会性・情動学習促進協同チーム（CASEL）は、数々の調査結果を組み合わせてライフスキル、文化、学力の関連性を実証している。主な指摘事項は次のとおりだ。

1. より安全で、配慮に富み、参加型の学習環境を実現し、児童たちの社会的能力を強化するような介入は、子どもたちの学校への愛着心を強める。そして、学校への愛着が強い児童は出席率も卒業率も高く、成績や標準テストの点も勝っている。
2. 学校、社会性の高い教師やクラスメートに愛着を感じる児童は、自らも社会性の高い行動をとり、危険な行動を慎む傾向がある（Hawkins, Catalano, & Miller, 1992）。
3. 児童たちに参加機会を与えると、社会性の高い行動に対する内発的動機づけがなされ、その結果、校内での犯罪その他の常軌を逸した行動が減少する（Csikszentmihalyi, & Larson, 1980）。
4. サポート体制が充実した環境にある児童は、教師やクラスメートに自ら近づき対話することにさほど抵抗を感じない。その結果、対人関係スキルが強化される。要するに、児童の社会・情緒的能力を向上させるには、そうした能力が頻繁に必要とされ、良い方向に強化されるような社会的学習の場を教師や学校が提供すればよい。

5. 社会・情緒的学習（SEL）は、優れた意思決定スキルや拒絶スキルなどの基本的スキルを児童たちに身につけさせる。その結果、彼らは危険な行動に走るのを慎み、自らの好ましい発達に資する行動に参加できるようになる。

6. 学力の劣る児童は危険な行動に走る傾向がある。また、低学力はさまざまな危険な行動を誘発するリスクが高いのに対し、高学力はそうした行動を抑制する傾向がある。

7. 社会・情緒的スキルを各種教科に組み込むと、学習効果が著しく向上する。

リーダーとは

「リーダー・イン・ミー」がスタートした経緯と理由をここまで説明してきた。このあとの章では、「リーダー・イン・ミー」を導入した学校が先の三つの課題にどのように取り組んでいるかを見ていく。ただし、その前に、リーダーであるとはどういうことか、著者の定義を述べさせていただく。

リーダーとしてのあり方には一般的に、二つのタイプが存在する。

①**自分自身のリーダー**：自分の生き方を自ら決める。自立し、自分の選択、行動、運命に責任を持つ。前向きに考える。計画と明確な目的、そしてそれらを実現するための自制心を持つ。

②**他人のリーダー**：このタイプはさらに次の三つに分類される。いずれも正式な地位を保有する必要はない。

・他人の思考や才能を拡げるような形で知識や才能を共有する（思考／思想によるリーダーシップ）。

・潜在能力を見出し、解き放つよう他人を奮い立たせる。手本を示す（鼓舞するリーダーシップ）。

・有意義な目標の実現に向けて、小規模または大規模なグループを主導する（組織／チームリーダーシップ）。

リーダーシップはいろいろな定義の仕方があるが（詳細は第4章で述べる）、「リーダー・イン・ミー」では、とりわけ他人を主導する場合については、コヴィー博士が好んで用いた次の定義を基本とする。**リーダーシップとは、相手の価値や可能性を明確に伝え、相手にそれを自覚させることである（『第8の習慣』）**

すべての人――すべてのリーダー――がこの定義に従って行動したら、学校はどうなるか想像してみてほしい。「リーダー・イン・ミー」はこの定義の上に組み立てられている。

子どもたちと相対するとき、頭に描く最終的な目的は、学力でも、学校の文化でも、リーダーシップ・スキルでもないことは明らかだ。これらはすべて手段である。最終的な目的は、**児童たちが自分なりの生き方をし、生涯他人と効果的に協力し、家庭、学校、職場、遊びなど、どのような状況であれ有意義でバランスのとれた貢献ができるようなスキルや考え方を彼らに身につけさせること**だろう。現在も、そして将来においても効果的な決定ができる能力を備えてほしいと思うだろう。学力、学校文化、リーダーシップ・スキルは、その目的のための重要な手段だ。その意味で、これら三つの課題すべてにできるだけ効果的に取り組みたいものである。

「リーダー・イン・ミー」は児童たちに手を差し伸べる以外に、次のような副次的な目的もある。①教職員が公私両面でいっそうの成果を上げられるようにする、②児童たちがリーダーシップ・スキルを家に持ち帰ることにより、家庭と学校の関係を強化する、③職住両面で魅力的かつ安全な環境の実現に資する労働力や市民層の輩出を通じて、地域社会を改善する。

こうした目的に貢献できる限り、「リーダー・イン・ミー」は有益な取り組みと言えるだろう。

自分自身を見つめ直す

パラダイムとは考え方、世の中をどう見るかという頭の中の地図である。ABコームス小学校は関係者――教師、親、ビジネス界――に、学校に何を期待するか意見を求めた。つまり、関係者は自分が理想とする学校像を述べる機会を与えられたのだ。理想的な学校に対するあなたのパラダイムはどういうものだろう。リーダーシップについてはどうだろうか。正式なリーダーの肩書きさえつけば、人は自ずとリーダーになれるだろうか。あなたはどのようなタイプのリーダーだろうか。どうしたら優れたリーダーになれるだろうか。

第3章

「7つの習慣」を教える

リーダー・イン・ミー

「7つの習慣」はビタミンみたいなものなんだ。いろいろな場面に関係するし、意識するしないにかかわらず必要だと思う。組み合わせて実行することもできるし、一つずつやることもできる。これらの習慣を毎日の生活に取り入れれば、より健康で幸せになれ、大きな成功がつかめるんだよ。

アーリン・カイ君（中国の小学生）

科学の時間だった。その日のテーマは、貝殻。ファウラー先生が何年か前から二年生を対象に、年数回行ってきた授業だ。だが、この日は様子が違っていた。

授業は、カゴにいっぱい入った、形も大きさも違う貝殻を使って進められていた。その色といい、丸みを帯びた形といい、小さな子どももならつい手を出したくなるようなものだった。ファウラー先生は、カゴから貝殻を一つずつ取り出しては、各部分や、中に生息しているかもしれない生物について説明した。ここまでは、彼女のこれまでの授業と変わりはなかった。工夫はそのあとに仕掛けられていた。

今回は、それぞれの貝殻についている細かな刻み目や引っかき傷、その他の小さな割れ目を指摘してからカゴに戻した。最後の貝殻をカゴに戻すと、彼女は子どもたちを静かにさせ、お話があると言った。彼女は話し始めた。

大学生のころ、彼女には他人の欠点をあれこれあげつらう癖があったという。ちょうど今、貝殻でやって見せたように。特に同じアパートに住んでいたルームメートの欠点を、ほんの些細なことまでよく指摘していた。この頃は彼女の人生において、あまり幸せではない時代だった。

そんなある日、突然困ったことが起きた。誰かの助けを求めないと、どうにもならない状況だった。頼るとしたらルームメートしか思い当らなかった。アパートに電話すると、いつも欠点を指摘していたルームメートが電話を取った。ところが、そのルームメートが理由も聞かず見事に対応してくれたおかげで、彼女は事なきを得たのだった。

それからは、そのルームメートの欠点よりも長所を見るようにしたという。その後、二人は親友になり、それからはその欠点がまったく気にならなくなったという。彼女はその経験から学んだそうだ。他のルームメートに対しても、悪い面ではなく良い面を見るほうが、自分も気分が良いということを。やがて、彼女たちとも仲良しになり、彼女自身も毎日を幸せな気分で過ごせるようになったということだった。

話が終わったところで、ファウラー先生は児童たちに、作文を書いてもらうと言った。クラス全員の名前を書いた紙をビンに入れ、児童それぞれに一枚選ばせ、その子の好きなところを一つ、長所を書くように指示した。書き上がったら選んだ相手に渡すので、できるだけきれいな字で書くようにと言った。児童たちはその指示を守って丁寧に書いた。だが、いざ作文が交換されると、文字の綺麗さよりも、クラスメートが自分のどこを長所と思っているのか、そちらのほうがずっと気になるようだった。授業はそこで終わった。カゴに入った貝殻はその後、この授業で学んだことを子どもたちに思い出させる、格好の材料になった。

このように、ファウラー先生は従来のやり方に少し手を加え、余分に時間をかけて科学と作文の授業を行ったのだ。そして、他者の強みに目を向けるという「第6の習慣　シナジーを創り出す」のポイントにも触れたのである。彼女はこうしたことを、「また仕事が増えた」とは感じていなかった。むしろ、「自分がすでにしていることをもっと効果的にやる方法」ととらえていたのである。子どもたちがより幸福な人生を送る助けになるかもしれない――彼女はそう確信したのだった。

「7つの習慣」はなぜ有効なのか?

ファウラー先生は「7つの習慣」のそれぞれについて、そのポイントを従来の授業計画に組み込んでいた。このやり方は、「リーダー・イン・ミー」を導入している学校で教師たちが「7つの習慣」を教える際の基本的な手法だ。この手法のその他の具体例と、「7つの習慣」のその他の教授法についてこのあと紹介していく。ただ、その前に、今日の世界に「7つの習慣」がなぜそれほどまでに有効なのか、その理由をはっきりさせておこう。

アメリカ合衆国建国二〇〇周年にあたる一九七六年当時、コヴィー博士はある大学の教授をしていた。博士は、その二〇〇年間に出版された「成功者をテーマとする文献」を徹底的に調査した。何百冊もの本、雑誌記事、尊敬を集めている歴史上の人物の伝記などを読み漁った。博士のねらいは、人々を成功へと導くもっとも一般的な特徴や行動を見つけ出すことにあった。こうした大量の文献から引き出した結論を、博士は『7つの習慣』としてまとめた。博士はこれらの習慣を、最初大学生たちに教えていたが、のちに企業や政府、教育界の指導者たちにも教えるようになった。

コヴィー博士の重要な発見の一つは、この「7つの習慣」は変わることのない普遍的原則に基づいているということだった。その人の国籍、年齢、信条、民族性、健康状態、生まれ育った経済的環境などとは関係なく、多種多様な状況に当てはまるのだ。すでに何世紀も前から存在している原則であり、遠い将来まで存続するものなのだ。むしろ、時代が進み、新たな現実が生まれれば、これらの原則はいっそう適合性を増していくようにさえ思えるのである。

コヴィー博士はその他にも、「7つの習慣」には実は順序があることを発見した。最初の三つの習慣「主体的である」「終わりを思い描くことから始める」「最優先事項を優先する」は人の自立性を高める効果がある。この三つの習慣を実践すると、責任感が増し、生き方を自分で管理し、将来に対して計画的になり、優先順位を設定し、集中力や自制心を持続させて目標を達成できるようになる。そこには時間管理能力、計画策定能力、目標設定能力、自立や自分自身に対するリーダーシップに欠かせない基本的な自己規律能力が関係する。これらをしっかり実践することで、コヴィー博

「7つの習慣」は変わることのない普遍的原則に基づいている。

士の言う「私的成功」へと至るのだ。

自立することは重要だが、企業経営者も親たちも自らのスタッフや子どもについて、自立することだけが思い描く「終わり」だとは考えていない。彼らは子どもたちが他者とうまく協力できるようになってほしいと思っているのだ。

そこで、次の三つの習慣「Ｗｉｎ-Ｗｉｎを考える」「まず理解に徹し、そして理解される」「シナジーを創り出す」がとても重要になってくる。これらには、紛争解決、傾聴、意志疎通、創造性の喚起、多様性への対処、問題解決、チームワークといった能力が関係する。これらの能力は、人と人の相互依存を促進し、公的成功を手繰り寄せるのに役立つ。

「第7の習慣　刃を研ぐ」は、その前の六つの習慣を維持・強化するものであり、再新再生、継続的改善、貢献に努めるバランスのとれた生き方がポイントになる。一人ひとりが持つ四つの基本的欲求に根ざした、肉体、社会／情緒、知性、精神という四つの側面において良好な状態を保ち、それによって「人格全体」を維持するための指針となる。

「７つの習慣」を振り返ってみると、重要なポイントが二つ見えてくる。まず一つは、私的成功は公的成功より先行するということだ。他者との間に効果的な関係を築くためには、まず自分自身が効果的でなければならないのである。もう一つは、「７つの習慣」には、親、企業経営者、教育者たちが子どもたちに教えたいと思っている特質やライフスキルの多くを含んでいるという点だ。

次ページの表を見ていただきたい。表の左側には行為（習慣）、右側には特質やスキルが並んでいる。この表から言えることは、「７つの習慣」は労働しより良い人生を送る能力、すなわち、我々の言うリーダーシップなるものが含まれているのだ。

従来、こうした能力や性格特性は家庭で教えるものと考えられていた。だが、今日この考え方は通用しない。ディケーター市立学区のジャンヌ・ペイン副教育長は、「児童たちはこうした習慣を必ずしも家庭で身につけずに学校に上がります。これらのスキルの習得を、運任せにしていいんでしょうか。ハンディをなくして、すべての子どもに機会を与えるべきではありませんか」と指摘する。

だが、そうした能力を教える時間的余裕が教師にあるのか。すでに山のような仕事を抱えているというのに、いつ、どのようにやればよいというのか――この問題はまだ残るのである。

ここは、花火を五〇発ほど打ち上げてでも、ぜひ注目していただきたいところだ。というのは、これから説明しようとしていることは明らかに、「リーダー・イン・ミー」のもっとも重要な要素の一つなのだ。一部の教育者にとっては、考え方の大転換が必要になるかもしれない。それは何かと言えば、「リーダー・イン・ミー」において「７つの習慣」を教える手法は「自由自在」という

「7つの習慣」	親／教師／企業が児童たちに習得させたいもの
第1～第3の習慣	**自立性**
主体的である 終わりを思い描くことから始める 最優先事項を優先する	・目標設定 ・計画策定 ・時間管理 ・組織化 ・率先力 ・責任感 ・ビジョン ・誠実
第4～第6の習慣	**相互依存性**
Win-Winを考える まず理解に徹し、そして理解される シナジーを創り出す	・紛争管理 ・傾聴／共感 ・会話力 ・問題解決力 ・チームワーク ・敬意 ・倫理感／マナー ・正直 ・寛容 ・多様性の尊重
第7の習慣	**人格全体**
刃を研ぐ 肉体、情緒、知性、精神のブラッシュアップ	・肉体的健康 ・社会的スキル ・知的能力 ・情緒的安定 ・貢献／意義 ・向学心 ・楽しみ

ことだ。具体的に言えば、「7つの習慣」やその他のリーダーシップ関連のレッスンを、講座、カウンセリング、広報誌、集会、朝のお知らせ、廊下での議論など、さまざまな活動に組み込むことができるということだ。しかも、予定どおりの形式で行う場合もあるし、突発的に行うことも可能だ。「今月のテーマ」みたいなものではなく、事前に考えられたカリキュラムでもない。その手法は次の三つに大別される。

1. 埋め込み型指導法
2. 集中的指導法
3. 模範提示法

我々は常に読解能力を気にかけています。でも、それだけではなく、児童たちの人格や社会能力も大切だと考えています。

ダーシー・ディコスモ（セリトス小学校校長）

埋め込み型指導法

習慣を教えるもっとも一般的な方法は、埋め込み型指導法だ。ファウラー先生は「第6の習慣シナジーを創り出す」を科学と作文の授業に組み込んだが、同じように他の習慣も授業に取り入れることができる。算数、読書、科学、歴史、図画、音楽、技術、体育、外国語——科目も一切関係ない。

教師が習慣の指導を従来の授業に組み込む場合、もっとも組み込みやすい教科の一つは読書だろう。教室や図書館の棚に並んでいる本には大概、これらの習慣の事例が含まれているからだ。たとえば、一部の教師は、「第1の習慣　主体的である」を教えるのに、『Alexander's No Good, Very Bad Day』（アレクサンダーのついていない一日）を使用する。この絵本をクラス全員で一緒に読ませたあと、アレクサンダーという主人公が「ついてない」状況に直面してどう対処するか、児童たちに寸劇を演じさせる。彼らはまず反応的な対処法を演じたあと、先を見越した対処法を演じる。人生における選択次第で気分や態度、行動が変わることを児童たちは学ぶのだ。『おとなしいめんどり』（童話館出版）を使う教師もいる。これをもとに「第4の習慣　Ｗｉｎ-Ｗｉｎを考える」を説明したあと、皆で助け合えば皆が良い結果を得られるということを話し合うのだ。子どもたちが読む本に「7つの習慣」に関連する事柄が頻繁に登場し、その関連性に最初に気づくのはしばしば児童たちだ。それを見て、多くの教師は驚く。

読書と作文の課題を組み合わせて優れた学習効果を上げようとする授業もある。インドネシアのジャカルタにあるジャカルタキリスト教学校団（PSKD）のマンディリ小学校では児童たちに、人生の難しい岐路に立たされている子どもたちが登場する本を読ませる。児童たちはそのあと、本の登場人物に手紙を書く。登場人物が直面したさまざまな問題を解決するにはどうすべきか、「7つの習慣」を使ってアドバイスをするわけだ。書き終わると、児童たちは自分が人生で遭遇する状況に「7つの習慣」をどう応用できるか、その方法についても話し合う。

従来の読書や作文の授業に「7つの習慣」を組み込んでいる例をもう一つ紹介しよう。カナダのアルバータ州エドモントンという町にあるベッシー・ニコルズ小学校の五年生のクラスだ。このクラスは、全校集会で「7つの習慣」活動をリードする役割を与えられた。児童たちはこの課題を、「またやるべきことが増えた」とは考えず、詩と歴史という県指定の必修科目に利用した。

歴史については、このクラスはテリー・フォックスというバスケットボール選手の一生を調べていた。自分自身ガンと闘いながら、ガン研究資金を募る目的でカナダをマラソンで横断した国民的英雄だ。児童たちはこの調査の一環として、テリー・フォックスが「7つの習慣」をどのように実

国家というのは、その国民が子どもの頃に何かで読んだ姿になる。国家の理想が形づくられ、目標が明確に定められるのがその頃なのである。

ジェームズ・A・ミッチェナー

践したか探した。彼らはそのあと、わかったことを七連詩にまとめ、集会の中で分担して朗読した。

任務を見事に果たし、二つの必修科目も修了するとともに、習慣を人生に活かす方法も学んだのであった。

フロリダ州にあるイングリッシュ・エステート小学校のジョンソン先生は、科学の授業の中で「第4の習慣　Win-Winを考える」に関する話をしている。彼女は地球環境や枯渇する天然資源について説明したあと、人々が自分の欲望を満たすことばかり考えたらどうなるか、と児童たちに問いかける。児童たちは環境問題に対処するWin-LoseやLose-Loseの取り組みを想定し、その場合の結果について話し合う。それから、Win-Winのアプローチを皆で考える。

また、ABコームス小学校のエド・ケリー先生は、アルバート・アインシュタインとの親戚関係をネタにして、アインシュタインが習慣をどのように実践したか、児童たちと話し合う。

算数の授業では、シナジーを発揮しながら文章問題を解くように児童たちを指導する。技術の授業では、「終わりを思い描くことから始める」こと、「まず理解に徹し、そして理解される」ことを児童たちに要求するような設計プロジェクトに挑む。歴史の授業では、歴史上の指導者たちが「まず理解に徹し、そして理解される」や「最優先事項を優先する」を実践していたら、歴史はどう変わっていたか、といったテーマで頻繁に議論する。

ＡＢコームス小学校のジャッキー・イザドア、マーサ・バセット、デビー・パウェルの各先生は、リーダーシップ原則を音楽、図画、体育の授業にそれぞれ組み込む方法を他に先駆けて開発した功労者だ。平凡なコーラスの授業がイザドア先生の手によってやる気満々の雰囲気に変わり、児童たちの好きな授業の一つになっている。「音楽の教師は、児童たちに歌や楽器の演奏や音楽鑑賞を指導します。それが一般的です。だったら、児童たちを鼓舞し、気分を高揚させ、積極的な性質が強化されるような音楽を選ぶべきですよ」彼女はそう話す。彼女の授業は児童それぞれにとって、希望の光となっている。

マーサ・バセット先生は同じことを、退職するまで図画を通して行った。彼女が与えた図画の課題のほとんどが、リーダーシップと関係していた。お気に入りは、五年生の子たちに『タイム』誌の表紙をデザインさせるというものだった。そこには自画像の他に、彼らがいつの日かこの雑誌の表紙を飾ることになるきっかけの出来事を表現した見出しを入れさせた。児童たちは自画像を描きながら、自ら予想する将来の自分の姿と、自分がどのような人間になりたいか、あれこれ思いを馳せることになる。毎年学年末が近づくと、この学校の廊下は図画であふれかえる。そして、それぞれの作品の背後には、リーダーシップ原則が息づいているのだ。さらに重要なこととして、児童たちが個々の作品に込めた思いやストーリーを、バセット先生は時間をかけて理解しようとした。彼女としては、作品の色や輪郭よりも児童たちの夢や感情のほうに関心があったのだ。

デビー・パウェル先生は、体育の授業を受ける児童たちに「刃を研ぐ」ことの重要性を教えると

図画の課題は児童たちにとって、自分の将来を考える素晴らしいきっかけとなる。

ともに、各人に食習慣や運動の改善目標を設定・追跡させている。そして、スポーツ好きの児童たちは皆、授業中に「7つの習慣」を実践できなければ、学校のスポーツチームで競争できないことを知っている。彼女はエアロビクスのみならず、より多くの手段を通じて児童たちの心を動かしているのだ。

以上のスペシャリストたちはそれぞれ、専門家としての役割がいかに重要か心得ている。この学校の児童たちは皆、週に一度彼らの影響を受ける。こうしたスペシャリストたちは、子どもたちを楽しませながら習慣を教えるという、実に大きな貢献ができるのである。

さまざまな教科を通じて「7つの習慣」を現実の場面に応用すればするほど、児童たちはその応用方法に対する理解を深めていく。それは、ファウラー先生の授業のように計画的に行われることもあれば、偶然そうなることもある。授業、集会、朝のお知らせ、授業参観など、時と場所は選ばない。だからこそ教師たちは、「仕事が増えるわけではない。今までのやり方を改善するものだ」と口をそろえるのである。

集中的指導法

ここまで見てきた埋め込み型指導法は、「7つの習慣」を教え、強化するためのもっとも一般的な手法だが、集中的指導法という方法もある。他の教科と切り離して、「7つの習慣」だけを教えるというものだ。実際、「リーダー・イン・ミー」を効果的に実施している学校は、短時間ながらも集中的指導法を行う時間を定期的かつ継続的に設けている。

集中的指導法が特に必要とされるのは、学年の開始時点だ。「リーダー・イン・ミー」実践校の多くはハリー・ウォン（教育の専門家、著書に『学校の最初の日』）の方法を採用し、最初の一週間から一〇日間を文化や基本ルールの浸透に費やす。そして、その時間の一部を使って、「7つの習慣」全体を教える。導入初年度の学校なら、一から始めることになる。二年目以降の学校であれば、再確認を行う。

たとえば、ミズーリ州リバティーにあるリッジビュー小学校で一年生のクラスを担当しているエバ・マクドーマン先生は、一週目をリーダーシップ・キャンプにあてている。児童たちは体験活動を通じて、「7つの習慣」とリーダーとしての役割を学ぶ。クラスのミッション・ステートメントを作成し、その年の行動目標を一緒に設定する。彼らは喜んで参加し、それぞれの習慣の基礎を習得する。教師の中には、習慣を一週間に一つずつ教えるやり方を好む人もいる。

小学校の教師の多くは、『The 7 Habits of Happy Kids』を入門書として使っている。この本は章ごとに習慣を一つ取り上げ、愉快な登場人物のイラスト入りで児童たちの想像力をかき立てる。子どもたちは「7つの習慣」の用語もあっという間に覚えてしまう。「リーダー・イン・ミー」の教科やWebサイトには、集中的指導法のための授業計画やカラフルな教材が数多く用意されている。こうした集中的指導法の中でも、各教師が修正を加えたものや、一からつくり上げたものがベストのようだ。

集中的指導法は、いじめ、授業妨害、宿題放棄など、クラスが直面している特定の問題に対処するのにも有効だ。五年生担当のブライアン・ウェンゼル先生は、皆で教室を清潔に保てば全員が気持ちよく勉強できることをわからせるため、双方向型授業でシナジーの重要性を教えている。「7つの習慣」は、解決すべき問題があるときにもっとも威力を発揮すると言われている。

すでに述べたように、集中的指導法は定期的に行われるとは限らないが、学校や教師の多くは、計画的に行うほうがやりやすいと感じているようだ。ミシガン州ウォーターフォードにあるボーモント小学校は、毎日の最初にこの指導を行うことにしている。彼らはそれを、「LEAD《リード》タイム」

と呼んでいる。ジャン・マッカータン校長は次のように説明する。

先生方全員が、授業の最初の一〇～一五分間をLEADタイムにあてています。新学年が始まって最初の一週間は、全児童が同じ授業を受けます。その後、学年中頃までの期間について大まかな内容を定めています。それをもとに、各先生がそれぞれのクラスに合わせて、時間をもっともかけるべき習慣を見きわめることになります。読書、歌、格言についてのディスカッション、実際の状況で「7つの習慣」を実践したことを記録する活動など、手段は何でもいいんです。LEADタイムは主に教師が主導します。ただし、五年生は例外で、児童たちが自ら授業計画を立てて主導します。また、コミュニティーサークルでも、児童たちの「ライトハウス・チーム（灯台チーム）」（訳注：「リーダー・イン・ミー」のプログラムを運営していく少人数の推進チームのことで、教員、児童および保護者それぞれで推進チームが組まれる）が前面に立ちます。

新しい現実に対応し、集中的指導法によるライフスキルの指導を学校に義務づける国が増えていることは頼もしい限りだ。そうした国々は、親や企業経営者、教育者たちの意見に耳を傾けて対応している。以前から教育先進国との評価が高いシンガポールは、ライフスキルや基本的価値観を教える授業を毎週一時間以上組むことを義務化している。チョア・チュー・カンやホライズンといった小学校は毎週この時間を使って「7つの習慣」を教えることにしている。月曜の朝、全クラスで最初の授業の前半を習慣の指導にあてる。さらに一週間の中頃で、専門インストラクターによる「7つの習慣」クラスに児童たちを参加させる。

集中的指導法を行う際、教師たちはあらゆる種類の指導テクニックを駆使し、楽しい学習、多様な学習スタイルの実現に取り組む。物語やゲーム、おもちゃ、映画、ドラマ、詩、コンテスト、作文、図画、ダンス、スポーツなどを用いて授業のインパクトを高める。習慣を教えるためのラップミュージックをクラスでつくる方法は広く普及している。また、誰もがよく知っている歌に歌詞をつけるのも一般的なテクニックだ。次は、一年生担当のポーラ・エバレット先生が書いた、第1の習慣用の歌詞だ。「きらきら星」のメロディーに乗せて歌ったり、口笛を吹いたりしてみてほしい。

主体性を発揮しよう、いつの日も
主体性を発揮しよう、立ち止まって考えよう
それがどんなに辛くても
あなたも、私と一緒にね
主体性を発揮しよう、いつの日も
主体性を発揮しよう、立ち止まって考えよう

ジョア・チュー・カン小学校では、児童たちが力を合わせて、『白雪姫と七人の小人』をもとに

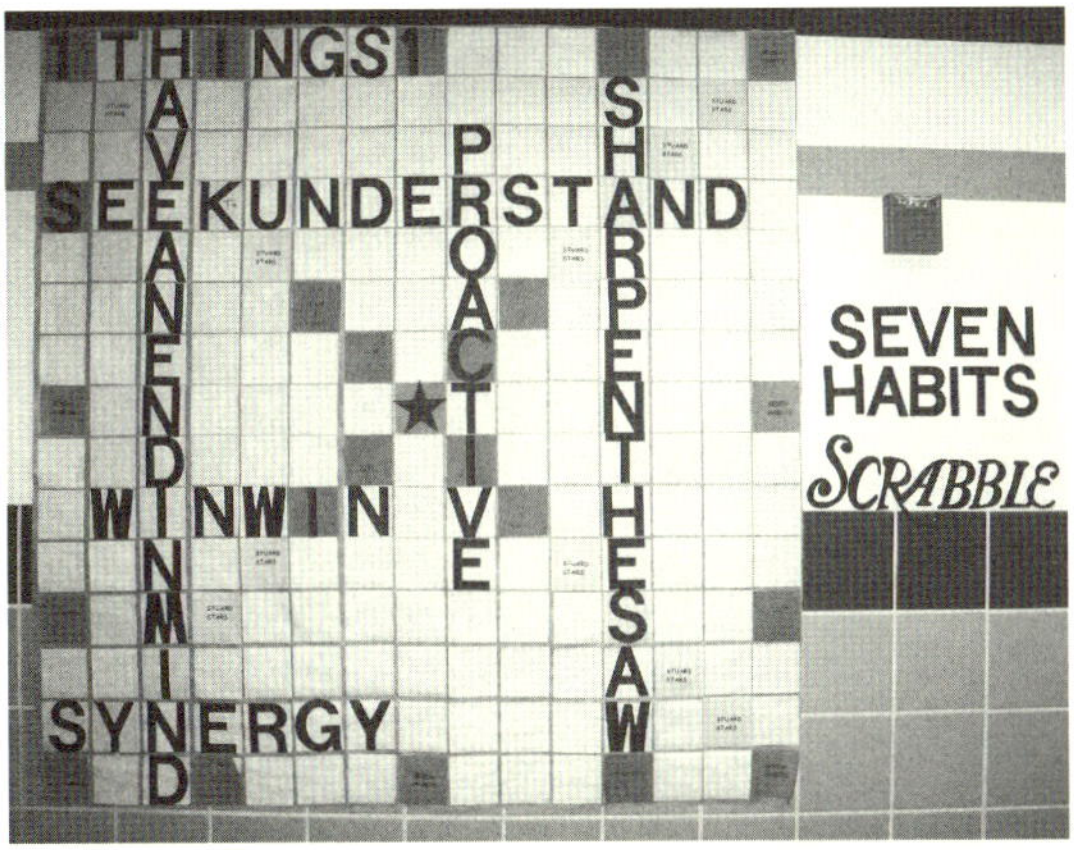

ゲーム形式で教えられるリーダーシップ原則。教師たちの創造力の産物だ。

劇の脚本を書いた。それぞれの小人が一つの習慣を表し、「ハイ・ホー・ハイ・ホー」を一生懸命歌って白雪姫を助ける。ＡＢコームス小学校で五年生を担当するリック・ウェーバー先生は、子ども向きビデオのシーンを巧みに使って習慣を教えている。フロリダ州フェーンパークにあるイングリッシュ・エステート小学校の児童たちは、トレイル・ミックス（ナッツ類、ドライフルーツ、チョコレートなどを混ぜ合わせて袋に入れたスナック菓子で、もともと登山などの行動食として利用された）のレシピを考案し、混ぜる七種類の木の実などそれぞれが一つの習慣を表わすようにした。こうした例を挙げていけば切りがない。ポイントは、教師が自分の六感とあの手この手のテクニックを駆使して工夫することで、さまざまな学習スタイルに対応できることだ。工夫に終わりはない。そして、ここまでに紹介した例のいくつかは、児童たちも交えてアイデアを考えていることに注目してほしい。

何でもそうだが、習慣を教える際にも注意すべき点がいくつかある。第一に、やりすぎてしまう恐れがあることだ。

児童たちは五年、またはそれ以上の年月をかけて「7つの習慣」を学べばよいのだ。すべてを一度に覚える必要はないし、一日中、あるいは毎日続けて学習する必要もない。

第二に、子どもたちを押さえつけるための道具として「7つの習慣」を使用するのは禁物だ。「どうして君は主体的にならなかったんだ！」、「最優先事項を優先しなきゃ駄目じゃないか！」、「まず先生の言うことを理解してからだろ！」などと言われ続けたら、児童たちは習慣への興味を失い、見向きもしなくなるだろう。

模範提示法：インサイド・アウトの取り組み

『Teaching Practices from America's Best Urban Schools』（訳注：米国の成功した学校の実践教育をレポートした本）は、厳しい条件を克服して優秀な成績を上げている都会の学校についてレポートした、説得力ある書物だ。都会の学校を一流校と二流校に分ける成功要因を特定している。最大の要因は何だろうか。児童でもなければ、彼らの家庭環境でもない。学校で働く大人たちの行動と習慣なのだ。

これまで見てきた埋め込み型指導法や集中的指導法もリーダーシップ・スキルを教える重要な手法であるが、理想は模範提示法だろう。言葉での説明で終わらず、実際に手本も示すからだ。児童たちは、教職員の言葉よりも行動から学ぶものだ。「行動はあまりに雄弁であり、その陰で言葉はかすんでしまう」という古い諺もある。五年生担当のジョセリン先生は、地元の企業経営者たち一行の訪問を受けたあと、「正しい握手ができる人は、あの人たちの中には一人もいませんでしたよ。ちゃんと私の目を見てなかったですから」と校長に言ったそうだが、頷けるというものだ。

「リーダー・イン・ミー」導入の第一段階として、学校で働く大人全員に「７つの習慣」の研修を受けさせるのもそのためだ。これはインサイド・アウトのアプローチである。大人一人ひとりが習慣を実践することから始め、それから外へ、児童をはじめとする他の人たちへと拡げていくのだ大人たちが手本となって「７つの習慣」やその他のリーダーシップ・スキルを実践すれば、その大人たちの生き様が子どもたちを教えるための最高の授業計画になるのである。

率先して習慣を実行すれば、大人たち自身にもメリットがあるはずだ。ある学区の行政官は次のように語った。「『リーダー・イン・ミー』に盛り込まれているリーダーシップ・スキルは、まさに私たちの児童たちが必要としているものでした。非行や家庭内の問題が増加する中、児童たちがそうした状況にも対処できるように、こうしたスキルが必要なんです」彼女は息もつかずに、「です

> 学校の質や性格、そこで学ぶ児童たちが成し遂げる成果にもっとも影響するのは、その学校に勤務する大人同士の関係の質である。
>
> ローランド・バース

が、『7つの習慣』は実をいうと、私たちの教職員が必要としていたんです。それが『やる気を引き出すきっかけ』になりました。状況を好転させるためには、そうしたきっかけが必要だったんです。それを機に、物の見方や児童との接し方がそれまでとは変わりましたから」と言葉を続けた。そして、彼女は次のように締めくくった。「実は、そういう私もメリットを受けた一人なんです。教職員や児童たちと同様、私にとってもタイムリーでした」

アイオワ州で一年生を担当しているある教師は、「7つの習慣」が彼女の学校にもたらした効果を問われると、即座にいくつかの例を挙げた。「児童の言動に過敏に反応することが減りました。それに、より体系的な授業ができるようになり、親たちの声に耳を傾けることも以前より効果的にできるようになりました。今日も、ある児童が絡んだ状況に、冷静に、主体的に、そして親身になって対処することができました。『7つの習慣』を学ぶ前だったら、感情を爆発させていたところですよ」学校も改善されたが、実は彼女自身の効果性も向上したのだ。実際、ニューヨークで「7つの習慣」研修を受けたあるベテラン教師は、立ち上がって学区の行政官に感謝の気持ちを次のように伝えた。「私は三〇年教壇に立ってきましたが、私に合った専門的能力開発に出会ったのはこれが初めてです。私の人生が変わりました。ありがとうございました。ありがとうございました」

大人たちが「7つの習慣」を学び、それを実践して成果を上げると、その姿を真似て子どもたちも成長するのだ。完璧な手本は無理だとしても、それに少しでも近づくように努力することが大切である。

クラスを担当しない教師

「リーダー・イン・ミー」に関しては、指導に携わらない者はいない。学校のスタッフ全員が教師であり、「7つの習慣」の模範を示すことに関しては特にそうだ。

実際、ABコームス小学校で最初の段階を担当するのはスーザン・ウッドワードだ。アルバータ州カルガリーのエコール・エドワーズ小学校ではベティー・アン、彼らはどういう人たちだろうか。実は、事務職員なのである。児童たちはまず彼らに接触するのであり、彼らが与える印象が児童たちにとって第一印象となるのだ。彼らが使う言葉、オフィスの壁に貼られた格言や図画の作品を通じて、「7つの習慣」を学んだり、思い出したりする。

カリフォルニア州サクラメント近郊に立つラカラ小学校では、一ページで一つの習慣を説明するカラフルなバインダーを利用しているが、それをつくるのは受付事務のジョイス・グレゴリーとシェリー・ウェントワースだ。問題を起こして児童が校長室に呼ばれたりすると、彼らは児童にそのバインダーを見せる。そして、「7つの習慣」をどのように応用すれば、その状況にもっと別の対処の仕方ができたかを考えさせる。こうすることで、児童の頭の中には、校長と会う前により良い対処の仕方が浮かんでいるのである。

学校によっては、スクールカウンセラーが通常の集中的指導を行っているところもある。月に一度のペースで各クラスを回って「7つの習慣」を教え、いじめ、心配事、ストレス、揉め事、喪失感などの問題への応用法を指導する。カウンセラーは、友人グループに加わって、あるいは親たちに会って話をするとき、児童の学年に関係なく同じ用語を使ってカウンセリングを行うことができる。ワシントン州にあるサウス・ウィドビー小学校でカウンセラーをしているデイル・グレーは、指導は必ず集会で行うようにしている。カウンセリングの中で児童に、自分が抱えている問題を解決するのにどの習慣が役立つと思うかとだけ尋ねると、「おおむね正しい答えが返ってくる」そうである。

図書館員も大いに活躍する。「7つの習慣」が明確なテーマになっている物語を児童たちに読んで聞かせたり、リーダーシップと関係の深い本を見つけると、所定の場所に置いて教師や児童たちが読めるようにしたりする。メディアに詳しいある図書館員は、それぞれの習慣に合ったブックマークを工夫し、児童たちの学習を助けている。

要するに、「7つの習慣」を教えることは、クラス担任教師だけの仕事ではないということだ。学校をあげた取り組みでなければならないのだ。すべての教職員が自ら模範を示し、用語を使うことによって指導に貢献できるのである。また、親たちの協力も見逃せない。週に一度の授業を指導したり、「7つの習慣」活動を主導したり、児童たちが愉快な「7つの習慣」劇の脚本を書くのを手伝ったりする。

「児童」も教師になる

この章はここまで、児童たちに対するリーダーシップ・スキルの指導法について述べてきたが、その根底には、「まだ半分しか入っていないコップ」と児童たちをとらえる視点があった。大人には知識や知恵があるが、子どもたちはまだそれを備えていないので、彼らのコップにもっと知識を注ぎ込んであげなければならない、と。つまりは、大人は子どものリーダーシップ・スキルのギャップ（隙間）を見つけ出し、そこを満たそうとするのだ。これはそれなりに正しく、必要な取り組みであることは間違いない。

だが、どうだろう。大人たちが彼らを「すでに半分入っているコップ」ととらえて指導に臨んだとしたら。児童たちがすでに持っている強みや才能、性格特性を活用すれば、彼らだってリーダーシップ・スキルを探し出して教えられるかもしれない。彼らがクラスメートや年下の子たちに、「7つの習慣」その他のリーダーシップ・スキルを教えるという方法もあるかもしれない。そんなチャンスを与えられたら、彼ら自身の理解も深まるのではないか。

ユタ州マレーにあるジョン・C・フレモント小学校では、ポール・マッカーティ博士の指揮のもと、児童たちに教師の役割を担わせる（この学校ではこの取り組みを、「リーダー・ゴー・ラウンド」と呼んでいる）。月に一度、上級生が下級生とペアを組み、一緒に短い本を読んだり、関連する活動を行ったりする。あるとき彼らは、「第1の習慣　主体的である」、特に「自分の気分は自分で決める」という考え方

学校の受付窓口は、「7つの習慣」を教え、強化する絶好の場所になっている。

を説明するのに、『The Pout-Pout Fish』（いつもしかめっ面の魚）という漫画を用いた。主人公の魚、Pout-Pout Fish はどこに行っても、誰と会ってもいつもしかめっ面で、自分の根暗の性格はどうにもならないと開き直っている。下級生たちは上級生が読んでくれる物語を通じて、自分の気分や態度は自分で変えられることを学ぶのだ。楽しい気分でいようと思えばできるということを。こうした機会は、上級生と下級生両方にとって有益である。

また、アイオワ州ウォータールーにあるカニンガム小学校は、週に一度「家族の時間」なるものを設けている。高学年のクラス一つと低学年のクラス一つが合体して二〇分間ほど「家族」となり、「7つの習慣」の概念について話し合う。一つの家族は、シナジーと結束について述べた格言を壁に映し出した。話し合いの途中、一人の人気のある女の子が自発的に立ち上がり、自分はある問題行動を何度も目撃したと言い出した。彼女は他の児童に向かって、「私たちはこれを自分でやめられるんです。大人の人から、やめ

しかめっ面の魚も学んだように、自分の気分や態度を自分で決めることも主体的な行動の一つだ。

なさいと言われなくても」と語りかけた。それはさながら改善を促す激励会のようで、大人ではとても主導できないものだった。下級生たち、特に男の子は熱心に耳を傾けていた。

児童たちは、新任の教師が「7つの習慣」を学ぶ際にも貢献することができる。ミズーリ州フェントンにあるスタントン小学校で三年生を受け持つトリッシュ・ステリン先生は、「7つの習慣」の研修を受けてからまもないある日、ジョギング中に車にはねられた。暮れも押し詰まった頃の出来事だった。理学療法を何ヵ月間も集中的に受けて職場に復帰した彼女は、肉体的にも精神面でも過酷な仕事をこなせるか不安だった。復帰初日の彼女を待っていたのは、「主体的になろう」という激励の言葉だった。クラスの児童たちが彼女のために書き、鏡にテープで貼ったのだった。児童たちは、困難に立ち向かおうとしている自分たちの先生を励まそうと、他の習慣で用いる用語を書いたのである。「児童たちが毎日習慣を思い出させてくれたおかげで完全復帰の見通しが立ち、力が湧いてきました」と、彼女は当時を振り返った。

「7つの習慣」の調査や指導に児童を巻き込むのは面白いアイデアだが、これにはもっと大きな意義がある。考えてみてほしい。教えるという行為を通じてより多く学ぶのはどちらだろう。教える側か、それとも学ぶ側か。より多く学ぶのは教える側なのだ。いわゆる、「教えることを通じて学ぶ」ということだ。そして、児童たちは成長するにつれ、概念だけでなく応用方法も含めて教える能力を身につけていく。そうすると、学習効果の定着、学習の伝播、自信が最大化されるような学習が可能になるのである。

すべての児童たちのために

この章の最後にあたってもう一度確認させてほしい。「7つの習慣」やその他のリーダーシップ・スキルの指導は、あらゆる児童に効果をもたらすことを目的としている。実際、子どもにとっての「7つの習慣」の有効性を裏づける刺激的な事例は数多く、その中には自閉症やその他の特別な問題を抱える児童に関するものもいくつかある。習慣は進むべき方向性を具体的に示すとともに、共通して用いられる用語もあるため、安定的な環境が提供され、多くの児童の成長を促進するのだ。

一例を紹介しよう。フランシス・ガードナーという女性が、オハイオ州にあるシオトリッジ小学校（ＳＲＥＳ）のジュリー・ノーラン校長にメールを送った。彼女は娘二人と息子一人をこの学校に通わせている。二人の娘は学力も社会的スキルも問題なかったが、二年生になる息子のエヴァンのほうは自閉症との診断を受けていた。彼女はメールに次のように記している。

息子のエヴァンが友だちと一緒に誕生日を祝ったのは、これまでに一度しかありませんでした。パーティーなどが嫌いで、友だちに招待されることもめったにありませんでした。あの子の友だちが家に遊びに来てくれるのも、私がお膳立てをしているからで、息子よりも私が遊びの相手をするのが普通でした。数年前のことですが、「一番仲のいい子は誰？」と息子に尋ねると、「ママだよ」という返事が返ってきました。

そのうちに「リーダー・イン・ミー」が導入されました。私はそのとき、息子がもっと勉強に集中できるようになったらいいなと期待したのですが、何とそのとおりになりました。さらにもう一つ、私にとって予想外の喜びがありました。学校外の生活でも息子に大きな改善が見られたのです。彼の社会性が花開いたのです。今年に入ってからは友だちを家に呼ぶようになり、最近では学校の友だちを招いて誕生日会を開きたいとまで言い出しました。その言葉を聞いた私はすぐさま母親モードに突入し、バッキー・バウンス（訳注：米国にある、誕生日パーティーもできる子ども向けトランポリン施設）でやることにしました。息子も友だちたちも食べるだけでなく、器具を使って飛び跳ねたりすることもできると思ったからです。

誕生日会の招待状は、息子が父親の運転する車で届けに行きました。息子は一軒一軒玄関まで行き、友だちや親と話をしていました。友だちから電話で出欠の連絡があったとき、息子はそのパーティーのことや、プレゼントは何がいい、といった話をしていました。こうしたことは普通のお子さんたちにとっては当たり前のことでしょうが、息子にとっては一大イベントだったのです。

当日、私は神経が高ぶるのを感じました。息子のために万事うまくいってほしい、と祈っていました。ところが、息子のほうは至って冷静でした。パーティーの会場となる部屋を準備するため、私たちは早目に到着しました。息子は特別なジャンピングシューズを借りると、それを履いて遊びに行きました。私はエントランスに立ってお客さまを出迎えました。友だちたちが到着すると、息子は戻ってきて、一人ひとりに挨拶し始めました。それを見た私は、気を失うほど驚きました。息子は彼らと握手し、来てくれたことにお礼を言っていたのです。友だちたちをジャンピングシューズの貸出コーナーに連れて行き、ルールを説明していました。それからの一時間、息子は友だちと一緒にとても楽しく遊んでいました。

あの日の息子は、誕生日に友だちと楽しい時間を過ごしている、普通の二年生の男の子と変わらないように見えました。パーティーが終わると、息子は友だち一人ひとりと別れの挨拶をし、お礼を言っていました。後日、お礼状を書いたのですが、息子にとっては、プレゼントをもらったことよりも、パーティーに来てくれたことに感謝するほうが重要だったようです。

「7つの習慣」を学ばなかったとしても、息子に変化は起きたでしょうか。その可能性はゼロではないでしょうが、難しかったと思います。「リーダー・イン・ミー」は、いろいろな事情を抱えながらも自分らしく、そして人々の輪の中で生きていくきっかけを息子に与えてくれたのです。自分らしく人々と接するようになれたことで、息子は苦痛から解放されたのです。息子の目の輝きが何よりもの証拠です。

私は最近、息子にもう一度聞いてみようと思っています。「今の時点で、一番仲のいい子は誰？」と。もし私以外の名前が返ってきたら、ちょっぴり寂しい気分になるかもしれません。でも、本当にそんな返事が返って来たら、私はきっと飛び上がって喜ぶことでしょう。

「7つの習慣」はすべての子どもたちのためにあるのだ。

まとめ

前で述べたように、「7つの習慣」は手段であって、目的ではない。習慣を教える最終的な目的は、子どもたちに生きる能力を身につけさせることだ。人に頼らず（自立する）、かつ他者と協調できる（互いに支え合う）ように。児童として、親として、将来の働き手の一員として、地域社会の住民として花を咲かせることができるように。そして、「7つの習慣」は遠い将来だけでなく、目の前の要求

にも対応している。子どもたちに生きる術を授けるとともに、親や企業経営者たちが彼らに望んでいるスキルや特質の多くを含んでいるのである。

また、児童や教職員たちが「7つの習慣」を学び、実践していくにつれ、学校の文化や児童たちの成績にも間接的なメリットがもたらされるはずだ。環境の厳しい都会にあって、改善の必要性に迫られているある学校が、「7つの習慣」の導入に踏み切った。それから二ヵ月間後、学校がどこか変わったか、と尋ねられた校長は真っ先に答えた。「ラウンジでの先生方の様子を見ていると、雰囲気がとてもよくなりました」と。さらに、運動場での児童たちの行動にも変化が見られたという。その学校は翌年、何年かぶりで教育改善指標（AYP）の基準を満たすことができた。つまり、「7つの習慣」は児童たちのみならず、教職員にも効果があったということだ。さらに、有効なスキルの育成だけでなく、文化や学力の面にも貢献したのである。

「7つの習慣」は、一度教えればそれで終わりというものではない。著者は何年にもわたってこの習慣を教えてきたが、我々自身、まだ学習過程にある。新たな指導法を今も模索しているのだ。どうしたら多様な学習分野に応用できるか、格闘している最中である。もっと効果的に個人個人に応用する方法はないか、と。だから、一度限りでは終わらないのだ。自分自身を出発点とし（インサイド・アウト）、果てしなく続く進化の旅なのである。

自分自身を見つめ直す

「７つの習慣」の中の「第１の習慣　主体的である」とは、人は自らの責任で行動や態度を選択しなければならない、ということを意味している。要するに、人生において自分に何が起きるか、すべて自分で決められるわけではないが、何かが起きたときの対応の仕方は自分で選ぶことができるのだ。より効果性の高い異なったやり方をしてみようと思うことを一つ挙げるとしたら、あなたの場合、それは何だろうか。そのやり方を変えれば、あなたはもっと有能なリーダーになれるだろうか。あるいは、自分の置かれた状況を改善できると思うだろうか。模範を示すにはどうしたらよいだろうか。

第4章

リーダーシップ文化を築く

リーダー・イン・ミー

私たちが直面している数々の課題を考えれば、小手先の教育改革では意味がない。根本的な変革が必要なのだ。この変革で重要な点は、教育の標準化ではなく個人化である。子ども一人ひとりの才能を発見し、彼らが向学心を燃やし、自分の真の情熱を自然と発見できる環境をつくってやることだ。

ケン・ロビンソン卿（『The Element』）

第8の習慣が存在することを知って驚く人がいる。「自分自身のボイスを発見し、それぞれのボイスを発見するよう人を奮起させる」というものだ。オリビアはこの習慣を知っている。

オリビアは、ニューヨーク州ウエストセネカにあるウィンチェスター小学校に通う三年生の女の子だ。快活で可愛らしく、成績も平均を上回っている。ところが、時々黙り込んでしまうことがある。オリビアは家では普通に話す。だが、幼稚園に入った頃から、先生か友だちに一年に一度ささやくことがあるという程度で、学校では誰とも口をきかなくなった。ただし、彼女の弟がいるクラスに行ったときだけは別で、弟や彼の友だちによく本を読んで聞かせる。

そんなオリビアがある日、学校のリーダーシップ・デー（訳注：リーダーシップについて発表するイベント）でスピーチをすると申し出た。オリビアの担任のタルティー先生の驚きようは想像に難くないだろう。リーダーシップ・デーでスピーチをするということは、大人二〇〇人の前で話すということだ。オリビアがせっかくチャンスを与えられながらしくじったら、取り返しのつかない結果になるのでは――彼女はそれを心配したのだった。だが、その一方で、オリビアに話させる機会をふいにしてしまうのも残念だった。そこで、彼女は念を押した。「オリビア、あなた大丈夫？」と。オリビアは「うん」と頷いて見せたが、彼女の不安は消えなかった。

タルティー先生はこの件をキャシー・ブラクマン校長に相談した。オリビアの申し出を聞いた校長も、感動すると同時に驚きもした。そして、オリビアが傷つく恐れのある場に立つことに不安も覚えた。そこで、彼女はオリビアにリハーサルをさせることにした。彼女は四日続けてオリビアとその件について話そうとしたが、オリビアは口を閉じたままだった。そして、ついに五日目の金曜日、「オリビア、リーダーシップ・デーにスピーチをしたいんですってね。だったら、放送で月曜日の朝のお知らせと忠誠の誓いを言ってみて。それができたら、リーダーシップ・デーのスピーチをお願いしましょう。どう、やってみる？」と校長は言った。オリビアはこのときも、ためらいがちに頷いただけだった。

月曜日、ブラクマン校長が学区の会合に出席してから学校に来ると、教職員たちは目に涙を浮かべながら微笑んでいた。教職員たちの報告によると、オリビアは時間どおりに登校し、自信たっぷりにマイクを握るや、「おはようございます。オリビアといいます」ときれいな声で話し始め、続いて躊躇することなく忠誠の誓いを暗唱したというのだ。校内の児童たちも皆大喜びし、どよめき

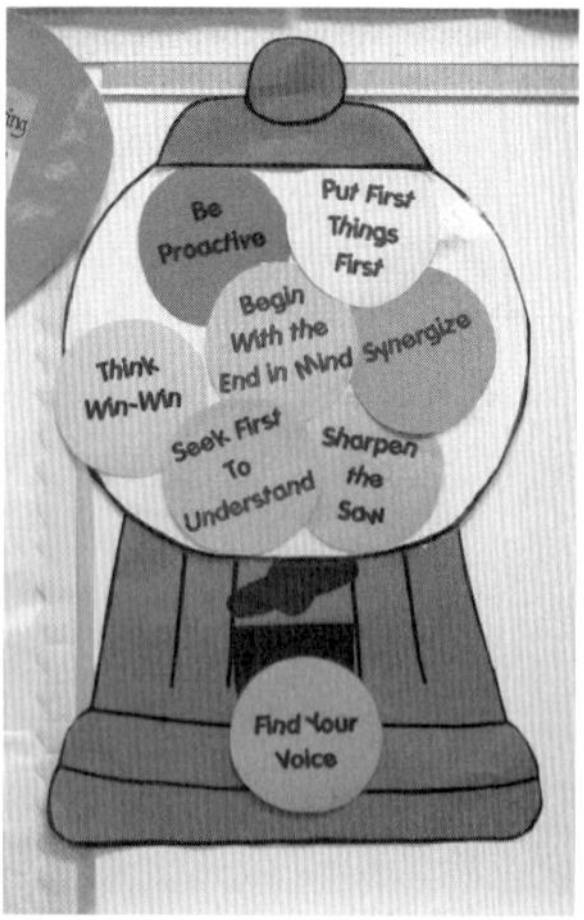

第8の習慣が存在することを知って驚く人たちがいる。

の声が湧き上がったという。

リーダーシップ・デーのスピーチをする児童が八人選ばれた。それぞれが一つの習慣と、それを自分がどのように実践したかを話すことになった。ブラクマン校長は最初のミーティングで、話したい習慣がある人はいないか、と尋ねた。オリビアが手を上げた。どの習慣かと尋ねられた彼女は、ぼそぼそとした声で、「第8の習慣　ボイス（内面の声）を発見する」と答えた。ブラクマン校長にとって、意外な選択だった。オリビアが選んだ習慣は彼女にとって皮肉な内容だったが、意外と感じた理由はそれだけではなかった。第8の習慣については学校でもあまり触れていなかったのだ。

オリビアは準備に取りかかった。第8の習慣について研究し、少し手伝ってもらいながら大筋を書き上げた。リーダーシップ・デーの日がやって来た。彼女は絶好のタイミングで講堂のステージに上がり、詰めかけた大勢の大人たちの前に立った。自分の姿を見つめている聴衆を見渡すと、彼女は少しためらうような仕種を見せた。それで、ブラクマン校長とタルティー先生は不安になった。

「オリビア、頑張って！　あなたなら絶対にできるわよ」

そのあと、実に落ち着き払った態度でオリビアは話し始めた。まるで今日一日が自分のためにあるかのように。

初めまして。オリビアといいます。タルティー先生の三年生のクラスです。第8の習慣は『自分のボイスを発見し、それぞれのボイスを発見するよう人を奮起させる』というものです。この習慣のポイントは、自分の人生を賭けてやろうとしていることに一〇〇%打ち込んでいるかどうかという点です。一〇〇%打ち込むということは、人生の冒険に自分の肉体、知性、情緒、精神のすべてを注ぎ込むという意味です。

自分自身のボイスを発見するためには、自分の持って生まれた才能についてよく考えてみることが必要です。誰にも得意なことがあるものです。誰が何と言おうと、それは間違いありません。他の人たちに素晴らしいことをするよう奮起させることもできます。

私は弟がいる幼稚園クラスの子たちに本を読んであげることによって、この習慣を実践しています。それと、私たちが蝶の一生について勉強している科学班の活動についても弟のクラスで紹介しています。私たちが育てている幼虫も全部彼らに見せました。そうすることで、私の知識を共有したのです。

今日は素晴らしい機会を与えていただき、ありがとうございました。

聴衆のほとんどは、オリビアがどのような状況にあったか知らなかった。にもかかわらず、彼女の冷静さから、今自分たちの目の前で特別なことが起きたことに気づいたのだった。オリビアの状態を知っていた一部の人たちは、こみ上げてくる感情をこらえるのに必死だった。オリビアの母親は人目をはばかることなく泣き出した。娘が皆から愛され、尊敬され、貢献する機会を与えられ、そんな環境の中で学んでいることが、うれしくてたまらなかったのだ。そんな環境だからこそ、オリビアは自分のボイスを発見できたのだろう。

習慣と環境

前章では効果的な習慣の指導法を紹介したが、この章では効果的な環境を創り出す方法ついて考える。子どもたちがせっかく効果的な習慣を教わっても、そのあと「問題のある環境（文化）」、つまり温かみや安心感がなく、自分が大切にされていると感じられない環境に置かれたらどうだろう。身につけたばかりの習慣や学力を十分伸ばすことはできないはずだ。どんなに優れた種子をもらっても、それを汚染された土に植えたら、目一杯花をつけるわけがない。

それに対して、子どもたちがきわめて効果的な学習環境に置かれたら、奇跡だって起きるかもしれない。転校して間もないある五年生の女の子の場合がそうだった。彼女は小さな頃、優しくておおらかな性格だったが、大きくなるにつれて怒りっぽく生意気になり、時々けんかもするようになった。だが、その後、祖母の家で暮らすようになり、学校も変わった。彼女は当時を次のように振り返る。

この学校に初めて登校した日は大変でした。前の学校にいた頃の性格のままだったからです。でも、皆、私に優しく接してくれ、友だちになろうって言ってくれました。そういう雰囲気は、私にとって初めての経験でした。そして、私はすぐに気がついたんです。「けんかではなく、話し合いで解決する」ことの大切さを。先生やクラスの皆から「7つの習慣」を教えてもらったおかげです。私はこの習慣によって生まれ変われたと思います。習慣を実行している人たちを見て、あの人たちのようになりたい、リーダーになりたいと思いました。

習慣と環境は絡み合っていて、個人や学校の効果性に影響する。

私は「7つの習慣」を実践し始めました。何でも話し合いで解決し、自分自身をしっかり見つめるようにしました。自分のミッション・ステートメントをつくり、ロッカーにぶら下げました。

私はこの学校の人たちに感謝しています。私が転校してきてからずっと、私をそばで支えてくれたからです。私だってリーダーになれる、と気づかせてくれたんです。

このことは、子どもだけでなく大人たちにも当てはまる。

きわめて効果的な環境に置かれた大人は、大きな「欠陥」のある環境に置かれた大人よりも優れた仕事をするものだ。つまり、習慣と環境の間には相互的な関係が存在するのだ。そして、好ましい習慣は環境を改善し、好ましい環境は習慣を改善する。では、学校が好ましい環境、あるいは文化を創造するには、どうしたらよいだろうか。

あなたの学校の文化は効果的か？

効果的な人生を生きていない人たちは非常に効果的でない学校文化を創り出すのに対して、効果的な人生を生きている人たちはきわめて効果的な学校文化を創造する。あなたの学校の文化は、表のどちらのタイプに属するだろうか。

習慣	効果的でない文化	効果的な文化
1	**反応的である**：言い訳が多く、失敗を他人や方針のせいにし、気分屋で、影響が及ばない範囲にまで手を伸ばす。何をすべきか指示されないと動かない。	**主体的である**：イニシアチブを発揮し、自分の行動に責任を持ち、感情をコントロールし、自分の影響が及ぶ範囲内のことに焦点を合わせる。自ら事を起こす。

2	**終わりを思い描かずに始める**：ビジョンや目的がなく、目標を共有しない。計画が頻繁に変更される。	**終わりを思い描くことから始める**：学校全体の目標と戦略を明確に定め、有意義な目的を追求する。個人の目標を明確に設定している。
3	**緊急事態すべてに対応する**：危機の後始末に追われ、事前の計画や人材育成にまで手が回らない。規律を欠いている。	**最優先事項を優先する**：重要度に注目し、重要でない要求は拒否する。計画、準備、危機防止のための時間を取る。
4	**Win-Loseな考え方をする**：Win-LoseやLose-Loseに走りがちで、信頼関係は弱い。資源の奪い合いに奔走し、他者に後れをとったり、他者より低く評価されたりすることを恐れて成功体験を共有しない。	**Win-Winを考える**：Win-Winを考え、信頼で結ばれている。勇気と思いやりのバランスをとり、全体に資する方法を模索する。協調と成功体験の共有が奨励される。
5	**理解されることばかり考える**：他者の言葉に耳を傾けず、理解されたと感じることがない。相手の気持ちを無視するとともに、自分の気持ちや意見を明かすことを恐れる。	**まず理解に徹する**：状況を分析してから解決策を考える。相手に共感し、一方的に判断したりせず、意見を自由に表明できる。
6	**孤立して行動する**：自分一人で、または決まった人とのみ一緒に行動する。自分の考えが常に最善と考える。自分と考え方の違う人を避ける。	**シナジーを創り出す**：他者の考えや多様な価値観に関心を示し、謙虚さを忘れない。チームワークや創造力に優れ、型破りな考えも認められる。
7	**鈍感で伸び悩む**：スキルが時代遅れで、アンバランスな生活を送り、人間関係を軽視し、親密さに欠ける。意義を感じていない。	**刃を研ぐ**：継続的改善を追求する。精力的に時代の先端を走り、家庭的な雰囲気を好む。はつらつとしている。

文化の改善に対して消極的な態度をとる学校が多い。自然と良くなるのを待つという感じだ。また、後始末に終始する学校もある。いじめなどの問題が発生してから、対策チームを立ち上げる。（少なくとも一時的に）問題を封じ込めることができるとチームを解散し、次の危機が発生したらまた立ち上げるといった具合だ。こうした偶然に頼ったアプローチとは異なり、「リーダー・イン・ミー」は主体的、意図的な手法を取る。密接に絡み合う次の三つの側面について、学校文化の改善に取り組むのだ。

1. 学校環境
2. リーダーシップの分担
3. リーダーシップ・イベント

学校環境

学校の環境を説明するものとしては、目に見えるもの、耳に残るもの、心で感じるものの三つの要素が考えられる。

目に見えるもの ―― 物理的環境

ＡＢコームス小学校の校舎自体は、移動式校舎をいくつか増やした程度で、ここ何年も変化はない。だが、児童たちが中に一歩足を踏み入れると、そこにはまったく新しい空間が広がっている。正面玄関をくぐると、この学校のビジョンを記した、色鮮やかなタイル壁画が目に飛び込んでくる。以前の五年生の児童たちが学校に寄贈する記念品として、親たちの協力を得ながら作成したものだ。左手にはとても明るい感じのオフィスがある。入りやすい雰囲気なため、児童たちはここに呼ばれるのを楽しみにしているほどだ。天井のタイルには色鮮やかな自画像が並んでいる。小学校時代の思い出になるようにと、新任の先生たちが描いた作品である。

オフィスの先で廊下が交差する。左に行くと、学力の向上を示すデータ表が廊下に貼り出されている。右手の廊下の壁には、児童たちが図画の時間に描いた作品や、過去にこの学校を訪れた世界の指導者たちの写真が展示されている。誰もが目を引きつけられるのは、「私たちはあなたの偉大さを誇らしく思います」と記されたサインだ。児童と大人たち両方に向けた言葉である。

そこから廊下がさらに蜘蛛の巣のように伸びている。それぞれの廊下には、「７つの習慣」や別のリーダーシップ概念にちなんだ名前がつけられ、それが標識板に記されている。幼稚園クラスの廊下には掲示板がずらっと並び、さまざまなリーダーシップ概念が学習テーマとの組み合わせで説明されている。こうした掲示板が学年ごとに設けられており、掲示物を定期的に取り替えることで興味深い空間をつくり出している。児童たちの書いた物語や主張も貼られていて、それを読んでい

このオフィスに来たがらない児童は一人もいないだろう。

ると時間が経つのも忘れてしまうほどだ。

メディアセンターの入り口の上には、「L-E-A-D-E-R-S-H-I-P」九文字をかたどった、大きな積み木が並べられている。これはある児童の親がつくったものだ。あちこちの壁には、「リーダーシップとは、誰も見ていなくても正しいことをすることである」などの格言を書いた紙が貼られている。ある壁には、学校の愉快な伝統に関わった児童たちの写真がかけられている。この学校の「記念アルバム」といったところだ。別の壁には、宇宙飛行士、ダンサー、アーティストなど、地域や国家のリーダーたちの写真が並んでいる。いずれも、リーダーとは何たるかを児童たちに語ってくれた人たちだ。

食堂には、「7つの習慣」について説明した絵が飾られている。床から天井まである大きなものだ。近くの廊下を進んで行くと、背の高いポールが一列に立っており、その先端には児童たちの多様な国籍を表す国旗が掲げられている。旗の列の向かい側には、各教職員が書いたその年の誓いが貼られている。体育館の天井付近にはスポーツ関連の格言が掲げられ、教室の外側にはそのクラスのミッション・ステートメントがかけられている。こうした展示物の中には、頻繁に取り替えられるものもあれば、ずっとそのままのものもある。

教室の中をのぞくと、壁に「ようこそ」と書かれている。科学や算数、格言、歴史に関する掲示物が多くの壁に貼られている光景は、普通の学校の教室とほとんど変わらない。その中には、「7つの習慣」、クラスの目標、協力ルール、児童のリーダーシップ・チャート、児童たちが目下シナジーを発揮しながら取り組んでいるプロジェクトなどをそれとなく思い出させるものが含まれている。

ざっとこんな感じだ。「ここは高い目標のもと、楽しく学習するための場所です」――校舎全体がそんなメッセージを発しているかのようだ。図画の作品、データチャート、写真の一つひとつに、「誰にも才能があり、誰もが学校の発展に貢献できる」ことを明確に伝えようという意図が込められているように見える。誰も言葉を発しなくても、物理的環境で児童たちの価値や可能性が伝わること、それをこの学校は目指しているのである。

こうした物理的環境は、世界中の学校に広がりつつある。児童や教職員たちをさまざまな言語で奮い立たせる、何とも素晴らしい展示物を、著者は世界各地で目にしてきた。こうした展示物の中には、大人たちの手でつくられた、本格的な出来栄えのものも含まれているが、お気に入りは大概、児童たちの作品だ。

実際、イリノイ州クインシーにあるカトリックスクール、ブレスト・サクラメント校（幼稚園～八学年）などのように、学校によっては学年の初めは壁が驚くほど閑散としているところもある。そういう場合は、児童たちが一日一日作品を好きなように並べ、物理的環境をつくっていくのだ。彼らはそれを自分たちの仕事と考えている。大人たちが全部つくった環境も確かに素晴らしいが、インパクトは弱く、子どもたちが当事者意識を持つこともないのである。

壁や天井、運動場、床、トイレにありとあらゆるものを展示している学校もある一方で、より簡素な雰囲気を出そうとしている学校もある。どのような形を選ぶかは、教職員や児童次第だ。多くの学校は、五年先ぐらいに「まあ、何と素晴らしい学校なんでしょう！」と言ってもらえるようにと、継続的に展示する作品を児童たち毎年二つか三つつくらせている。あまりに短期間で完成させようとしたり、数人の教師だけで全部つくってしまったりするよりは、児童たちも参加させるほうが望ましい。忘れないでいただきたい。目的は学校文化の創造であって、美術館の建設ではないということを。

展示物――目に見えるもの――を変えたからといって、学校の文化がそっくり変わるわけではないが、物理的環境の重要性を見くびってはならない。

耳に残るもの──用語の統一

「リーダー・イン・ミー」を導入して学校にどのような効果があったか、と教師たちに尋ねると、よく返ってくる答えは、「用語を共有できたこと」というものだ。

「７つの習慣」は、教職員によって授業に組み込まれると、自ずと校内共通の用語になる。会合、活動、廊下の展示物、集会において、あるいは規律上の問題に対処するときなどに用いられるからだ。児童たちは、他の語を覚えるのと同様に、短期間で「７つの習慣」の用語を覚えてしまうものだ。全員が表現を覚えれば、誰もがいつでも使うことができる。たとえば、一年生の担任をしている教師が、一度も顔を合わせたことのない五年生の児童の良からぬ行動を見つけたとき、「君は最優先事項を優先しているかい？」と語りかけることができるのだ。そして、児童のほうも、何を言われたのか理解できるのである。

「７つの習慣」を教えている学校と教えていない学校の両方に関わっているスクール・ソーシャル・ワーカーや専門教科の教員たちに著者が話を聞いたところ、「７つの習慣」を教えている学校のほうが、授業がずっとやりやすいということだった。学年もクラスも関係なく、共通の用語を使用できるからだそうだ。相手が親たちでも使えるという。「仕事が楽になります」と彼らは口を揃えた。

「リーダー・イン・ミー」で使用する用語は、「７つの習慣」のものだけではない。他にも、次のような前向きな表現を定期的に用いる。

「我々がいるこの場所は可能性の宝庫である」「児童たちができないことよりも、できることに目を向ける」「すべての子どもが大切な存在である」「我々は児童たちに、いつも君たちを愛していると言う」「この子たちがリーダーとして成し遂げられること、それは実に素晴らしいものである」「我々はここでは、『ありがとう』や『お願いします』という礼儀正しい言葉を使う」

ＡＢコームス小学校の児童たちは、毎朝教室に入った瞬間から、前向きな言葉をずっと耳にすることになる。まずは、教師と出迎え係の児童が待ち受けていて、教室に入って来る児童に声をかける。そして、相手の目を見つめ、名前を言いながら握手し、身なりやその日について何か前向きな言葉をつけ足す。子どもたちが自分の名前を呼ばれることなく、あるいはほめ言葉をかけられることなく一日が過ぎ去ることはまずない。

子どもたち（そして大人たち）に「リーダー」と何度も呼びかけていると、それだけで強烈なインパクトを及ぼし、行動が変わってくるものだ。典型的な例を紹介しよう。

ある児童がＡＢコームス小学校に転校することになったとき、元の学校の校長から、その子の性格についての連絡があった。その校長は最近、その男の子に殴られて気を失った事件があったことを明かし、学校にとって厄介な存在になるだろうから注意するようにと教職員に助言した。このような児童を受け入れる場合、学校としては一日目からその子に厳しい行動矯正プログラムを課すのが普通だろう。ところが、ＡＢコームス小学校の教職員たちが決めた対処法は違っていた。サマーズ校長の説明を聞いてみよう。

私たちはこのリーダーシップというテーマを採用したばかりでしたが、これが本当にうまくいけば、この子にも効果があるのでは、と期待していました。私は彼の前歴を一切見ませんでした。今思えば、賢明な方法ではなかったかもしれませんが、その子にもう一度チャンスを与えてやりたいという思いがあったのです。

その子がバスから降りてきたとき、すぐ気づきました。ふてくされた態度で歩いてきたのです。私はすぐに彼に歩み寄り、話しかけました。「あなたがT君ね」と。さらに、私につき添っていたカウンセラーも、「私たちの学校へようこそ。君はきっとリーダーになれると思いますよ」と言いました。それに対して彼は、「誰だよ……あんた……ほっとけよ」と言い返しました。私は言いました。「ここではそんな言葉は使わないのよ。もっと別の言い方があるでしょ。まあ、とにかくあなたを歓迎します」

それから、私たちは彼との関係を築き始めました。すると、表向き突っ張っていた態度が少しずつ和らいでいったのです。私たちは、「いい子ね」と毎日声をかけました。最初のうちは

人を成長させたかったら、その人の今の姿ではなく、成長した姿を思い描いて接してあげることだ。
ゲーテ

悪態を返してきたり、化け物でも見るかのような目で私たちを見たり、といった感じでした。それが一ヵ月ほど経つと、「こんにちは」と言葉を返してくるようになったのです。
そして一一月、彼は児童会長に立候補しました。あいにく選ばれはしませんでしたが、校内の人気者に仲間入りしました。カッとなりやすい性格で、逆戻りした時期もありましたが、やがて彼の生活態度は一変したのです。成績も上がり、優等生名簿に名を連ねるまでになりました。その後、また転校し、連絡は途絶えました。でも、私はこの経験を通じて、リーダーシップ教育は児童たちに有効だと確信しました。

教育者の中にはアーティストとしての才能を持つ人が多く、見事な掲示板や展示物をつくったりする。彼らは校舎の美観に貢献しており、こういう人はどの学校にも必要である。だが、**真のアーティスト——真の教育者——とは、児童たちの心の中にある美を引き出すことに長けた人**、いわばインテリアデザイナーだ。彼らの主な道具は言葉だ。不安や絶望が頻繁に頭をもたげてくる今の時代。機会あるごとに子どもたちの良い点を認め、希望が湧くような励ましの言葉をかけてあげることが求められるのだ。

心で感じるもの——情緒的環境

アルバータ州エドモントンにあるリー・リッジ小学校は四年前に「リーダー・イン・ミー」を導

入して以来、数々の改善を成し遂げてきた。そこで、ナイジェル・バターフィールド校長に、「リーダー・イン・ミー」がこの学校にもたらした最大の変化は何かと尋ねると、彼はすぐさま、「心で感じる雰囲気が変わったことです」と答えた。

ＡＢコームス小学校の教師用ラウンジには、大きな紙が壁の幅いっぱいに貼られている。そこにはこう書かれている。「先生方が教えた知識を児童たちはずっと覚えているとは限りません。しかし、皆さんが与えた印象はいつまでも彼らの心に残ることでしょう」

実際、児童の親たちに、「リーダー・イン・ミー」で子どもたちがどう変わったかと尋ねると、彼らの多くが真っ先に言うのは、学校に対する子どもの感じ方、あるいは自分自身に対する見方に関することだ。飛び抜けて多い答えは、「おかげで、子どもが本当に自信を持てるようになりました」というものだ。ある学校でもがき苦しんでいた子が「リーダー・イン・ミー」の実践校に転校したところ、いろいろな面で活発になり、人間関係でも学力の面でも成長したと語る親が多い。内気だった子どもが殻を破って出てきた、というのだ。

前で紹介したオリビアの学校に話を戻そう。デボンという名の男の子に関して、もう一つ興味深い話がある。副教育長がブラクマン校長を呼び、デボンという児童を受け入れてもらいたいから、検討してもらえるかと尋ねた。デボンは学区外の子だが、ひどいアレルギー体質で学校に行けないでいる、と副教育長は説明した。学校に遠隔装置があれば、デボンが家から操作できるのではないか、と。カメラとディスプレイを使えば、デボンは自宅で授業を受けられ、クラスメートたちも彼の姿を学校で見ることができる。彼はその装置で学校のいろいろな所を見たり、オーディオシステムを介して質疑応答も可能になる。普通の新入生とは訳が違った。

他の学区はデボンの受け入れを断った。だが、ウィンチェスター小学校の教職員はこれを一つの好機ととらえ、応じることにした。「もちろん、うちで受け入れましょう」と。デボンの受け入れについて学校の意志をブラクマン校長に確認したとき、副教育長の頭の中には、「学区内のすべての学校の中で、ウィンチェスター小学校の文化や児童がデボンにもっとも適しているだろう」という読みがあった。要するに、登校することはないと思われるデボンがどういう「感じ」を持つか、という点に注目していたのだ。

以上の事例は、どれも児童の感じ方が関係している。リーダーシップ文化の中で、児童たちは何を感じているのだろうか。ワシントン州にあるムキルテオ小学校の児童たちの回答から、その一端を伺い知ることができる。「リーダー・イン・ミー」の導入以降、学校がどう変わったかを尋ねたものだ。

・学校でもっと頑張れる、と思うようになった。
・周りの人たちに注意を払うようになった。

・何か間違いをしとき、友だちが正しいやり方を教えくれる。それも、非難ではなく親切心からの行為として。つまり、シナジーを発揮しながら間違いを正すことができる。
・勉強のことを前より真剣に考えるようになった。そして、より正直になった。
・バスケットボールの試合で自分たちが負けたとき、相手のチームを祝福できるようになった。
・「7つの習慣」のおかげで人の話に耳を傾けられるようになり、選択や人との付き合いも上達した。
・他人の気持ちを冷静に思いやる余裕ができた。
・先生や他の子たちに尊敬の念を抱くようになった。
・人の話を聞くようになり、一緒に遊ぶ機会も増えた。
・計画を立ててから実行に移すようになった。
・全員一緒に活動し、周囲に誰もいないときでもシナジーを発揮し、功績を一人占めしない。それが正しい行動であるとわかってやっている。

子どもたち（または大人たち）の学校に対する感じ方に影響を及ぼす要因は数々存在する。第2章で述べた、四つの基本的欲求を思い出していただきたい。児童たちは次のようなことを感じたいと思っているのだ。

信頼関係が築かれている教室では、教師は児童たちが心の中で求めていることまで感じ取ることができる。

ロニー・ムーア（『The High-Trust Classrooms』）

・安全であること：いじめられたり脅されたりすることを好む人はいない（肉体的欲求）。
・受け入れられ、責任を与えられ、理解され、信頼されること：不信は疑念や怠慢を生む。信頼は安定性、希望、コミットメント、友情を育む（情緒的欲求）。
・ビジョン、成長、成就：児童たちは自分の進歩や成功を実感したがっている（知的欲求）。
・意義、貢献、評価：米国を代表する心理学者ウィリアム・ジェームズは、「人間性のもっとも根底にある原則は、評価されることへの渇望である」と主張する（精神的要求）。

これら四つの欲求のいずれか一つ、またはそれ以上が欠けている児童は気分が不安になり、すべての欲求が満たされている児童は自信を持つ。これらの欲求のそれぞれが容易に満たされる子もいれば、なかなか満たされない子もいる。児童たちはこれらに関する話を聞くだけでは意味がなく、それらを実際に感じる必要があるのだ。

リーダーシップの分担

児童たちが毎日見聞きし、感じるものの中で何よりも重要なことは、全員がリーダーであるということだ。これは子どもだけでなく、すべての大人にも当てはまる。

児童たちに自分もリーダーであると意識させるには、大人がリーダーシップの模範を示すのが一番だ。これは校長だけでなく、事務員、食堂スタッフ、カウンセラー、用務員、図書館員、助手、技術担当者、スクールバスの運転手、保健室の先生、運動場の管理者、教師など、まさに大人全員である。

ある「リーダー・イン・ミー」実践校を訪れた人たちが校内を案内されている途中、アンダーソンという人物に関する話を三ヵ所で聞かされた。「児童たちは彼が大好きなんです」「彼は子どもにも敬意をもって接します」「彼は児童たちを計画に参加させます。子どもたちは彼の手伝いをするのが大好きなんです」といった具合だ。アンダーソンというのは教頭か好きな教師あたりだろう――訪問者たちはそう想像していた。最後にその本人に会って彼らは驚いた。アンダーソンというのは校舎の床を掃除している人だったからだ。要するに、この学校の用務員だったのである。

用務員をもう一人紹介しよう。ノースカロライナ州ダンにあるウェインアベニュー小学校で働くバゲットという用務員は、児童たちを出迎えるため、毎朝誰よりも早く出勤している。彼は児童たちを名前で呼び、励ますような言葉をかけて元気づけようとする。こうした彼の努力の甲斐あって、児童たちは彼に親しみを感じている。彼らはこうしたことを、用務員としての職務上やっているわけではない。彼らの熱い気持ちがそうさせるのだ。リーダーシップは主体的に行うものであって、仕事としてやるものではないのである。

その意味では、リーダーシップは誰でも実践できるのだ。クラスを担当する教師は教室のリーダーだ。図画、音楽、体育など専門教科の教員はそれぞれの科目のリーダーであり、学習指導員たちも学習のリーダーである。教師の中には、その学年のリーダー、専門家の学習コミュニティーのリーダー、あるいは活動チームのリーダーもいる。こうした役割が大概どこの学校にもあるが、リーダーの役割とは必ずしも見なされていない。実際、これを単なる言葉の遊びにしないためには、各教職員がリーダーとして心から尊敬され、リーダーとしての権限を与えられていなければならない。教職員たちにリーダーシップを発揮させようと思ったら、新たな肩書きを与えるだけでは不十分で、彼らの貢献を認め、サポートすることが不可欠である。

調査結果は語る

ミネソタ大学とトロント大学がウォーレス財団より資金援助を受け、六年間にわたり共同で調査を行った。その結果、次のようなことをはじめとして、リーダーシップの分担は好ましい成果をもたらし、児童たちの学習や教職員の士気にも好影響を及ぼすことが明らかになった。

・リーダーシップが校長、教師、教職員、児童、親たちの間で分担される（集団的リーダーシップ）と、校長が唯一のリーダーである場合よりも児童の成績に与える効果は大きい。
・権限の一部が他者に委譲されたとしても、校長の影響力が失われることはない。
・学校内のリーダーが児童の成績に与える効果を増すためには、教師の知識やスキルを高めるよりも、彼らの士気を高め、労働条件を改善するほうが有効である。
・優れた成果を上げている学校は他校に比べ、より大きな意思決定権限を教師たちのチームや親たち、とりわけ児童たちに与えている。

この調査結果で特に注目すべきは、優れた成果を上げている学校では、リーダーシップを児童たちと分担することの効果が「特に」大きいという点である。

「リーダー・イン・ミー」において、リーダーシップ分担の目的で児童たちをリーダーとして参加させる方法は、少なくとも次の三つがある。

1. 児童たちにリーダーとしての責任を負わせる。
2. 児童たちの意見を尊重する。
3. 児童たちが自分のボイス（内面の声）を発見できるようにサポートする。

児童たちにリーダーとしての責任を負わせる

多くの学校は、児童たちにリーダーとしての責任を負わせているが、それは自分で能力を証明したか、クラスメートによって選ばれた少数の児童に限ってのことだ。また、「リーダー・イン・ミー」の導入を検討しているある学校（幼稚園～高校）によれば、高校の上級生になったときに生徒会のリーダーになれそうかどうか、入学時点でわかるという。こうした状況が確かに一般的かもしれないが、残り九八％の児童はどうなるのだろう。リーダーになる機会は与えられないのだろうか。

クラスの中で児童とリーダーシップを分担する場合、まずは教師が、「自分が今していることを児童たちに任せても大丈夫だろうか？」と自問するところから始まる。北カリフォルニアにある学校で教えているある教師はあるとき、この質問を児童たちにぶつけてみた。すると児童たちは、コンピューターの電源を切ったり、教室のブラインドを下ろしたり、椅子を机に載せたり、くずかごのゴミを捨てたり、鉛筆を削ったりする仕事など、彼女が毎日最後の二〇〜三〇分でやっていたその他の仕事を自分たちがやると言った。児童たちはそれをとても喜んだ。終業ベルの五分前、彼女がただ合図をすると､児童たちが忙しく動き始める。「なぜもっと早く聞いてみなかったんだろう?」彼女は今、そう後悔している。ここで大事な点は、児童たちが仕事を受け持つことよりも、クラスの秩序と成長に彼らが自ら責任を持つようになったことだ。児童たちが率先して行っているのである。

児童たちが責任を分担しているもう一つの例は、カリフォルニア州ローズミードにあるジャンソン小学校に見られる。この学校では、クラスごとに児童の中から技術リーダーを指名している。教師がある種の機器の操作が不得手な場合、その児童が故障を修理したり、この学校の大人の技術アドバイザーに相談したりする仕事を受け持つのだ。アドバイザーは修理方法をその児童に教えるか、または児童の教室に出向いて一緒に修理を行う。児童は新しい知識を習得できるうえに、自分の責任を意識することになり、教師は授業に専念できるというわけだ。

図書の整理、昼食メニューの発表、宿題の回収、備品の配布、訪問客の出迎え、オフィスへの伝達、国歌斉唱の指揮、手の除菌用ローションの配布など、一日のいろいろな仕事を児童に担当させることは、本格的な「リーダーの役割」には見えないかもしれないが、これが出発点となる。責任を負うとはどういうことなのかを、ただ言葉で説明するのではなく、児童たちに実際に体験させられるからだ。

リーダーであるということは**貢献する**ということであり、時には他者が嫌がることを**自分が引き受けること**だと、児童たちに教えることができる。教師にとっては児童たちの能力に気づくチャンスであり、児童たちにとっては着実な成長を実感する機会となる。児童たちは自分の存在価値に気づき、認められたという気持ちを味わうことができる。実際、大部分の児童は自分が責任を与えられたことを誇らしく思うものだ。

学校を頻繁に休んでいた児童たちまでもが、自分は学校で必要とされていると感じ、一日たりとも無駄にできないと毎日登校するようになっている。ある男の子は、朝目が覚めたら母親がベッドの上で酔いつぶれていた。そこで、自分で服を着てバスへと向かった。どういう気持ちでそうしたのかと尋ねると、リーダーとしての任務を果たさなければ、という責任感からの行動だったとその子は答えたという。

児童たちが大きくなっていくと、彼らがリーダーとして分担する責任も大きくなっていく。いつの日か、彼らが授業を行ったり、プロジェクトを指揮したり、下級生を指導したり、電話対応をしたり、クラス全員で読む本を選んだりするときが来るかもしれない。学校や地域社会に役立つ奉仕プロジェクトの企画を上級生に任せようとしている学校もいくつかある。プロジェクトのすべての面について、児童たちが計画・実行を担い、教師や親が脇役としてサポートする。児童たちは、広い心とプロジェクトを指揮する能力がある。児童たちは見事なリーダーシップを発揮するのみならず、先生を真似てクラスを引っ張ったりもする。多くの教師がそんな姿を目の当たりにして驚いている。子どもたちにリーダーシップを身につけさせる鍵はやはり、模範を示すことなのだ。
児童が全校レベルのリーダーを務める機会としては、児童たちによる児童会運営などが一般的だが、決してそれだけではなく、さまざまな機会が考えられる。校内の案内、国旗の掲揚、集会や朝のお知らせの進行、図書館や食堂の清掃、リサイクル活動の運営、休暇中の活動の指揮、安全パトロール、訪問客に対する挨拶、プレゼンテーション、授業、クラブ活動などだ。チャンスを与えてやれば、児童たちは素敵なアイデアをいろいろ考えてリーダーとしての責任を果たすものだ。やはり、彼らが役割を担うこと自体も重要だが、その役割に責任を負い、進め方を自ら考えることが有意義なのである。

リーダーの役割を果たすということは、たとえそれが簡単な役割であっても、その児童の人生を変えることは無理かもしれないが、行動を変えるきっかけにはなり得る。アルバータ州アイリーにあるフランス語集中訓練学校、エコール・エドワーズ小学校（幼稚園〜五学年）では、児童たちが毎学年の初めに学校レベルのリーダーの役割に立候補する。その結果、児童の半数以上が任務を課さ

> 共感は、いじめっ子のほとんどが持ち合わせていないスキルだ。独力でいじめをなくす最大の可能性を秘めたスキルでもある。
>
> ゲーリー・マゲイ（『The Mentor: Leadership Trumps Bullying』）

れる。

時間の観念を失う病歴を持つ自閉症の男の子が、保健室の仕事の手伝いをする任務を与えられた。そこで毎日、簡単な片づけを行うというものだ。教職員が自分でやろうと思えばやれる仕事だった。だが、この男の子はリーダーの役割をすることがうれしくて、タカのような目つきで時計を見つめるようになり、仕事の時間に遅れたことは一度もなかった。自分はリーダーなんだ、という意識がそうさせたのである。

サウスカロライナ州にあるサマーヴィル小学校に通うある男の子は、名うてのいじめっ子であり、一匹オオカミでもあった。鼻の利くある教職員が、昼食時にその児童が特別支援を必要とする子たちのそばによく座ることに気づいた。それで、その教職員は、その子たちをサポートしたり、教えたりすることが目的なのか、と問いかけた。すると、その男の子は突然、いじめっ子から用心棒に転身した。そして、その児童たちを注意深く見守るようになった。特別支援を必要とする子たちをどのように支えてあげているのか、文章にまとめるようにと言われた彼は、たった一行だけ書き記した。「あの子たちと一緒だと、僕は寂しくない」と。

メンタリングは学校レベルにおけるリーダーの役割として人気があり、児童たちがやりたがる役割の一つだ。上級生が下級生の宿題を見てやったり、きちんとした行動の模範を示したりするというものだ。上級生のクラス全員がリーダーとして下級生のクラスを指導する仕事を割り当てられる場合もある。サウスカロライナ州アンダーソンにあるマクリーズ・アカデミー・オブ・リーダーシップは、下級生同士がちょっとしたいざこざを起こしたとき、上級生に仲裁させる。この学校ではこの仲裁役の児童たちを、**「Leadiator」**（＝Leader：リーダー＋Mediator：仲裁者）と呼んでいる。

児童たちに学校への愛着心を植えつける方法は数多く存在する。クラスメートにメンタリングをさせるのもその一つだ。

小さな子どもは時々運動場や砂場に行ってエネルギーを発散させたり、身体をほぐしたり、創造力を育んだりする必要がある。それと同じように、児童たちは皆、時折「リーダーシップ砂場」に行き、自分の才能を解き放ち、リーダーシップ習慣を育てるべきだ。やはりこれも、一部の優秀な子たちだけでなく、すべての児童に当てはまることである。

児童たちに学校への愛着心を植えつける方法は数多く存在する。クラスメートにメンタリングをさせるのもその一つだ。

児童たちに意見を求め、その意見を尊重する

ＡＢコームス小学校がリーダーシップをテーマとして採用して間もなく、サマーズ校長は月に一度のおしゃべり会（三〇分間）に各クラスの児童リーダー一人を参加させた。児童リーダーたちは毎回この会に出席する前に、学校でうまくいっていること、改善を要することをクラス

メートたちに尋ねることになっていた。校長は毎月驚かされた。児童たちが拾い出した問題点もさることながら、彼らが考え出した解決策やアイデアが実に素晴らしかったのだ。たとえば、この学校は協力ルール――多くの学校で「行動規範」と呼ばれているもの――を策定していた。このルールは、次の語の頭文字を取って「ＭＡＧＩＣ」と呼ばれていた。

M -odel expected behavior：望ましい行動の模範を示す
A -ccept responsibility：責任を負う
G -ive respect：敬意を払う
I -mprove through goals：目標を立てて改善を図る
C -ooperate：協力し合う

ある月のおしゃべり会でのことだった。一人の男子児童が立ち上がって、「サマーズ先生、私たちがここでしていることは、マジック（魔法）なんかじゃないですよね。真剣な努力ですよね」と発言した。その子は新しい協力ルールをつくることを提案した。「ＬＥＡＤ《リード》」という新しい標語まで添えて。

L -oyalty：忠実さ

E -xcellence：卓越性
A -chievement：成就
D -iscipline：規律

校長はこの提案が気に入った。その子が苦労して考えた跡が伺えたからだった。ただ、まずいことに、ほんの数日前に「ＭＡＧＩＣ」と書いた標識を学校中にぶら下げたばかりだった。それを変えるとなると一苦労で、費用もかかると思われた。それでも、標識は変えられたのだった。児童の意見が尊重されたのである。

ＡＢコームス小学校で児童たちの意見が尊重されていることを示す例をもう一つ紹介しよう。新しい教職員を採用するとき、この学校では児童たちが応募者一人ひとりと面接することになっている。教職員たちによれば、面接官にはとても厳しい質問ができる子が選ばれるという。確かに、子どもが好きかどうかは、大人より子どものほうが敏感に感じるものだ。ある応募者に低い評価をつ

以前は、自分の意志で校長室に行くことはありませんでした。それが今では、何か改善点を思いつくと、提案を持ってすぐ行くようになりました。

児童（スウェーデン、フッディンゲ）

けたあと、児童たちはムッとした顔つきで言ったという。「あの人はこの学校が『7つの習慣』を実践していることすら知らなかった。予習ができてないね」

別の応募者で、良い結果に至ったケースもある。応募者を面接に招いたとき、校長は彼女がいわゆる「小人症」であることを知った。校長は、彼女なら素晴らしい教師になれそうだと思う一方で、子どもたちの反応が心配だった。あとでわかったことだが、彼女の面接を終えた児童たちからは、身長に関する話は一切出なかったという。それは校長にとってうれしいことだったが、彼女としてはまだ安心できなかった。それで、面接を担当した児童たちに思い切って聞いてみた。「あなたたち、あの方の身長のことで何か言いたいことはないかしら?」と。児童たちはひどく当惑した顔で校長を見返し、逆に次のように尋ねた。「サマーズ先生、何か気になることがありますか?」と。その新人教師は今では大きな存在感を示し、児童たちからも、また教職員たちからも慕われ、尊敬されている。

児童の意見はどこまで尊重すべきか

児童の意見をどこまで尊重すべきかという点については、教育者は慎重な判断が求められる。英国ハートフォードシャーにあるジャイルズ小学校は、児童たちに教師用行動規範を策定させた。すると、次のような項目が並んだ。

・「7つの習慣」を実践し、主体的になる。
・児童一人ひとりの中に才能を見つけ出す。
・児童や他の教職員に敬意を払う。
・優しく救いの手を差し伸べる。
・児童が問題を抱えているときはWin-Winを考える。
・笑顔と幸せに満ちた目で児童を見つめ、挨拶を交わす。
・誰も見ていなくても正しいことをする。
・児童の立派な行動を評価し、さらに向上するための方法を助言する。
・きちんとした清楚な身なりを保ち、教室の整理整頓を徹底する。
・児童にリーダーとしての役割を与え、教室でリーダーシップを発揮させる。
・毎日の最後に、その日一日「7つの習慣」を立派に実践できた児童を発表する。

児童の声に耳を傾けることがなぜ重要なのか、その理由はヘリテージ小学校での出来事から見て取れる。この学校は、「リーダー・イン・ミー」導入からわずか三ヵ月後に、他校の校長九人と学区の副教育長の訪問を受けた。このとき、校内の案内は児童たちが担当した。見学の最後に、訪問者たちは玄関に集まって質問をした。校長はこれも児童たちに答えさせた。ある訪問者が次のような質問をした。「リーダー・イン・ミーを導入して、この学校はどのあたりが変わりました?」

五年生のグラントという名前の男子児童が前に進み出た。身ぶりを交えながら彼は説明を始めた。「以前は校長先生がこの高さ（手を頭の上に上げる）、先生方がこのあたりで（手を顎の高さに下ろす）、児童はこんな下でした（さらにへその位置まで下ろす）。ところが今は、校長先生、先生方、児童がこういう感じで（手を顎の高さで水平に動かす）、全員が同じ高さなんです。つまり、皆で協力し合うんです」

児童たちが三ヵ月も経たないうちに、自分たちはへその高さだという考え方を捨て、自分たちも同じ顎の高さだと考えられるようになれるとしたら、それは大きな進歩ではないか。

集会や奉仕活動について、あるいは教室内の態度の改善、活動などについて、児童たちは役立つアイデアをたくさん持っている。彼らの意見に耳を傾けないのは、実にもったいないのだ。

児童たちが自分のボイスを発見できるようにサポートする

児童たちにリーダーシップを発揮させる取り組みにおいて、責任の分担はその中の一つの段階であり、児童たちの意見を尊重することはさらにその上の段階となる。では、最高の段階は何かと言えば、彼らに自分の「ボイス」を見つけさせることだ。

前で紹介したオリビアのケースでは、彼女が自分のボイスを発見できるようにと、教師や校長がまさにサポートしたのだった。彼女にリーダーとして自分の才能を発揮させる方法を絶えず考えていたのだ。彼女がスピーチしたいと申し出たリーダーシップ・デーは、彼女にとって大舞台となった。だが、オリビアだけではない。ウィンチェスター小学校では、すべての児童に自分のボイスを発見させようと取り組んでいるのだ。遠隔装置を必要とする男の子、デボンもそうだ。彼自身が学校に通うことはないかもしれないが、だからといって、ウィンチェスター小学校の教職員たちは彼のために何もできないということにはならない。デボンは何マイルも離れたところにいるが、そんな距離を忘れるほどの大きな笑顔を見せる。それで、彼はクラスの出迎え係を任されている。教室のドアのところに設置されたテレビ画面に彼の顔が毎朝映し出される。彼はこの画面を通して、教室に入ってくる児童一人ひとりの名前を呼びながら迎え入れる。そのあと、作成したメモと出席簿をオフィスに届ける。バスの時間を大声で知らせたりもする。助けを必要としている児童を見つければ素早く対応し、クラスの奉仕活動にも真っ先に参加する。こうしたことが可能なのは、児童たちのできないことよりも、できることに目を向けようとするこの小学校の姿勢の賜物なのである。

一番上手な鳥しかさえずらないとしたら、森は静まり返ってしまうだろう。
ヘンリー・デイヴィッド・ソロー

ウィンチェスター小学校では、子どもたちが自分のボイスを発見できるように指導している。

「リーダー・イン・ミー」の根底に横たわる考え方は、すべての子どもが大切であり、すべての子どもが才能を授かっているということだ。児童たちは、図画、科学、テクノロジー、裁縫、給仕、料理、コーチング、ダンス、算数、発明、物語の創作、人に親切にすること、人の話に耳を傾けること、演劇など、さまざまな分野に自分のボイスを発見する。規律上の問題を抱えていたある少女は、歌を歌うことに自分のボイスを発見した。最初、彼女の声には少し荒っぽさが見られたが、何度かレッスンを受け、人前で歌う経験を重ねるうちに、才能が花開いた。そうした積み重ねが彼女に自信をつけさせ、感情を爆発させることもめっきり少なくなったのである。

その一方で、子どもによっては高校や大学まで、あるいは大人になるまで――たとえば、教師になったあとまで――自分のボイスを十分に発見できないこともある。さらに悩ましいのは、自分のボイスを発見する方法を誰からも教えられなかったために、発見できずに終わってしまうケースだ。「子どもたちは皆、人にはない特別な才能を持っています。そんな彼らの才能を見出してあげられるのは、彼らの生涯を通して教師である私だけかもしれません。だから、子どもたちに気づかせてあげることは私の使命なんです」

パム・アーモンドという名の教師はそう述べている。児童たちにそれぞれのボイスを発見させてあげるとはどういうことか、彼女のこの言葉はまさに核心を突いていると言えるだろう。

リーダーシップ・イベント

集会、授業参観、社会見学、ダンスフェスティバル、コンサート、学級会、授賞式、学芸会、スポーツ大会など、学校やクラス内でよく行われるイベントは、リーダーシップを発揮するための場として活用できる。リーダーシップ・イベントを催す第一の目的は、連帯意識を育み、ビジョンを描き、信頼の文化を築き、児童に当事者意識を持たせることにある。児童たちに「7つの習慣」を教えたり、リーダーシップ・スキルの実践機会を与えたり、成功を祝福したりする場としても適しているが、これらは副次的な目的である。

従来から行っている活動の中で、リーダーシップ・イベントとして活用できるものはいろいろあるが、その一般的な例の一つが全校集会だ。ここでよく取り上げられるテーマは、八割方大人が相談して決め、児童たちが参加する部分は二割ほどにすぎない。これをリーダーシップ・イベントと

クラスでミーティングをしている韓国の児童たち。

して利用すると、一〇〇％児童主導とまではいかなくても、その比率は大幅に上昇するはずだ。

クラス単位や学年単位で企画係や実行係を担うケースもあり、指定されたクラスの児童が計画、挨拶、音楽、司会、活動などを担当する。ただ、それ以上に重要な点は、集会の少なくとも一部については、連帯意識の形成が目的になることだ。具体的には、ミッション・ステートメントの強化、リーダーシップの成果の祝福、近く予定されている奉仕活動との連携などが考えられる。

児童たちが対話型ゲームなどに興じるレクリエーション活動も、仲間意識を育てたり、チームワークスキルを教えたりするチャンスだ。企画係の児童が、計画を立てる際にリーダーシップに関係するテーマを選び、そのテーマを「仲間意識や信頼関係を築くにはどうしたらよいか？」というリーダーシップの観点から眺めることによって、集会は児童たちの「信

それぞれの才能を披露する児童たち。リーダーシップ・デーは大人の前でも動じない自信を身につけるチャンスだ。

頼口座」への預け入れを通じて信頼関係を築き上げるための場となる。この点は学校内の他の活動にも応用できる。

効果的なリーダーシップ・イベントは教室内でも可能だ。通常のクラスでも、児童が毎週集まって話し合ったり、何か楽しいことをして成果を祝福したりしている。たとえば、学級会などのイベントを定期的に設け、面白い本を読んだり、その週の優秀者を表彰したり、規則を確認したり、興味深いプロジェクトに取り組んだりする。

「リーダー・イン・ミー」を導入している学校では、そうした時間をリーダーシップの観点からとらえ直し、リーダーシップ・イベントとして活用する。教師がリードするのではなく、話し合いの司会、プロジェクトの企画、クラスの協力ルールの作成、弁論の練習、「7つの習慣」の指導などを児童たちが交替で受け持つ。その目的は、連帯感や仲間意識を育て、物事のやり方に関する考え方を統一し、信頼関係を築くことにある。

毎週の学級会では、クラスの風土改善に関するその週の成果や次週に向けた対策について児童たちが検討する光景がよく見られる。毎日の最初と最後にリーダーシップの時間を挟み込むことの有効性に気づいている教師もいる。どうしてそういうことになったのか、その日の目標を何にするか、といったテーマについて話し合ったり、その日に見られた前向きなリーダーシップ行動を褒め称えたりするためだ。こうした時間は、教師が問題解決の枠組みとして「7つの習慣」を実践して見せる絶好の機会だ。

ＡＢコームス小学校の「リーダーシップ・デー」は特に注目に値する。全校的なリーダーシップ・イベントとして、この学校で以前から人気がある。もともとこのイベントは、殺到する視察希望に対する自衛策として始まったものだ。サマーズ校長たちは年に二日、見学希望者を受け入れる日を設けようと考えた。その日に集中的に対処しようというわけだ。その結果、この終日イベントに一五〇人もの見学者が訪れるようになった。それでもじきに対応できなくなり、断った数はそれ以上にのぼった。だが、そうこうしているうちに、このイベントの意図が変化していった。

最初は見学者にまとめて対処するために始めたことだったが、児童たちのリーダーシップ・スキルを育て、成果を祝福する機会を彼らに提供することが主な目的となったのだ。説明の多くを児童たちが担当する他、ダンスや歌、寸劇、楽器演奏をする子、売店、案内、出迎え、給仕などを受け持つ子、その他いろいろな才能を披露する子などもいる。児童全員に参加する機会が与えられるのだ。

こうした経験は彼らにとってただ楽しいというだけでなく、自信をつけるチャンスにもなった。それは教師たちも同じで、自分の教室に訪問客を迎え入れ、独創的なアイデアを披露する場となる。全員にとって、自分を表現できる舞台なのである。企画から招待状や礼状の作成に至るまで、まさにあらゆる作業に児童たちが関わる。このイベントは今では何百もの学校に広まり、それぞれの学校が視察に応じている。最初は二時間程度から始め、徐々に長くしていく学校が多いようだ。その過程でコミュニティーへの誇りも強まっていく。

リーダーシップ・パラダイム

ここまでは、リーダーシップ文化を創造するうえで鍵となる、学校環境の改善、児童とのリーダーシップの分担、リーダーシップ・イベントの活用という三つの主要な分野について見てきた。これらの分野に取り組むとともに、一人ひとりも「７つの習慣」の実践に励むなら、学校の文化は飛躍的に向上するはずだ。

ただし、これらの分野すべてにおいて成果を上げるためには、人々がマネジメント・パラダイムよりもリーダーシップ・パラダイムを優先することが前提条件となる。リーダーシップは効果、すなわち正しいことを行うためのものであるが、マネジメントは効率、すなわち正しく行うことを考える。リーダーシップでは関係を築くことを追求するのに対して、マネジメントではスケジュール

リーダーシップ	マネジメント
効果：**正しいことを行う**	効率：**正しく行う**
人間関係	スケジュール
イノベーション	目標達成
人の意欲を引き出す	物事を最適化する
補完的なチームを編成	補完的なシステムを構築
原則を教える	慣行を改善する

を組むことがテーマとなる。

リーダーシップでは革新や型破りな思考が重要であるが、マネジメントでは目標を達成することや期限を守ることが求められる。リーダーシップでは人の意欲を引き出そうとするのに対して、マネジメントでは物事を最適化しようとする。リーダーシップでは互いに補い合うようなチームの編成を目指すが、マネジメントでは補完的なシステムの構築を追求する。リーダーシップでは原則を教えることがテーマであるのに対して、マネジメントでは慣行の改善がテーマになる。

リーダーシップとマネジメントは、どちらも重要である。だが、学校を含むほとんどの組織はマネジメントに偏りすぎて、リーダーシップが軽視されがちだ。効率的なマネジメントだけで、効果的なリーダーシップが伴わないと、タイタニック号のデッキに置かれた椅子の配置を整えるようなものだ。すべてがきちんとしていても、誰が前方を監視しているのか。危険物に注意を払う人がいるのか。針路は誰が設定しているのか。

教育者を全体的に見ると、マネージャーとしての能力が優れているようだ。記録をすべてきちんと整理し、各種スケジュールを細かく作成し、授業計画をもれなく保管し、基準をすべて満たし、その他の大量の日常業務をやり遂げるため、効率化や組織化を重視する。学校や教室内のマネジメントは、命や精神の安全に関わるからだ。

その一方で、教育者の多くは卓越したリーダーでもある。人の意欲を引き出し、共通のビジョンを打ち立て、有意義な目標を周知徹底させる。人の潜在能力を開花させ、多様な人間の集団をまとめあげる。懸命に努力し、児童や教職員のために全力を尽くす。危機に陥った学校を立て直したりもする。模範を示しながら指導にあたり、児童や教職員の人生に真の貢献をする。まさに素晴らしいリーダーである。

だが、正直なところ、リーダーシップが日常的に欠如していると言わざるを得ない学校が多い。多くの教育者が管理業務を山のように抱えているため、リーダーシップについて考える時間的余裕がないのだ。リーダーシップ研修を一度も受けたことがない人も大勢いる。彼らは教師として優れていたため、学校の管理にも長けているはず、と思いがちなのだ。

そして、リーダーシップ研修を受けるようにと言われて参加してはみたものの、方針、新しい規範やカリキュラムの採用など、実態は管理研修と変わらなかったりする。

その結果、多くの学校が強力なマネジメント文化を築いている。予算の管理、評価の実施、事務作業の遂行、資源の追跡、会合への出席、データの精査など、効率の追求には熱心なのだ。多くのクラスでも同様に、強力なマネジメント文化が出来上がっている。統制を維持し、基準の順守状況を点検し、ベルが鳴る前に授業を終え、宿題を集め、出席を管理し、優等生と劣等生を見分けることに一生懸命になる。確かにこうした能力も必要であり、重要ではあるが、リーダーシップを忘れては何にもならない。

リーダーシップの欠如は、企業や政府部門においても同じように見られる。さらには家庭もそうだ。親たちがマネジメント・パラダイムにはまり込んでいて、統制や規則だけに目を奪われ、方向性を示したり、目的を見つけたり、家族意識を持たせたり、模範を示したりすることまで考えが及ばないようだ。リーダーシップは一般の多くの人々の生活にも欠けている。人々はスケジュール管理や作業確認などに追われ、身を粉にして働かざるを得ない状況にあり、立ち止まって自分の価値観を再確認したり、自分にとって重要な人間関係を築いたりする余裕がないのだ。

「リーダーシップ」の欠如がもろに表れる場面の一つは、教師がクラスで児童の規律上の問題に対処するときだ。これは、「クラス・マネジメント」と呼んでもいいだろう。「クラス・リーダーシップ」という呼ばれ方をされるためには、どのように対処したらよいだろうか。

この質問に対する答えは、次の例に見てとることができる。まずはジョンソン夫妻のケースだ。

うちの娘が四年生のときのことでした。深刻な情緒障害を抱える男の子が娘のクラスに入って来ました。その子に対する先生の対処の仕方は実に素晴らしいものでした。ある日の午後、先生はその子が教室にいない時を見計らって、他の子どもたちと本音で話し合ったのです。「このクラスでは最近、カッとなって喧嘩する騒ぎが起きていますが、勉強の場としてこれは望ましいことではありません」先生はそう切り出しました。

クラスの子たちは、問題の多くがその転校生にあることを知っていました。それで、彼らは自発的にサポートチームをつくりました。先生が何かするよりも、児童同士のほうがうまくいくのでは、と考えたのです。その子はこれに応えて努力するようになり、成績も生まれて初めてめきめき伸び始めました。のちにその子が別の学校に転校していったとき、クラスの子たちは泣きました。皆、その子のことが大好きになっていたのです。

教師がその転入生を叱るとか、教職員室に呼びつけるといった、よくある方法で罰していたら、その子を「マネジメント」することになっただろう。ところが、その教師は謙虚なうえに先を読む能力にも長けており、リーダーシップを発揮する方法を選択した。児童たちの協力を得、彼らの助言を活かして対処したのである。

さらに、ジャスティン・オスタストロム先生のケースだ。彼はABコームス小学校の四年生担当教師として採用されたとき、問題を起こした児童への対応の仕方としてリーダーシップとマネジメントの違いを身を持って知ることとなった。

私が受け持ったクラスに、行動に問題のある男の子がいました。貧困、社会・経済的地位の低さ、その他の要因が、学校における彼の成長を阻んでいたのです。ですが、彼はとても良い何か間違いをしとき、友だちはそれを非難したりしないで、正しいやり方を優しく教えくれます。シナジーを創り出しながら間違いを正しているんです。

ジョシュ（小学一年生）

面も持ち合わせていました。彼はある日、行動規範上の問題で校長室に呼ばれることになりました。しかし、サマーズ校長はいきなり彼を叱ったりせず、時間をかけて彼を理解しようとしました。校長は結局、リーダーシップ・デーにスピーチをさせることにし、児童データシステムについて見学者に話す役割を彼に与えました。「それがあの子にどう役立つのだろう？」私はそう思ったのを覚えています。

彼はその任務を機に、急に改善が見られるようになりました。自分を良い方向に引っ張ってくれるようなクラスメートと付き合うようになったのです。成績も上がりました。学校の文化が彼に信じ難いほど大きな効果を及ぼしたのです。リーダーシップを発揮する機会が子どもたちにとっていかに有効か、私は思い知らされました。その変わりようを目の当たりにすることができた私は幸せ者です。私はあの子を見ると、思わず顔がほころびます。

教師や教職員たちの多くは、「どうしたらあの子をコントロールできるか?」というマネジメントの観点からこの男の子を見た可能性がある。ところが、サマーズ校長はリーダーシップ・パラダイムに基づいて彼を見ていた。「どうしたらあの子の潜在能力を解き放ってやれるだろうか？　あの子が感情的な行動に走らないように、自分の中に眠っている可能性を見つけさせてあげるには、どうサポートすべきか？」と。つまり、「あの子に自分の価値と可能性を気づかせてあげるにはどうしたらよいか？」と考えたのだ。「責任を与え信頼を寄せていることを示すことほど、人の成長を助けるものはない」とは、米国の教育者ブッカー・T・ワシントンの言葉だ。

先に紹介したどのケースにも共通しているのは、教育者が自らの役割に関して持っていたパラダイム、児童に対する際のパラダイムをまず変えたということであり、これは見落としてはならない重要な点である。彼らはマネージャー（支配者）としてではなく、リーダー（児童の才能と活力を解き放つ人）として相対した。

そして、児童を単なる指導の対象（コントロールすべきもの）ととらえるのではなく、彼らの中に潜む価値や可能性を見つけ出した。そして、そのパラダイムに基づいて働きかけたのだ。**「リーダーシップを発揮して、相手の価値や可能性を明確に伝えることができれば、相手は自分の中のそれらに気づいて意欲をかき立てられる」**というパラダイムだ。私たちは時に、子どもたちを変えることに一生懸命になる。だが、本当は自分自身のパラダイムを変えるほうがよほど強力で、持続的な効果があるのだ。

著者の経験に基づけば、ある学校の文化がマネジメントとリーダーシップのどちらのパラダイムで回っているのかは、校内に足を踏み入れればすぐわかる。明らかに、心で感じるのだ。

学校文化の変革は一人ひとりの変革から始まる。「あなたの学校の文化について一つ変えられるとしたら、どこを変えたいですか？」という著者の問いに、ある教師は答えた。「自分です」と。「人を導き、物を管理する」というパラダイムを持って取りかかるということは、まさにインサイド・アウトのアプローチである。

オリビアだけではない

要するに学校の文化は、将来を見据えながら継続的に育む必要がある。運任せにしていては、学校の文化はマネジメント重視、リーダーシップ軽視の傾向に陥り、あっという間に息苦しいものになりかねない。

リーダーシップ文化の創造に意図的に取り組めば、直接的な効果が感じられるだろう。児童も教職員も参加意欲を強め、親たちの関与も増えるだろう。児童たちは自分たちの教育や学校に対して、当事者意識を強めるはずだ。学校がより活力のある、居心地の良い場所になり、児童たちの登校意欲が増し、遅刻は減るだろう。そして、彼らは肉体的にも情緒的にも安全と感じ、信頼関係が強まるはずだ。文化の改善に積極的に取り組むことで、こうした直接的な効果が得られるのである。

文化が効果的なものになると間接的な効果も得られ、そこには当然学力も含まれる。『エデュケーション・ウィーク』紙が最近実施した「品質調査」レポートによれば、今や学校教職員の七四%が、文化の改善は児童の成績向上に「非常に重要である」と認識している。彼らは、「学校を改善する際の重要な味方は児童たちである」ことも理解しているようだ。「児童たちは尊重されたいと思っている」ことを彼らは知っており、そのためには彼らの「ボイス」に耳を傾ける方法を見つけることが不可欠と考えている。

　これは学力面で望ましい結果を得るだけでなく、児童たちは自分のリーダーシップ・スキルを実践し、自信をつける機会を得ることになる。これらはすべて、児童たちにもたらされる好影響である。

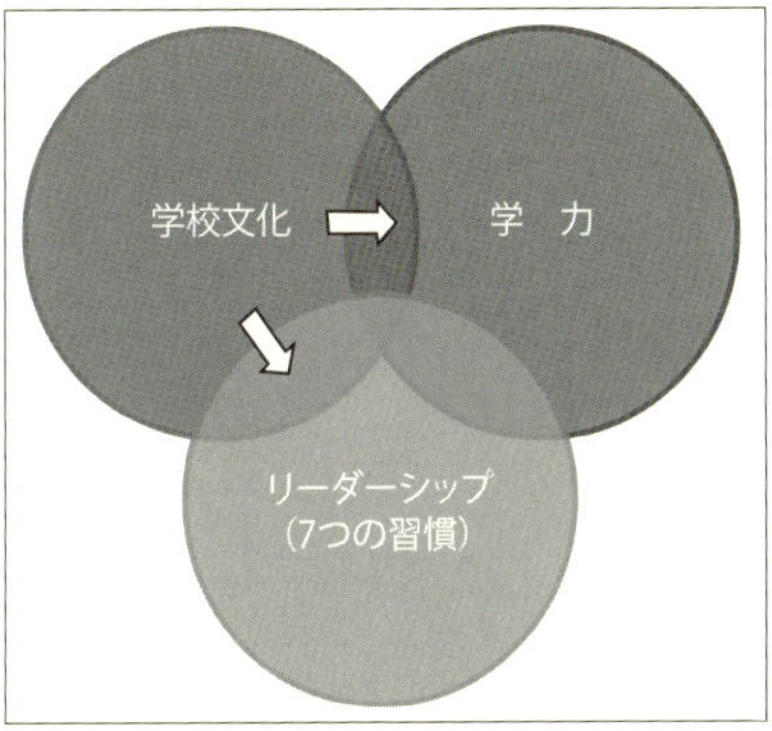

　この章で述べてきたことの多くは、冒頭の第1章で引用した、マーティン・セリグマン博士の次の言葉を思い出させる。

「子どもを育てるということは、単にその子の悪いところを直すだけではない、もっと大きな目的があるはずだ。子どもの持つ強みや長所を見つけ、さらに伸ばしてやること、そして、彼らがそうした良い面を目一杯発揮できる分野を見つける手助けをすることが目的なのだ」

　だが、このことは、学校の教職員たちにも当てはまる。オリビアやデボンが通った学校のブラクマン校長を思い出していただきたい。彼女はつい先頃、彼女の学校から一時間ほどの会場で、大勢の教育者を前にして「リーダー・イン・ミー」に関するプレゼンテーションを行った。その途中、彼女は聴衆をさっと見渡すと、夫であるバッドの姿が目に入った。彼は妻をサポートしようと来ていたのだ。夫の頬を涙がつたっていた。「なぜ泣いてるの?」彼女は考えた。

ブラクマン校長は間もなく六〇歳になるが、彼女が一五歳の頃からバッドは彼女を知っていた。彼女は社会に出てからずっと、人前で話をするのをひどく怖がった。そうした機会が近づくと、何週間も前からそのことが頭にこびりついて離れなくなるのだった。そうすると、食事や睡眠のパターンにも影響が表れ、いざその時を迎えると、手の震えが止まらなくなるのだった。

ところが、この日の彼女は、見知らぬ人たちを前にしても、「リーダー・イン・ミー」について思いどおりに、そして情熱的に語っていたのだ。原稿に目をやることもほとんどなく、きわめて冷静だった。バッドは四〇年間の結婚生活の中で、彼女のそんな姿を見るのは初めてだった。堂々として説得力十分で、その瞬間瞬間を楽しんでいるように見えた。彼は自分の目を疑った。彼のそんな熱い思いが涙となってあふれ出たのである。

彼女はそのあとさらに数回、大人たちの前でスピーチをする機会があった。自分の学校や素晴らしい教職員たちについて話すのがたまらなくうれしいのだ。「児童たちに『7つの習慣』を教え、彼らに自分のボイスを見つけさせてあげることが、私のボイスを発見するのにも役立っているんです。本当に素敵な場所なんですよ」彼女はそう語る。

自分自身を見つめ直す

「7つの習慣」の中の「第2の習慣　終わりを思い描くことから始める」によれば、あらゆるものは二度創り出される。最初は「知的な創造」、次は「物的な創造」である。あなたが思い描く学校文化の理想像は、どのようなものだろうか。もしあなたが教育者だとしたら、児童に安心して任せられることはあるだろうか。あなたの学校や家庭における連帯意識を育てるため、あなたは最近何をしただろうか。

第5章

学校の目標を達成する

リーダー・イン・ミー

どんな企業も、統一的な目標と価値観へのコミットメントを必要とする。そうしたコミットメントを持たない企業は、企業とは言えない。単なる人間の集団にすぎない。

ピーター・ドラッカー

「7つの習慣」を教え、文化の改善に取り組んだ間接的効果として、多くの学校で教科の成績が一斉に上昇している。これはボーナスのようなもので、うれしい限りだ。ただし、児童たちの成績に直接的な効果をもたらすリーダーシップ・スキルがまだ他にもある。目標設定プロセスを構成するもので、その有効性は実証済みだ。その一例として、コルビーのケースを紹介しよう。ミシガン州ウォーターフォードにあるボーモント小学校で彼のクラスを担当しているメリッサ・ブリンソン先生は次のように説明する。

四年生になったコルビーは、読解力のなさに落ち込んでいました。この問題は彼が小学校に入学した頃から続いていて、夏休みの間にさらに悪化する傾向が見られました。四年生になっても、それは変わりませんでした。

一学期が始まるにあたり、私はコルビーと成績の目標を決めるために面接をしました。そのとき、彼の読解力の事前診断テストに目を通しました。そこには彼の傾向が表れていて、彼の成長を阻んでいる最大の原因は、単語の正確な知識が不足していることだと判断しました。単語の最初の二文字をもとに、その単語を推測するという問題でした。コルビーはこの推測がうまくできず、それが成績の低さの根底にあったのです。

そこで私たちは、一学期の終わりまでに読解力を二段階引き上げるという目標を設定しました。そして、そのためには何をすべきか、一緒に計画を練りました。彼が考えた方法は、彼に合う本を数ページずつ、毎日私と一緒に音読するというものでした。読み間違いが四ヵ所以下であれば、彼の手帳に星のマークを一つつけ、それを母親が毎晩家で確認することになりました。学校から彼の家に本を送り、家でも母親に同じことをしてもらうようにしました。これにより、コルビーの母親ともいつでも率直に話し合える体制が整いました。

彼の「リーダーシップ・ノート」の「読解力グラフ」で上達度を絶えずチェックすることにしたので、コルビーも一生懸命頑張りました。真の意味で彼に託したのです。一学期が終わる頃には、彼はすでに目標を上回るレベルに達していました。彼は大喜びしました。自分が目標をクリアできたことはもちろんですが、学年ごとの標準読解力を満たす児童数を増やすというクラス全体の目標も達成できたからでした。コルビー自身もクラス目標に貢献していることがたまらなくうれしいようでした。

成果を一つひとつ積み重ねるたびに、コルビーは自信を深めていきました。彼の才能に火がついたのです。二学期の終わりには、彼は学年の標準レベルに追いついていました。これほど短期間で何かを成し遂げた経験は、生まれて初めてだったようです。彼は今では五年に進級し、夏の間の後戻りもありませんでした。これも彼にとって初めてのことでした。これらはすべて、彼が自分のデータを追跡して進歩を確認し、自分自身の能力を信じ、チームワークで取り組んだ成果だと私は確信しています。彼は自分の進歩に責任を持てるようになったわけで、そこに至った道のりを私はとても誇りに感じています。

コルビーのような児童が「落ち込んだ」状態から「大喜び」の状態へと変わる姿を見ることは、教師にとって最高の幸せであろう。ブリンソン先生のクラスになったことがきっかけで、彼のこれからの人生は以前とは一変したものになるだろう。そして、幸いなことに、コルビー以外にもそうした子どもたちがいるのだ。数人の児童たち、そしてボーモント小学校全体の成績が飛躍的に伸びたのである。

連携して成果を出す

コルビーとボーモント小学校の話を完全に理解しようと思ったら、ＡＢコームス小学校のこと、特にリーダーシップというテーマを導入する前がどんな状態だったかを思い出してみるとよい。サマーズ校長は自分の学校を、何本もの矢がバラバラの方向に飛んでいるような状況だったと説明していた。数人の教師が独自にプロジェクトを進めていたが、そのいずれも学校全体のビジョンや目標とリンクされていなかった。皆がそれぞれ勝手にやっていたのだ。連携がなかったのである。

車の車輪や人の脊椎と同様に、学校においても連携が重要であり、これがないと必ず痛みを伴う。それも激痛だ。ＡＢコームス小学校の教職員たちがチームとして真に連携し始めたのは、リーダーシップが新たなテーマに決まり、**子ども一人ひとりをリーダーに育て上げる**というミッションを新たに採用してからのことだった。その結果、彼らは明確な目標を設定できるようになり、自分たちのミッションにそぐわないことは拒否する勇気が生まれた。そうして初めて、この学校の痛みは消え、快適な状態が整ったのである。

> 「リーダー」が犯す最大の間違いは、連携の重要性を軽視することだ。
>
> ジェームズ・Ｃ・コリンズ／ジェリー・Ｉ・ポラス
>
> （『ビジョナリー・カンパニー　時代を超える生存の原則』日経ＢＰ社）

新たなミッションを採用する以前のABコームス小学校は、何本もの矢がバラバラの方向に飛んでいるような状況だった。連携がほとんどなかったのだ。

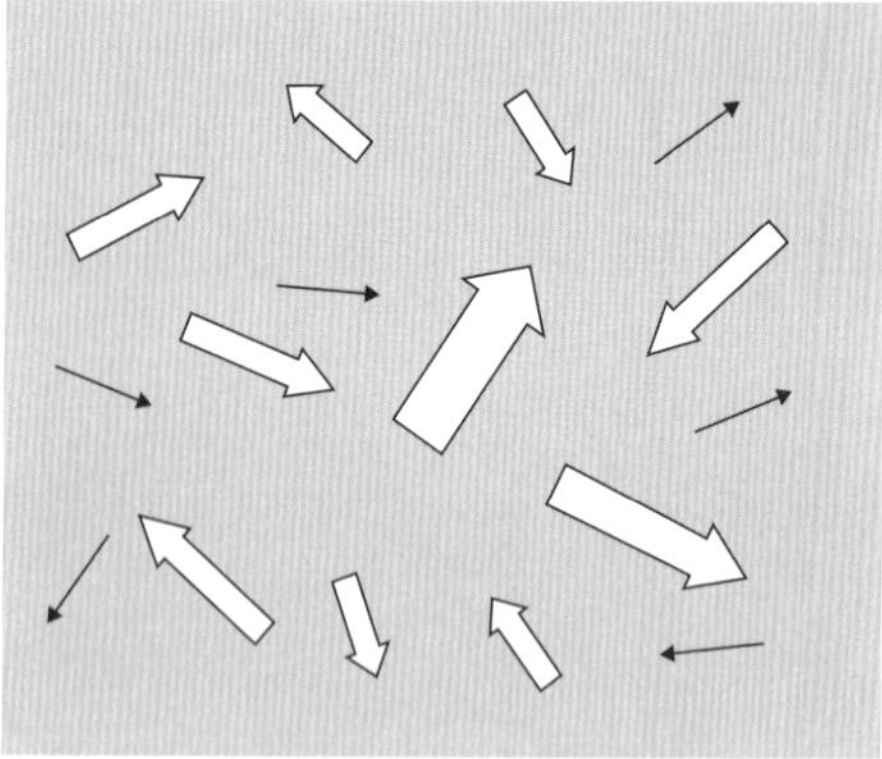

ボーモント小学校も同様の変革プロセスを歩んだ。「リーダー・イン・ミー」を始める前の年、この学校の文化は健全とは言えなかった。数人の教師が契約問題で争っていた。これらの教師は金曜日になると、連帯の印としてお揃いのTシャツを着て、子どもの送り迎えで来ている親たちの見ている前を練り歩き、賛同を得ようとしていた。しかし、教師全員が彼らのやり方を支持していたわけではなく、それが摩擦を生む原因となった。他の教職員たちはこの対立から距離を置こうとしていたが、それさえも好意的に受け取られたわけではなかった。さらに、親たちの中にも、抗議活動をしている教師たちに同情的な人もいれば、彼らの行動を迷惑がっている人もいた。つまり、この学校は何本もの矢がバラバラの方向に飛んでいるような状況にあっただけでなく、その鋭い矢のうちの何本かはお互いに向けられていたのである。

ヘザー・ナコールズ先生は、こうした緊張した状況の中で『リーダー・イン・ミー』と出会った。子どもの人格全体に目を向けるなど、自分が教師としてやりたいと思っていた方法や活動を見つけたのだった。彼女はジャン・マッカータン校長にその本のこと話した。校長はその晩たまたま本屋の近くを通ったので立ち寄り、その本を手に取った。休暇が始まって間もなくの時期で、校長は休みの間に隅から隅まで読み通した。そして、自分の学校をどのようにしたいか、その姿を心に思い描いた。

マッカータン校長はその本をさらに何冊か購入し、一部の教職員に読ませた。そのあと、彼女は正直な感想を求めた。教職員たちはその本を読めば読むほど、お互いに話し合えば合うほど、自分たちとの共通点が多いことに気づいた。全員が何よりも気がかりだったのは児童へのサポートだったが、児童にほとんど関係のない問題に追われ、泥沼にはまり込んでいるような状況だった。

だが、教職員たちはさすがで、一歩下がって全体像をつかむ謙虚さを持っていた。契約問題については意見が異なることと、そうした違いはあっても、児童たちのために尽くしたいという気持ちに変わりはないことを確認し合った。

間もなくして、教職員全員が「７つの習慣」の研修を受けるとともに、壁にペンキを塗り、意欲

> この校舎を訪れる人たちが、気持ちが和むのを感じると口を揃え、私たちも幸せな気分になるのは、私たちがビジョンとミッションを共有するチームだからです。
>
> マーサ・バセット（図画担当教師）

を引き出すような格言を壁に貼った。そして、開校式を催し、進級する在校生と新入生を迎え入れた。それから何日も経たないうちに、今までとはまったく違う雰囲気が校舎内に広がった。教職員たちはその雰囲気を、新しい学校のミッション・ステートメントとして表現することにした。それは次のようなものだった。

ボーモント小学校はリーダーの集団である。
私たちは、自分の中にあるリーダーシップの精神を意識し、それを尊重し、讃える。
私たちは……。

学ぶことを愛する（Love learning）。
成すことすべてに卓越する（Excel in all we do）。
力を合わせて目標を達成する（Achieve goals together）。
正しいことをする（Do what is right）。

この新しいミッション・ステートメントは、目指すべき方向を明快に指し示していた。それ以上に重要なことは、教職員たちがそれを自分の問題ととらえ、実践し始めたことだ。ただ額に入れて壁に貼っておくというものではなく、関係者のニーズに応えるという、説得力ある的（目標）に向

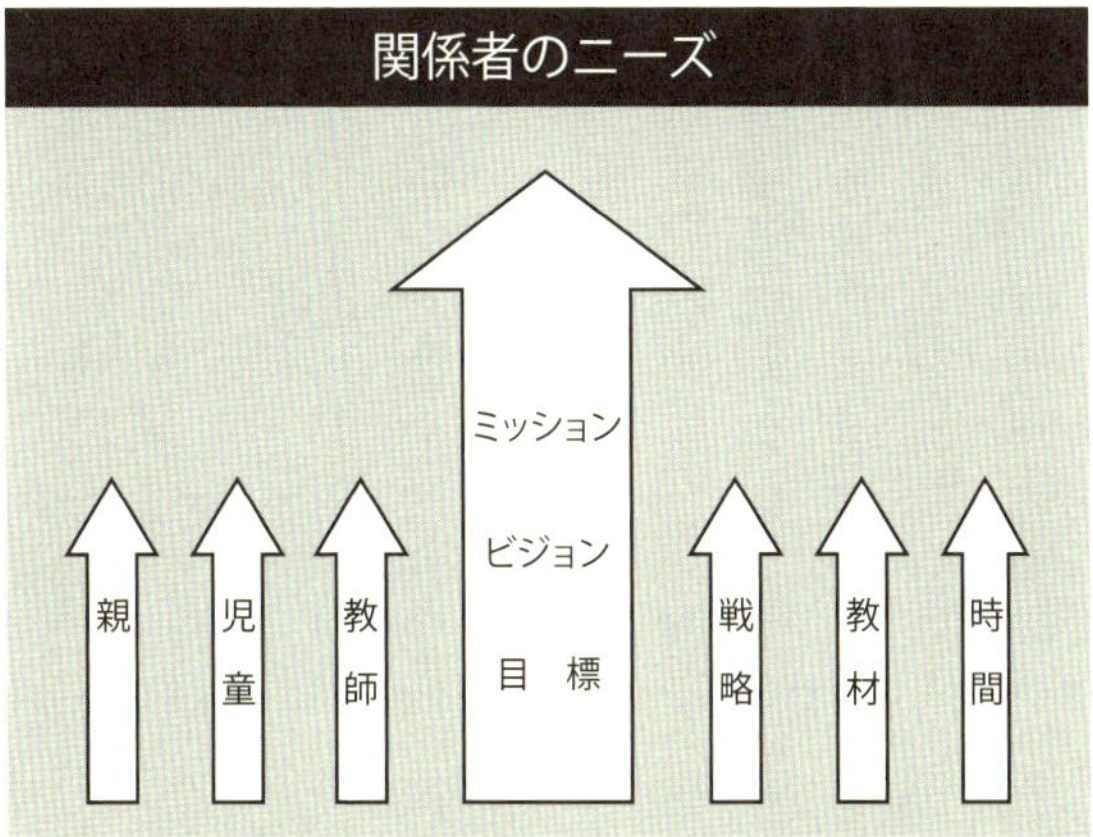

すべての矢が同じ方向に飛び始めると、常に最優先事項に努力を集中できる。

けて矢を飛ばす効果が期待された。間もなく各クラス、教職員や児童一人ひとりに向けた同じようなミッション・ステートメントが貼り出された。自分が取り組むべき最優先事項は何か、学校の共通の目的に個人としてどう貢献するか、誰もが明確に理解するようになった。

調整が進むにつれて、彼らの努力が実を結び始めた。初年度、教職員たちの仲間意識が格段に強まった。児童たちは、「7つの習慣」の用語を短期間で覚え、リーダーとしての責任を与えられることを喜ぶようになった。また、壁などをカラフルに塗り直したことで、校舎内に暖かい歓迎の雰囲気が生まれた。学年末になると状況は好転した。州の試験の総合評点が上がったことを知った児童たちは、さらに気分を良くした。

ボーモント小学校は、「何のために」というミッションを明確に示し、全員が協力し合える信頼の文化を再構築したことで、学力以外の重要な課題にもっと注意を向けられるようになった。彼らはその作業を、次の四つの手順に従って進めた。

1. 最重要目標（WIG：Widly Impotant Goals）を設定する。
2. 価値ある行動に落とし込む。
3. スコアボードをつけ続ける。
4. 結果確認サイクルを回す。

この四つの手順の学校での応用法について、まずはボーモント小学校を例にして説明する。続いて、他の学校におけるこの手法の応用例も見ていこう。

最重要目標（WIG）を設定する

ミッションは学校やクラス、個人の目的、すなわち「何のためにやるか」を示すのに対して、目標は「何をいつまでにやるか」を決めるものである。「今から五年先、私たちの学校をどのような姿にしたいか？」「私たちのクラスは今学期、何を目標としているか？」「私個人は今学期末までに何を達成するつもりか？」などがそうだ。大まかな目標は時として「ビジョン」——長期と短期両方のビジョンを含む——という言葉で表現されるが、ビジョンを実現させようと思うなら、いずれ具体的で実行可能な目標に変換する必要がある。

二年目に入ると、ボーモント小学校は目標設定の作業に慣れ、軸足を学力面へと移した。彼らは

「リーダー・イン・ミー」を通じて、学校も個人も追求する最重要目標（ＷＩＧ）は一度に一つか二つに留めるのがよいことを学んだ。ＷＩＧは最優先で取り組むべき目標であり、これをしかるべき期間内に達成できなければ大きな痛みを味わうことになる。「かなり重要な目標」（ＰＩＧ：Pretty Important Goals）は、重要な目標であることに変わりはないが、重要度がＷＩＧより落ちるため、達成できなかったときの痛みや挫折感はＷＩＧより少ない。

ボーモント小学校の教職員たちは二年目のＷＩＧとして、読解力と文章力という二つの分野を選んだ。「７つの習慣」の指導や文化の改善努力の他、その他の学力分野について引き続き目標を設定したが、これらの目標はＰＩＧとなった。経済的に恵まれない児童の比率が過去三年間で三一％から五四％へと拡大するという問題を抱えていたため、教科の成績に大きな開きが生じなければ上出来だった。

目標を達成することの難しさは、まさに最初に設定するときから始まる。明快さや現実性に欠ける言葉で目標を述べても、それは目標にはなり得ず、夢物語にすぎない。「ベストを尽くす」とか「ナンバーワンになる」といった目標は具体性に欠け、競合相手が失敗すれば達成できてしまうかもしれない。それに対して、具体的な言葉で述べた目標はきわめて有効だ。具体的な目標とは、現在（Ｘ）のレベルにある個人や組織が（Ｙ）のレベルへの到達を目指すこと、そしてその到達期日をはっきり示すということだ。つまり、**いつまでにＸからＹへ**が不可欠なのである。

コルビーが学年の始めに読解力テストを受けたことはすでに述べた。これにより、彼とブリンソン先生は確かな基準値（彼のX）を知ることができた。それをもとに二人は話し合い、読解力を二段階引き上げるという目標（彼のY）を設定した。彼はその目標を一学期の終わりまでに（彼の「いつまでに」）達成することになった。コルビーはこうして、明確な目標――WIG――を持つに至ったのだ。

しかも、このプロセスにコルビー自身も参加したことで、彼の目標は適切な水準に設定された。実際、ボーモント小学校における目標設定プロセスが効果的な理由は、目標の明確さもさることながら、児童本人もそのプロセスに参加する点にある。大人でも、上位の人間が勝手に決めた目標を、何の説明もなく押しつけられるとしたら嫌だろう。それは子どもたちも同じだ。児童にある目標を達成させたければ、目標設定作業に本人を参加させるべきである。

果たして子どもたちは目標設定に参加できるほどの能力があるのか、と訝る大人もいる。そのような大人はまず自分の認識を改め、学齢に達した子どもであれば十分参加できることを知る必要がある。下級生の中には、「学期末までに風船ガムを膨らませられるようになる」など、幼稚園のときのような目標を立てる子もいるかもしれない。だが、年齢が上がるにつれて彼らの目標の立て方も成長し、自分でそれなりの目標を考えられるようになるはずだ。下級生（および大人）に関して注意すべき点は、高望みしたがる傾向があることで、現実的な目標へと導くべきだ。ハーバード大学のタル・ベン・シャハー教授によると、最善の目標は児童たちの**ストレッチゾーン（背伸び領域）**に属するものだという。このゾーンを教授は、**コンフォートゾーン（快適領域）とパニックゾーン（混**

乱領域）の間の健全な中間域と定義している。このゾーンがどのあたりかは、子ども一人ひとり異なる。

価値ある行動に落とし込む

コルビーとブリンソン先生は、目標を最終決定する前に、それを達成するための価値ある行動について話し合ったのは賢明だった。価値ある行動を決める際は、目標を達成するうえで実行しなければならない具体的タスク、必要な教材、克服すべき障害を見きわめる必要がある。上級生の中には、望ましい目標を明確に理解しさえすれば、つまり終わりを思い描けたら、あとは本人だけで価値ある行動を決めさせて問題ない子もいる。だが、下級生については、目標へと至る道筋の九〇％までを見通すことのできる子でないと、本人に任せるのは無理だという調査結果が出ている。要するに、コルビーのような、そうした能力のない子どもの場合は、「一学期末までに二段階引き上げる」と言っただけでは意味がないということだ。

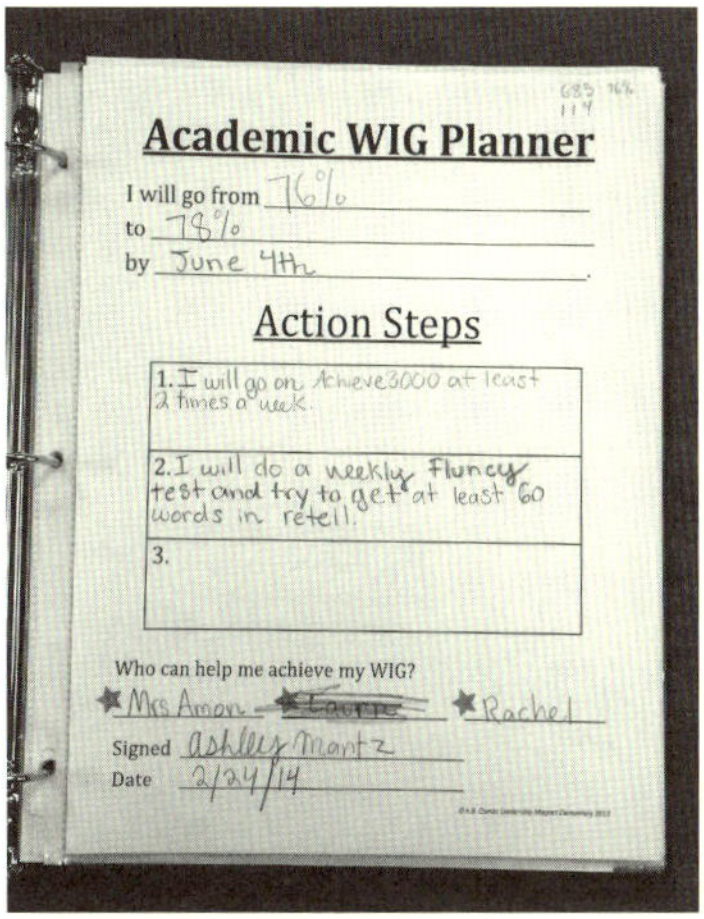

コルビーのような児童や、このノートの児童は、目標を実行可能なステップにしている。

ただし、誤解しないでいただきたい。つまり、二年生くらいの子にたとえば一〇〇のタスクを必要とする目標を設定し、そのうちの九〇のタスクをその子が思い描くことができさえすれば大丈夫と言っているのではない。実際、目標が多すぎるのは好ましくないように、価値ある行動についてもできるだけ効果的なもの、せいぜい二つか三つに制限するのが望ましい。それらの行動の適切性を確認するのは簡単ではないが、目標設定プロセスにおいてもっとも重要で、なおかつやり甲斐のある作業と言える。

コルビーの場合、価値ある行動は、彼の事前診断テストと前年の成績について「データ発掘」をして決められた。コルビーとブリンソン先生は、正確な単語の知識を増やす必要があることに気づいた。それで、彼はブリンソン先生の手助けを得ながら、正確さを増すための価値ある行動を考えたのだった。他の児童であれば、価値ある行動はまったく違っていたかもしれない。ただし、ポイントはやはり、コルビーとともに行動を考えたことだ。彼を参加させなければ、決意も生まれなかったであろう。

スコアボードをつけ続ける

コルビーの目標達成をサポートするための次なるステップは、彼がどのような方法で、どの程度の頻度で進歩状況を追跡するかを決めることだった。彼が期待どおりに進歩しているか確認するには、適切な指標とタイムリーな追跡が不可欠なのだ。それなくして、目標を達成できたかどうかはわからないのである。

子どもたちがゲームをしているところを見ていると気がつくことだが、目標とする点数やスコアボードがあることによって彼らは意欲的になるのだ。ピンボール機のスコアボードを取り払ってしまったら、飛び跳ねる銀色のボールをずっと目で追う気にはならないだろう。ゲームであのライトの点滅がなかったら、子どもたちは勝利の喜びを実感することもなく、すぐ飽きてしまうはずだ。

実際、子どもたちが新種のゲームを前にして、ブザーやベルの音に反応する姿を見ていると、スコアボードに得点を記録することで彼らはいっそう興奮することがよくわかる。問題は、学力目標についてそれと同じ興奮をどうやって引き出すかだ。

通常、自分の成績を知らされて喜ぶのは、「平均以上」の児童だけだ。「平均以下」と告げられた児童が、「やった‼」と喜ぶことは少ない。だが、自分の伸び具合がまったくわからないというの

学力の伸びは他の児童との比較で測定されるとすれば、成果を手にするのはほんの一握りの児童に限られる。だが、一人ひとりの成長度で判断するようにすれば、比較結果に関係なく児童全員が成果を享受することができる。

ロバート・Ｊ・マルザーノ（『What Works in Schools』）

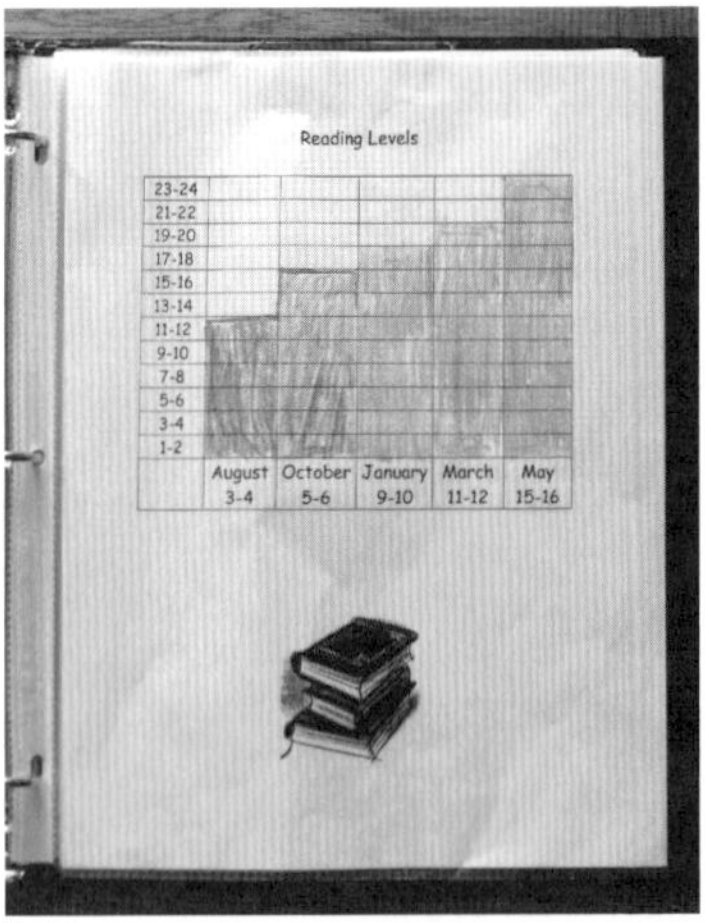

コルビーは、達成度表で自分の進歩を確認することができた。

も、児童たちにとって好ましいことではないだろう。たとえばバスケットの試合で、スコアは監督しか知らず、ピリオド間のインターバルに選手たちに知らされるとしたどうだろう。「そんなことあり得ない！」などと思うかもしれない。だが、決してそうとばかりも言えないのだ。多くの教室で一般的に行われていることなのだ。

学期の間ずっと児童たちにはスコアを教えず、学期の最後になってようやく、教師から家庭に通知表が送られ、親たちに子どもの成績を知らせているのだ。親が子どもに何か言おうと思った場合のみ、子どもは自分の成績を知ることができる。もっとも、そういう場合は得てして、成績が悪かったときだ。勉強というゲームを好きになれない子どもがいるのも、退学者が多いのも、当然ではないか。

「平均以下」の児童が嫌うもう一つのことは、絶えず他の子たちと比較されることだ。毎日出勤して仕事をしている会社で、平均以下の社員だと言われたらどうだろう。あるいは、毎晩家に帰るたびに、平均以下の家族だと言われたとしたら。そう言われても仕方ない、と思っている人であっても、実際に言われるのはご免だろう。児童たちはそれぞれ、自分なりに成長し、時間の経過とともに改善していることを実感したいのだ。他の児童たちとの比較はどうであれ、自分自身にとって平均以上の日であることを喜びたいのだ。コルビーのケースで言えば、彼専用の達成度表（スコアボード）をつくり、テストの点数が毎回上がっていくことを確認したことが彼の意欲を大いに刺激し、自信へとつながったのである。

学校がもっとも重視する成績は、学年末の成績だ。その理由は、カリキュラムや学区全体の研修などに関して戦略的な意思決定を行う管理面で特に必要とされるからである。学年末の成績が重要であることは間違いないが、これはいわば「累積的」な尺度であり、遅行指標と言える。なぜなら、勉強が終わってから知らされるからだ。予見的ではなく、事後的なのである。だとすれば、学期途中に修正が必要になるかもしれないコルビーなどの児童の場合、それでは遅すぎるのだ。

だからこそ、予見的な先行指標と言える成長度評価指標を年間を通して定期的に提供することが重要なのだ。ブリンソン先生はコルビーに、彼の読解力の進歩状況をほぼ毎日のように、また、その他の指標についても週または月単位で追跡させた。そうすれば、学年末になって驚くことはなくなり、必要に応じて軌道修正を図ることもできるのである。

自ら律するとは結果確認の責任を含む。
デュフォー・リチャード／マイケル・フラン（『Cultures Built to Last』）

結果確認サイクルを回す

かつて誰かが言っていた。目標とは道しるべとなる星であって、自分を鞭打つ棒であってはならない、と。「リーダー・イン・ミー」における「結果確認」についても同じことが言える。それは進歩の程度を評価し、「ねえ、私の成果を見てよ！」と言うような前向きの機会だ。ブリンソン先生がコルビーに対して太鼓判を押す瞬間である。また、必要に応じて目標を修正したり、価値ある行動をブラッシュアップしたりする機会でもある。そして、「リーダー・イン・ミー」での結果確認は双方向で行われる。

結果確認は自分一人でもやれる場合もあれば、他者の助けを借りなければならない場合もある。信頼している人が、「調子はどう？」とか、「何かお手伝いできることない？」などと定期的に確認してくれると、困難な目標でもずっと達成しやすくなるものだ。ただし、結果確認はどのような形で、どの程度の頻度で遂行されるべきかは、その状況によって異なる。

定期的な「確認」の頻度を設定することを、著者は**結果確認サイクル**と呼んでいる。コルビーのケースで言えば、ブリンソン先生は彼と毎日面談することにした。児童によっては週一度でよいかもしれない。この頻度については教師それぞれが工夫できる部分だが、児童が長時間黙読をすることが予定されているときなどは、定例面談の枠内で行おうとする教師が多い。また、教師によっては面談相手を一日五人と設定して順番に行っていく人もいる。大部分の児童については、建設的なフィードバックを与えたり、新たな戦略について話し合うのはわずか数分で足りる。

教師の中には、親にこの結果確認面談を委ねる人もいるし、上級生に頼む人もいる。ブリンソン先生の場合、コルビーの母親に頼んだ。ただし、児童自身が自分の達成度を自ら検討する時間を十分確保することが前提となる。実際、結果確認の中で児童の担当部分が多ければ多いほど、良い結果が得られる。そうすると、教師（または結果確認パートナー）はチアリーダー、あるいは相談役や激励役をすることになり、つまりは自分がリーダーなのである。

結果確認パートナーが担うもう一つの役割は、障害を取り除く手助けをすることだ。教師の場合、児童に追加教材を与えたり、チューターを見つけてあげたり、座席の位置を変えたり、といったことがこれに含まれるだろう。著者はこれを「障害を取り除く」と呼んでいる。こうしたところに双方向の結果確認が絡んでくる。児童が必要とする助けを得られたかどうかを確認するのだ。

クラスの最重要目標

ここまでは、目標の設定と追跡に関する四つの手順について説明してきた。①最重要目標（WIG）を設定する、②価値ある行動に落とし込む、③スコアボードをつけ続ける、④結果確認サイクルを回す。目標を達成するためには、これら四つの手順に児童を関与させることが鍵となる。

学力面で成果を上げるためにはもう一つ、クラスの目標が重要になる。クラスの目標は軽視されがちだが、コルビーのケースではそうではなかった。彼のクラスはこれら四つの手順を踏んだのだ。そして、それがコルビーの目標達成を応援することになったのである。

手順一：最重要目標を設定する

コルビーのクラスは、読解力に重点を置いたWIGを定めており、児童全員がそれを理解していた。このクラスは全員でWIGを考えた。具体的には、事前診断テストでの児童全員の点数を合計し、それに基づいて「クラスのX」を設定した。それから、児童全員が目指す点数を合計して「クラスのY」を決めた。「いつまでに」は前もって設定されていた。

手順二：価値ある行動に落とし込む

次に児童たちとブリンソン先生は、クラス目標の達成を促進する価値ある行動を三つ相談して決めた。児童たちはブリンソン先生とともに、個人名を隠した状態でデータを調べ、クラスでもっとも必要性のある人を見つけ出し、その児童が目標を達成するのにもっとも適した行動を選んだ。ブリンソン先生が主に専門知識を提供しつつ、正しい読書の仕方や原則に基づいてその選択を手助けした。

手順三：スコアボードをつけ続ける

コルビーのクラスは、クラス用の読解力スコアボードを楽しみながら作成した。彼らはそれを「自分たちのスコアボード」と呼んだ。読解力テストを受けたときや成績に変化があったとき、必ずスコアボードを更新して自分たちの成長度を記録した。コルビーは、自分が良い点数を取ると、クラス全体のスコアも押し上げられることを確認できた。彼はこれがうれしくてたまらなかった。

手順四：結果確認サイクルを回す

ブリンソン先生は年間を通して、毎週の定例面談の中で勉強の進み具合や改善が可能な点などについて児童と話し合った。クラスメートは互いに励まし合い、中には、休み時間も自発的に教室に残り、苦闘している児童を助ける子もいた。児童たちは、目標の達成に向けて互いに刺激し合い、助け合うことに自発的に取り組んだ。

コルビーと彼のクラスメートは、クラス目標を達成するために一生懸命知恵を絞り、精力的に努力した。それで、それが実現したときは、誇らしい気分だった。それは彼らが一緒に成し遂げた結果であり、チームとしての努力の賜物だったのだ。もっとも、コルビーのクラス全員がクラス目標を何とか達成したいと必死だったため、自ずとそれぞれの個人目標に従来以上の努力が注がれる結

ボーモント小学校では、どの教室にもスコアボードが貼られている。

果となった。まるで個人の成績はクラスの成績の二の次といった感じだった。

学校全体の最重要目標

ボーモント小学校では、学校全体としての目標の設定や追跡に、コルビーと彼のクラスメートたちが使用したのと同じ四つの手順を採用した。実は、コルビーたちの目標はもともと全校レベルの目標だった。教職員たちは前年度のテストの点数を調べた結果、学力を向上させるのにもっとも効果的で、かつ実行可能な分野は読解力と文章力であると判断した。それで、彼らはこの二つの分野、とりわけ読解力を中心に学校のＷＩＧを設定した。

要するに、読解力を目標として掲げたのはコルビーのクラスだけでなく、全クラスだった。クラスごとに読解力のスコアボードとグラフを作成し、児童一人ひとりが達成度を追跡できるようにしていたのだ。

ボーモント小学校の「サクセスルーム」。教職員が児童一人ひとりの目標達成度を追跡している。

高いレベルのチームは、自分たちの目標にどうやって取り組むか、児童たちに最適な価値ある行動は何か、達成度をいかに測定・追跡するか、結果確認をどのように行うか、といったことを相談して決める権限を与えられていた。学校は、クラスの目標をもとに、さらに実際の生データや、教職員や児童から集めた生の情報を活用して全校的な読解力目標を設定した。そして、全員の読解力目標を調整し、人目につきやすい場所にスコアボードを貼り出した。

ボーモント小学校のＷＩＧは、三年目には三つすべてが学力目標になっていた。「スタッフ専用」ルームを設け、そこで彼らは児童たちの能力の発達度を追跡し、話し合った。この部屋の壁はそれぞれ、算数のＷＩＧ用、読解力のＷＩＧ用、文章力のＷＩＧ用として使われた。残るもう一つの壁は、児童一人ひとりが読解力の特にどの面で力を伸ばしたかを示す、追加的な読解力データに使用された。読解力の専門教師と高いレベルのチームはこの部屋に集まり、そこに貼られた表を使って目標の見直しや価値ある行動の再評価を行うとともに、連携してすべての子どもに目を光らせた。まさにチーム一丸となっての取り組みだった。

ボーモント小学校はこうした学力目標以外に、「7つの習慣」の導入や学校文化の改善に関する目標も設定し続けた。だが、これらの目標はPIGに格下げされ、中には児童に委ねられたものもあった。たとえば、廊下がちらかるという問題が度々発生していることに教職員が気づいた。教師たちにはそれぞれの学力目標に専念してもらうため、彼らはこの問題の解決を児童のリーダーシップ・チームに任せた。児童リーダーたちは標語をつくり、学期末までに「完璧な清潔を保つ」という目標を決めた。

児童たちは毎週金曜日に開かれる集会でこの目標を紹介し、全員に協力を求めた。スコアボードは、皆の目につくように中央廊下に掲示された。児童リーダーたちが毎週金曜日の集会で経過を報告し、改善すべき点を指摘した。この目標が達成されると、児童リーダーたちはさらに別の目標を採用した。ある学期には、用務員が掃除機をかけやすいようにと、各クラスで椅子を机の上に載せるという目標に取り組んだ。別の学期には、歩くときはまっすぐ静かに歩くというクラス目標を決めた。その都度、目標とスコアボードが目立つ場所に貼り出された。目標の設定のみならず、達成度の判定や記録も児童たちが担当した。彼らはまた、優秀者の祝福の仕方もあれこれ工夫した。

目標達成者を祝福する

ここまでは、目標の設定、追跡、そして達成について述べてきた。では、目標達成者はいつ祝福を受けるのだろうか。祝賀パーティーはいつ開かれるのだろう。

祝福は目標設定の過程では必要なく、結果確認の手順に含まれることが多い。褒めることは素晴らしい祝福の仕方である。そして、特に外部からの刺激を必要とする下級生の場合、祝福は望ましい行動や結果を強化する有効な手段になり得る。「リーダー・イン・ミー」実践校の大半において、目標を見事達成した個人や集団を盛大に祝福するのはそのためだ。彼らは特に小さな成功――中間目標の達成――を祝福する。清々しいのは、表彰の大部分が本人の満足感など内的な報酬という形態をとることだ。賞品を授与したりパーティーを催したりといった外的報酬は、ないわけではないが、一般的には少ない。

すでに述べたように、ボーモント小学校では「リーダー・イン・ミー」を導入するや、たちまち効果が表れた。夏休み中に教職員たちが夫婦同伴で集まり、壁の塗装や校舎の清掃を行ったところ、それまでの緊張していた関係がほぐれ、楽しい雰囲気となった。これは一つの報酬だった。多くの教職員が「７つの習慣」の研修を贈り物、そして大きな報酬と受け止めた。児童たちが習慣を実践し、リーダーとして振る舞う姿を目にすることは、自分たちの努力が実を結びつつあるという満足感を彼らにもたらした。そして、これもまた報酬であった。

報酬は、学力のみならずチームワークやリーダーシップ・スキルの重要性を伝える。

一方、児童たちにとっては、より良い物理的環境と幸福感に満ちた教師たちを得るとともに、リーダーとして行動し、自分の存在価値を再確認できることが報酬だった。また、ブリンソン先生としては、コルビーの成長に中心的な役割を果たせたという実感が何よりもの報酬だった。これらは当然の結果なのである。

マッカータン校長は、「我々は絶えず児童たちの長所や成長を指摘しています。授業中も、集会や一対一の面談でも、励ましの言葉で彼らの背中を押しているのです。児童たち、そして教職員たちのために我々はそれをしているのです。外的報酬はあまり用いません。目標を達成して自信をつける――ただそれだけで児童たちには大きな意味があるのですから」と話す。コルビーもこの言葉を聞いたら、きっと頷くことだろう。彼にとっての最大の報酬は、読解力が向上し、クラス目標に貢献できたことだった。自信を深めた彼は、「僕は読解力のリーダーだよ」などと誇らしげに言っているという。やはり、これも当然の結果なのである。

研究者の中には外的報酬をまったく良しとしない人たちもいるが、この種の報酬には児童たちの意欲をかき立てる魅力があることも事実だ。外的報酬の最大の問題点は、過度に使用されるケースや、内的報酬とは別に単独で使用されるケースが頻繁に見られることだ。成果が出るたびにパーティーを開く教師もいるほどだ。たとえば運動クラブは、試合に勝ったり、フェアプレーに徹したり、一生懸命頑張ったりするとごちそう攻めに合う。そういうことが彼らのためになるかどうかなど、お構いなしだ。このような場合は、せっかくの当然の結果が薄められたり、忘れられたりする。

外的報酬は、内的報酬と組み合わせて用いるのがベストだ。「君のスペルテストは満点だった。シールを一枚あげよう。じゃあ、席に戻りなさい」と言うのと、「よくできたね。スペルテストは満点だよ。シールを一枚あげよう。そのシールを見るたびに、君がその点を取るために頑張ったことを先生は思い出すだろう。しかも、君は字も非常に綺麗だったね。感心したよ。性格も几帳面そうだ。部屋なんかもきちんと片づけているんだろうね。スペルに強いと一生得をするよ」と言うのとでは雲泥の差がある。少し誇張しすぎたかもしれないが、後者のような言い方をした場合、児童の内面的資質がどう認識され、強化されたか考えてみてほしい。すべてが一枚の小さなシールと結びつけられているのだ。内的報酬と組み合わせることで、外的報酬も様相が変わってくる。そして、外的報酬を何にしようかと教職員たちが頭をひねるよりも、アイデア——特に安く済むようなもの——なら児童たちのほうが豊富だ。たとえば、ハイタッチならお金はかからない。

調査結果は語る

ジョン・ハッティは著書『Visible Learning』の中で、児童の成績に関する八〇〇件のメタ分析の結果を要約している。彼が示した目標の達成に関する結果は、「リーダー・イン・ミー」の目標設定プロセスと一致する部分が多い。

最重要目標を設定する

・目標は成果を高めるうえで不可欠である。自信の強化に大きな効果があり、それがさらに将来の目標の困難度に影響する。

・目標は具体的なものでなければならない。「ベストを尽くす」などの曖昧な表現ではさまざまな解釈が成り立ち、容易に達成できてしまう。

・特別支援を必要とする児童についても、目標はある程度高めに設定すべきである（Fuchs, 1986）。ただし、最初から不可能に見えるほど高くしてはならない。

価値ある行動に落とし込む

・努力し甲斐のある目標へと至る道筋が児童たちに見えるようにしなければならない。そのためには、目標を理解するための戦略や、それを達成するための実行計画が必要である。
・目標を達成するのに必要なタスクの九〇％がわかっているとき、達成率は最大になる。五〇％未満であれば、達成率は大幅に下がる（Burns, 2002）。

スコアボードをつけ続ける

・「自己ベスト」の更新に挑むことは児童たちをやる気にさせ、勉強の楽しさを増し、授業への参加意欲や使命の達成意欲を強化する。それはまた、自分の過去の成績を上回ろうとする努力をサポートする（Martin, 2006, p.816）。
・児童たちは自らを評価し、モニタリングすることにより、自分の現状、目標、目標達成後の状況、その次に目指すものなどを理性的に理解することができる。

結果確認サイクルを回す

・フィードバックは達成度にもっとも影響を及ぼす要因の一つである。
・児童たちは定期的かつタイムリーなフィードバックを受けることで、合理的な目標を設定し、努力や方向性、さらに戦略までも必要に応じて調整するのが容易になる（Locke & Latham, 1990,

p.23)。

・教師の多くはフィードバックを十分提供していると主張するが、児童の側から見れば、せいぜい一日のうちのほんのわずかな時間にすぎない (Nuthall, 2005)。

・タスクそのもの、プロセス、取り組み方についてフィードバックを提供するほうが、「君は良い児童だね」などの具体性を欠いた性格描写よりも効果的である。

目標達成者を祝福する

・シール、賞品などの外的報酬は本人の自発的意欲を阻む傾向があるうえ、懐柔策と受け取られかねない (Deci, Koestner, and Ryan, 1999, p.659)。

三つのツール

目標設定プロセスを増幅させるツールが三つある。これらのツールはさまざまな形に変化し、教育界で長年使われてきている。したがって、「リーダー・イン・ミー」特有のものではないが、リーダーシップのテーマに合うように部分的に修正が加えられており、応用範囲は広い。三つのツールとは、リーダーシップ・ノート、児童主導のミーティング、そしてリーダーシップ・ツールだ。

訪問者に自分のリーダーシップ・ノートを見せる台湾の子ども。

リーダーシップ・ノート

これは、「リーダー・イン・ミー」の最強ツールの一つだ。児童たちが自分のＷＩＧを書き出したり、自分用のスコアボードをチェックしたり、リーダーシップに関して思ったことをメモしたり、優れた結果を記念として記したりする機能が、この一冊に詰め込まれている。ほとんどの学校は、簡単なタブ付き三穴バインダーを使用している。最初のページは、最優先事項、すなわち「思い描いた終わり」を書き込めるようになっている。

児童同士でこのノートを互いに見せ合い、その内容を説明し合うとさらに効果的だ。自分の目標やデータに対する責任感が増し、進歩や受けた祝福を誰かと共有することを誇りに感じるようになる。

また、教師たちもそのノートに積極的に関わることが重要だ。特製カバーから、タブに挟む個人用シートに至るまで、児童のニーズを勘案しつつ学年目標の達成に役立つように教師がデザインするといいだろう。

児童主導のミーティング

ＰＴＡの会合を児童主導のスタイルに切り替える学校が増えている。教師や親に代わって児童たちが議論を主導するのだ。「リーダー・イン・ミー」の場合、児童たちがそれぞれのＷＩＧとその時点の達成状況を親に伝える。また、自分の長所と改善策について説明し、親にリーダーシップ・ノートを見せる。

親と教師は子どもの説明に耳を傾け、質問をする。こうすることで、子どもたちは自分の学習に責任を持つようになる。これは教師にとってもメリットがあり、その手順をひとたび把握すれば、準備が簡単になる。さらに、ボーモント小学校ではこの児童主導方式を導入して以来、ミーティングへの親の出席率が七四％から九八％に跳ね上がるという副次的効果も認められている。自分の頑張りを親に知ってもらいたいという思いから、児童たちが出席を促すのだ。

リーダーシップ・ツール

この三つ目のツールは、実際は複数のツールを寄せ集めたものだ。教師は通常これを、グラフィック・スケジュール帳と呼んでおり、ベン図、フォースフィールド分析、ガントチャート、特性要因図、親和図、バブルマップ、プラスデルタ図、ロータスチャートなどが含まれている。スペースの関係から詳細な説明は省くが、児童たちは問題解決、アイデアの創出、成功事例の分析、プロジェクトの企画、目標の設定、クラス規則の策定などに喜んで活用している。

そして、効果のほどは？

ボーモント小学校が実行したことに対する効果は、どのように日々実感されているだろうか。ロシェル・マギーという名前の母親はリーダーシップ・デーで次のように語った。

私はワーキングマザーです。二年前、国際企業人能力開発プログラムに参加しました。「基本に戻る」がテーマでした。では、「基本」とは何でしょうか。

・自分自身の目標を設定する。
・自社の目標を設定する。
・企業文化の向上に取り組む。
・目標を明確に伝え、協力関係を推進する。

リーダーシップ・ツールの一つ、フォースフィールド分析の一例。幼稚園児たちが期待される行動を定義するのに使用した。

・達成度を追跡するとともに、失敗を予測・分析する。

数ヵ月後、PTAの会合に出席したとき、マッカータン校長から、「7つの習慣」をこの学校に導入するというお話を伺いました。『7つの習慣』なら、マーケティング会社で研修を受けたけど、どうやって子どもたちに応用するのかしら?」私はそう思いながら聞いていました。

学校はすぐ改装に着手しました。壁に格言が貼られ、新しい掲示板が設置され、ロビーに旗が立てられ、「私たちは、皆リーダー」という文字が描かれたカーペットが玄関に敷かれました。この改装は一夜にしてできたわけではなく、数ヵ月に及びました。子どもたちも手伝いました。教職員の方々も。そして、気がついたら、自分も参加していました。

各クラスでもミッション・ステートメントを作成し、目標を定めました。児童が親に説明するための資料として、そのコピーが各家庭に配布されました。おかげで、子どもたちや先生方がどのようなクラスを目指しているのかがわかりました。それ以上に感動したのは、クラスのミッションが学校全体のミッションとどうつながるのかを、四年生の子どもでも説明できたことでした。

児童たちは、先生たちが目標を設定するのを見ていました。先生方は目標に届かなかったとき、原因を分析されていました。そして、目標をどのように変えるべきか、次回はどうしたらもっと良い目標をつくれるか、と。それは、私が高額な料金を取るコンサルタントたちから教わったことと変わりませんでした。

ＰＴＡの会合が完全に児童主導で行われていることに、私も夫も感銘を受けました。私の息子は、自分のリーダーシップ・ノートを私たちに見せてくれましたが、その時の彼は本当にうれしそうでした。四年生の子がどんな記録をつけるのか、興味津々でした。成績について尋ねると、息子はちゃんと答えることができましたし、点が良くなかったのはどの科目で、その原因は何だったかも自覚していました。さらに、事前診断テストと事後評価テストの違いも説明してくれました。私たちはただただ驚くばかりでした。

私の息子のコミュニケーション能力は一〇段階ほど跳ね上がりました。まだ九歳の息子がはきはきと話せるとか、ただ「そう」とか「違う」とか答えるのではなく、しっかり意志の疎通ができるなどと、祖父母や友人、近所の人たちから言われるたびに思うんです。それは「７つの習慣」を実践することの副産物として息子が身につけた自信なんだ、と。

ボーモント小学校からあふれ出ているリーダーシップの精神はまさに、子どもたちの心に成功への意欲を植えつけていると思います。彼らが目標を設定し、進歩状況を追跡し、目標を達成し、そして成功を祝福するサイクルを生涯続けられることを願っています。

親であり企業経営者でもあるロシェルは、児童たちが目標の設定の仕方を学び、文化を変革し、「７つの習慣」を学ぶことによって得られるメリットを理解している。それは、ボーモント小学校の教職員たちも同感のようだ。教職員を対象にした調査で、「『リーダー・イン・ミー』を導入する前の学校に戻りたいか」との問いに、「戻りたい」という回答は皆無だった。状況が好転した――誰もがそう感じていたのである。

だが、ボーモント小学校が改善の必要性をもっとも感じていた学力面はどうだろうか。ミシガン州は、州の試験の成績によって各学校をランクづけしている。ボーモント小学校は「リーダー・イン・ミー」を始めた当時、下から数えて二三番目で、最下位四分の一に入っていた。その後、導入から一年経過時点で二九位、二年経過時点で四二位だった。そして、次回の順位はさらに上がると予想されている。特に伸びたのは文章力の分野で、全児童に占める州試験合格者の比率が三六%から六七%へと、わずか二年間で三一ポイントも上昇した。州や学区のプログラムもいくつか導入しながら、また、社会経済的に恵まれない児童も入ってくる中で、実に見事な成果と言えるだろう。

その他の学校の成功事例

すでに見てきたように、目標設定のプロセスを見事に実践しているのはボーモント小学校だけではない。他にも数多くの学校が同様のプロセスをたどっている。その好例は、ミズーリ州フェントンにあるスタントン小学校だ。この学校は「リーダー・イン・ミー」を導入する前から優秀な成績を上げていた。マット・ミラー校長は、「専門家の学習コミュニティー」のエキスパートで、優秀な教職員たちの協力を得ながら、この学校を正常に運営していた。ところが、一学年を担当するワイス先生は、「リーダー・イン・ミー」の効果に驚きを隠さない。「私たちの学校は前から優秀校でした。それがさらに良くなったんですから、信じられません」

ミラー校長は一つの目標に焦点を合わせることの重要性を強く確信している。この学校はある年、学校全体の最重要目標の一つとして読解力の向上に力を入れることにした。読解力テストの点数はすでに優秀だったが、学区の指示により貧困層家庭の児童二〇〇人を学区外から受け入れることになった。それで、教職員はその児童たち、とりわけ下級生たちの読書力の向上に集中的に取り組む必要があると考えたのだ。

各学年のチームが集まり、学年ごとに読解力ＷＩＧを決めた。まず、児童たちのＸを見きわめるための事前診断テストにどの指標を用いるかを決め、そのスコアに基づいて目標（彼らのＹ）を設定した。事後評価テストは、州の試験に先立って年度末（彼の「いつまでに」）に行うことにした。さらに成長度評価指標を定め、このデータを定期的に集めることにした。そして、進歩の状況がわかるように、クラス用と学年用のスコアボードを作成して廊下に貼った。

「偉大なもの」のためなら「良いもの」を諦めるのを恐れることはない。
ジム・コリンズ（『ビジョナリー・カンパニー２　飛躍の法則』日経ＢＰ社）

このいも虫は幼稚園児たちの読書意欲を刺激し、読解力の向上に貢献した。

学年チームは、リーダーシップ・ノート用にカラフルな表紙を独自にデザインし、読解力に関するスコアボードのページなど、中に綴じ込むページを決めた。教材としては、AR（Accelerated Reader：小・中学生にちょうどよい難易度の本を見つける）プログラムの本が年間を通して使用された。児童は本を一冊読み終えると、理解度を確認するためのテストをオンラインで受けるシステムになっていた。

幼稚園児については、クラス全体でARの本一〇〇冊を読破するごとに廊下に丸い輪を貼ることにした。輪はだんだんいも虫の形になり、間もなく廊下からホールへくねくねと伸びていった。子どもたちは輪が増えるたびに大喜びし、大きな蝶になるかも、とふざけ合った。

一年生の教室に面した廊下には、彼らのARスコアボードが貼られていた。それによると、目標設定を行った最初の年の二学期だけで五五〇〇冊が読まれた。前年は五〇〇〇冊に達するのに半年かかったが、この年はそれを大きく上回った。その間、温度計を模した表示板が校舎の玄関近くに設置され、全クラスによって読まれた本の総数がそこに記録された。児童たちは「温度」を上げることに熱中し、やがて学校の読解力目標が達成されると、この温度計を壊して喜びを分かち合った。

読解力のスペシャリスト、メアリー・ジョー・バーカー先生は、おちこぼれ児童が読解力の成長度を追跡するための特殊なスコアボードを考案した。このスコアボードは手の形をしていて、指の一本一本が読解力の具体的な要素を表している。児童がこれらの要素のうちの一つをマスターすると、その指に色を塗る。目標設定プロセス導入前の四年間、補習授業が不要になる児童数の年間平均は七人だったが、目標設定の初年度には四八人に増加した。

このスタントン小学校では、下級生に読解力を指導する役割を上級生に委ねた。彼らはこの役割を「結果確認パートナー」と呼んだ。上級生が週に一度、下級生と一緒に本を読んで励ますのだ。上級生については、高校生が週に一度やって来て指導にあたった。

目標設定プロセスを二年間実行したあと、五年生担当のジュリー・アース先生は、「我々の目標設定は、五年前に比べるとかなり進歩しています。以前は私たち教師が児童の目標を決め、達成度の追跡にも彼らはまったく関与しませんでした。今では児童たちがそれぞれの目標を設定し、追跡する責任を担っています。子どもたちは自分の進歩を皆に見てもらいたいんです」と話している。

補助教員のシャノン・グルゼスキー先生は、「児童たちが自分の目標に責任を持つようになったため、『その本は合ってるかしら？　君の目標を実現するのに役立ちそう？』などといった我々の問いかけにうんと興味を示すようになりました。彼らの目的はご褒美のピザパーティーではないんです。読解力をつけたいと思ってるんです」とつけ加える。

その他の用途

この章の冒頭で述べたように、四つの手順から成る目標設定プロセスは、目標の種類を選ばず、幅広い応用が可能だ。学校はこのプロセスを、素行に関する改善照会（訳注：規律上の問題を抱える子どもについて書類で報告する制度）や遅刻の防止、親の参加拡大、スクールバス内でのマナー改善などの目的に応用している。

ルイジアナ州レインにあるマーティン・ペティジャン小学校は、一学年〜三学年までの子どもを受け入れている。キム・カミンズ校長は、「教師が目標設定のプロセスとその効果を知れば、仕事がどれほどやりやすくなるか気づくはずです」と指摘する。彼女の学校では目標設定プロセスを、学力目標だけでなく、次の目的にも応用している。

健康や運動

児童たちは毎月、健康や運動に関する目標を定め、その達成状況をリーダーシップ・ノートで追跡している。たとえば、マラソンと同じ距離を歩くという目標を立て、体育の時間に何マイル歩い

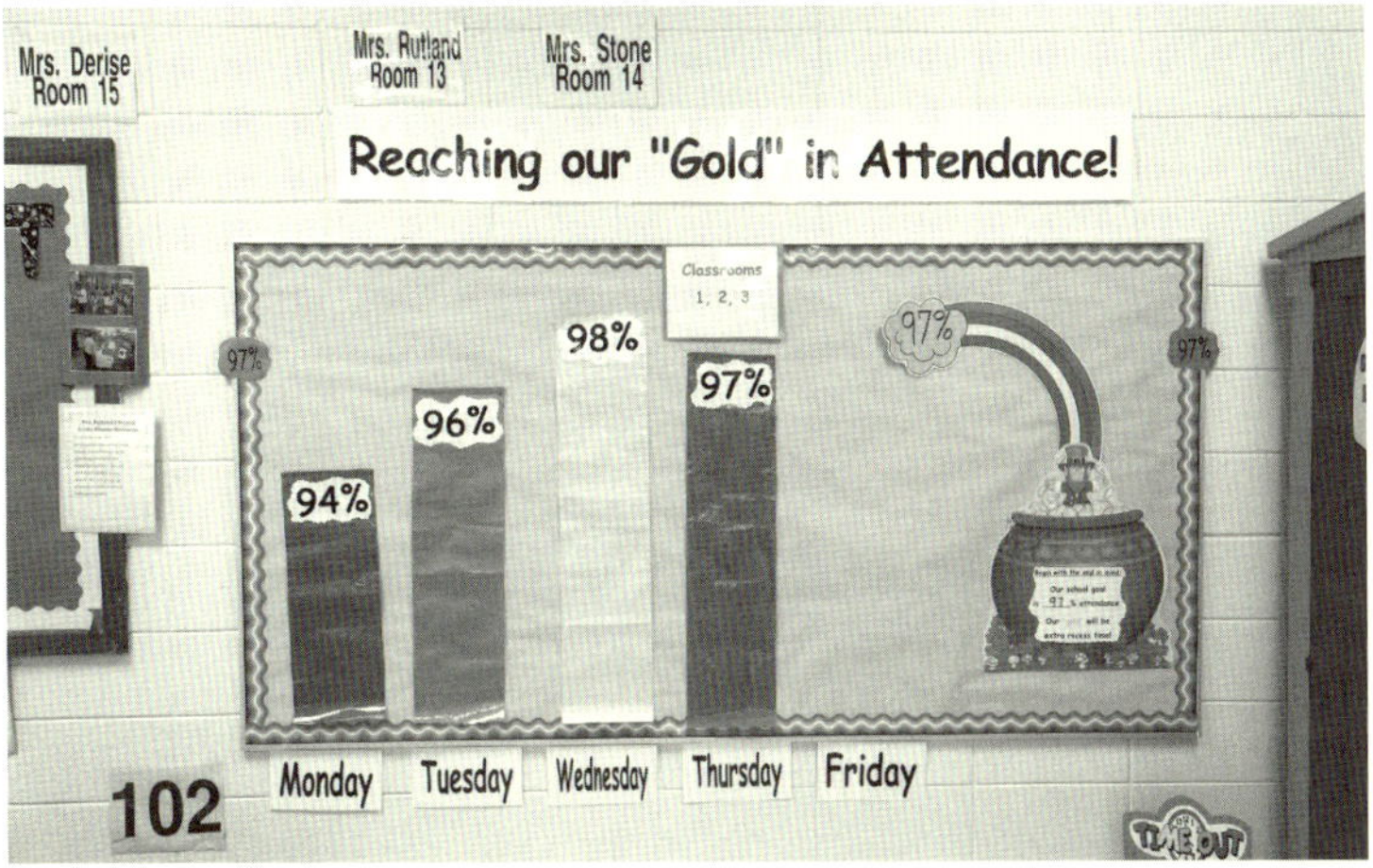

マーティン・ペティジャン小学校の児童たちは、毎日の出席状況に目を光らせている。

たか記録してチェックしたりする。一マイル歩くごとに、紙を切り抜いてつくった靴をクラスのスコアボードに貼りつけていく。また、児童リーダーたちは、その日に食堂で出される食事をチェックし、正しい食事の目標について話し合ったりもする。

出席

個人、クラス、学校全体の出席状況を毎日追跡する。学校全体の出席率が連続三日間の平均が九七％に達すれば、児童たちの休み時間が五分間伸びることになっている。この学区内にある二七校のうち、ペティジャン小学校の出席率は第二位で、近隣地区の他の学校より一〇ポイント高い。問題を抱える子が多い地域であるにもかかわらず、目標の設定・追跡を行う以前と比べて大幅に上昇した。

言語

言語療法士が、明瞭な発音など、児童一人ひとりの特殊なニーズに応じて目標を設定させ、経過を追跡させる。児童たちは、自分のリーダーシップ・ノートの進度表に経過を絶えず記入している。その甲斐あって、周辺にある同等の学校の児童たちより著しく高い進歩を示している。

目標設定プロセスを実践しているのは学校だけでなく、教職員たちもそれぞれの個人的目標に応用していることは注目に値する。体育担当のシェリル・マッケーブ先生は、このプロセスをマラソンの練習に利用した。体育館にスコアボードを貼り、児童たちが結果確認パートナーを務めた。著者は、目標設定プロセスを活用して、四五キロ以上の減量に見事成功した教育者を二人知っている。

パラダイムから始まる

この章で紹介したいくつかの学校の事例は、何を物語っているだろうか。目標設定プロセスの忠実な実行は、児童たちの成績に直接好影響を及ぼす可能性があるということだ。もちろん、測定に際しては試験、人口動態、所属集団など、さまざまな変化要因が関わってくるため、学力との因果関係を単純に証明できるものではない。だが、児童たちが自らの学習に責任を持つようになった、などの改善点を報告している学校が数校あることは事実だ。

目標設定プロセスはまた、学校の文化や児童たちのリーダーシップ・スキルにも副次的な効果をもたらす。スタントン小学校のミラー校長は、「何はともあれ、我が校の児童たちは目標設定プロセスを通じて協力し合うことを学びました。児童たちはチームの学力目標を意識し、その達成に向けて皆で頑張っています。州の試験で対人スキルやチームワーク・スキルの問題が出たら、うちの児童たちはきっと良い点を取るでしょう。子どもたちは格段に成長したと思います」と述べている。

だが、目標設定プロセスがいかに効果的であっても、適切な考え方、すなわち正しいパラダイムのもとで実行されなければ、失敗する可能性があり、場合によっては逆効果になる恐れもある。実際、目標設定プロセスは前で述べたGAP（欠点）を探すことと変わらないのでは、と思われがちだ。

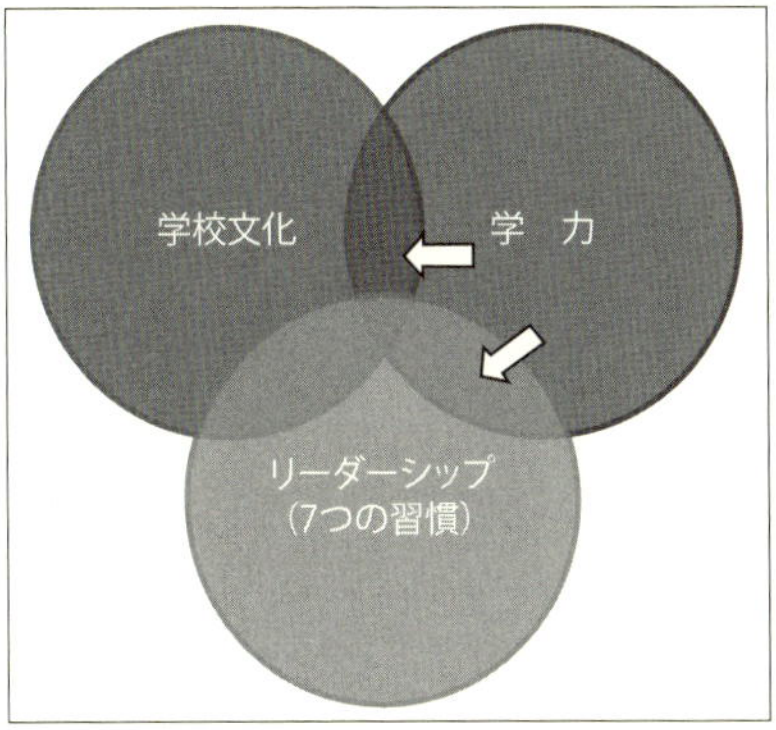

言い換えれば、テストや再テストを繰り返して児童たちのあら探しをし、そのデータを分析して「問題」の在り処を見きわめ、そこを「矯正」することに必死になるわけだ。

コルビーのケースでは、ブリンソン先生が自分を気にかけてくれ、単に問題点の矯正をしようとしているのではないことを彼はわかっていた。ブリンソン先生は、彼が優れている分野が他にあることを鋭く見抜き、そうした面で彼をリーダーに指名したのだった。彼は自分のクラスに対して責任を感じ、全体の成長に貢献しようという気になった。彼はこのプロセスにおいて、認めてもらっているという実感を味わうことができた。彼がプロセスに参加し

ボーモント小学校の児童たちは毎朝、心温まる挨拶で迎えられる。教職員全員が児童たちを気にかけている証拠だ。

意見を述べれば、皆がそれを尊重したのだ。彼は自分が着実に進歩していることを自分のスコアボードで確信し、それが彼に充足感と自信をもたらした。つまり、彼らはGAP（欠点）を探しつつも、長所を探すことも同時に行っていたのだ。そして、彼の内に秘めた偉大さを認識するという、より大きな意図のもとですべてが展開されたのである。

「7つの習慣」を教えたり、リーダーシップの文化を創造したりする場合と同様、目標の設定・追跡・達成にも人間関係、すなわち思いやりが不可欠なのだ。

本書の中ほどに達したこのあたりで少し立ち止まり、これまでの内容を確認してから先に進むとしよう。前半の五つの章は、「リーダー・イン・ミー」の原点と主な内容を概観した。

・素晴らしすぎて信じ難い。
・導入の経緯と理由。

・「7つの習慣」を教える。
・リーダーシップ文化を築く。
・学校の目標を達成する。

仮にここで筆をおいたとしても、本書は多くの学校にとって興味深い情報を提供できたのではないだろうか。しかし、「リーダー・イン・ミー」で本当に異彩を放っている学校は、家族や地域社会の人々にも協力を求める。そこで、次の「第6章　原則を家庭に応用する」では、学校が「リーダー・イン・ミー」に家庭をどのように参加させてきたか、同じプロセスを家庭に持ち込むにはどうしたらよいか、といった点を考察する。さらに「第7章　地域社会を巻き込む」では、地域社会はどのように、そしてなぜ関与するのか、その具体例を紹介するつもりだ。

「第8章　中学校、高校、さらにその先へ」では、「7つの習慣」やその他のリーダーシップ・スキルを教えることによって中学校や高校で起きている変化について説明しようと思う。大学での変化にも少し触れるつもりだ。

「第9章　変革の炎を燃やし続ける」では、このプロセスを長期にわたって維持するための重要な心得と、学校が毎年「基準レベルを引き上げる」手法について述べる。

「第10章　最初を思い出しながら終わる」では、教育という分野において目指すべきテーマと「リーダー・イン・ミー」が果たす貢献について確認する。さらに、リーダーという意識を持ち、人生で大きな花を咲かせようというあなたの意欲に火をつけられたら、と思う。

以上、本書のここまでを確認し、このあとの内容を大急ぎで紹介した。では、「第6章　原則を家庭に応用する」へと進もう。

自分自身を見つめ直す

「7つの習慣」の中の「第3の習慣　最優先事項を優先する」は、効果性（正しいことを行う）が効率性（正しく行う）に優先することを教えている。ABコームス小学校やボーモント小学校が自らの最優先目標を見きわめたら、彼らの効果性も効率性も向上した。あなたの人生においてもっとも優先すべき目標、すなわち最重要目標を一つか二つ挙げるとしたら、何になるだろうか。それぞれの目標について、その実現に寄与し、しかもあなたが今週中に実行できることが何かあるだろうか。

第6章

原則を家庭に応用する

リーダー・イン・ミー

私たちの五歳になる息子が学校から帰宅し、「Ｗｉｎ－Ｗｉｎ」とか「終わりを思い描くことから始める」といった表現を用いるようになったとき、私は大いに感銘を受けたものでした。それで、私も研修を受けることにし、今では家族全員、常に実践しています。息子だけでなく、私や妻、そして我が家の生活にも役立っていると思います
ディーン・ハリソン（カナダ・アルバータ州メディシンハット、クレストウッド小学校保護者）

「リーダー・イン・ミー」実践校は数々の成功事例を積み重ねているが、それをも上回る場所があるとしたら、それは家庭である。まずは、三つの事例を簡単に紹介する。

一つ目の舞台はカナダだ。一人の父親がある日、息子を連れて学校にやって来た。この父親は優しい心の持ち主だった。もっとも、彼の隆々たる筋肉やピアスを見れば、誰もそうは思わないかもしれないが。彼の息子は認知障害と反抗挑戦性障害があると診断されていた。父親は、この学校が行動プログラムを取り入れていると聞き、息子に効果があるかもしれないと思ったのだった。

息子はすぐ入学が認められ、他の児童たちと「7つの習慣」を学び始めた。すると、何日も経た

ないうちに、父親は学校に対する息子の態度や考え方に変化が表れたことに気づいた。息子は時々宿題を家に持ち帰り、習慣の一つを親や兄弟に教えるようになった。彼は父親を教える相手に選んだ。数ヵ月後、父親は授業参観に出席した。質疑回答の時間に立ち上がって発言させてほしいと申し出た。「この学校が児童たちに教えていることで、私の人生が変わりました。是非それを続けてください」と、彼はそれだけ言って着席した。

それから数週間後、父親は再び学校を訪れた。今回は、何年か前に米国で麻薬のおとり捜査でつかまったときのことを告白した。裁判を待っている間にカナダに逃走して隠れた。その後、結婚し、子どもが生まれ、まっとうな人生を送ろうと頑張っているところだった。だが、捜査の網がすぐそこまで迫っているのでは、と常にびくびくしていた。「責任を取る」「目標を持つ」「最優先事項を優先する」などの原則を息子から教わるうちに、良心の呵責に耐え切れなくなった。そして、穏やかな心を取り戻し、自分が理想とする父親になるために、すべてを清算したいと考えた。彼は当局に連絡して自首した。そのとき息子を指さしながら、「この子は私のヒーローだよ」と言ったのだった。

父親は二〜三年の懲役刑になるだろうと言われた。ところが、裁判官は同情心の強い人で、逃走中の父親の行動を示す証拠を精査した。その中には、息子との関係の重要性を切々と綴った校長からの手紙も含まれていた。結局、裁判官は次のような判決を下した。「納税者が支払った税金を費やしてまで、この被告を刑務所に収容する必要は認められない。息子と生活を共にし、地域社会に貢献し続けることを被告に求める」裁判官は当局に対し、父親が家に留まり、別の形で罪を償う措置を考えるよう命じたのだった。

二つ目の事例も場所はカナダだ。働きながら子育てをしているシングルファーザーのボブ・ギャラトリーが、学校から帰宅した子どもたちの面倒を見ている様子を語った。彼は毎日、子どもたちが帰宅後にやらなければならないことについて、「最優先事項を優先する」表をつくる。子どもたちは玄関に入ると、すぐその表を見て自分が何を求められているか確認し、それを済ませてから遊びに行く。その間、父親はずっと仕事をしているのだ。彼は子どもたちの教室で「最優先事項を優先する」表を見て、このアイデアを思いついたのだった。

最後の例を紹介する。著者が米国の田舎の学校の教師に、「7つの習慣」は学校にどのような効果をもたらしたかと尋ねると、彼女は思いつくままいくつかの例を教えてくれた。続いて、「7つの習慣」は彼女個人にも効果があったかと聞くと、彼女は黙ったまま、目から涙をあふれさせた。彼女が「7つの習慣」研修を受けていたちょうどそのとき、彼女の家族は地獄のような苦しみを経験していたという。二人の一〇代の息子はめちゃくちゃな暮らしぶりだった。夫は失業中でふさぎ込み、顔を合わせれば決まって離婚の話になった。それで、彼女は研修中、自分の家族には「7つの習慣」が絶対に必要だと、そればかり考えていた。

彼女は、「7つの習慣」の研修マニュアルを家に持ち帰り、家族に習慣を教えてみようと考えた。毎晩一つずつテーマを決め、その考え方を家庭でどう応用できるか話し合った。こうして、家族としてかつて経験したことのない、建設的で前向きな会話が始まった。自分の気持ちを説明したり、問題に取り組むための言い方を学んでいった。それから二年後、彼女はやっとの思いで、涙ながらに語ってくれた。あの研修が自分の家族、そして、おそらく命をも救ってくれたのだ、と。

こうした例は、世界中のまさに何百という家庭で日常的に起きていることだ。著者が特にうれしく感じるのは、子どもたちが「７つの習慣」を活用して自分の親に何かを教えるときだ。ある父親は、スポーツのイベントから子どもと一緒に車で家へと向かう途中、どこかの車に割り込まれたときの話をしてくれた。彼がカッとなるのを見て、幼い娘が優しく言ったそうだ。「パパ、こんなときはもう少し主体的になれたらいいかもね」

家庭と学校の関係

世界は混乱で満ちている。嵐から逃れる唯一の避難場所が家庭という児童や教職員もいる一方で、その家の中に嵐が吹き荒れている児童や教職員もいる。

家庭で何が起きているかは学校にとって重大な関心事であり、その理由は少なくとも二つある。まず一つは、家庭は児童に影響を及ぼすことだ。児童たちが毎朝学校に持ち込む行動や知識、考え方の多くは、もとは家庭で身につけたものだ。そして、それらが良かれ悪しかれ、学校の文化、教室の雰囲気、児童たちの学習意欲に影響を与えるからだ。ハーバード大学教育大学院のカレン・L・

親の支持と参加は「リーダー・イン・ミー」の持続的効果を後押しする。

マップ教授によれば、児童の家庭と学校の教職員が連携することにより、「児童のテストの点数が上がって成績が向上し、社会的な能力や行動も改善される。さらには高校卒業率や大学進学率にも影響がある」という。要するに、家庭は児童のパフォーマンスに影響を及ぼすのだ。

二つ目は、家庭は教職員たちの学校での働きぶりにも影響することだ。児童の場合と同様、教職員についても、家庭の影響が毎日学校に及ぶのだ。昨晩の出来事や朝出がけに交わした言葉によって、その日の教職員の気分や行動が変わる可能性がある。教職員たちは、家庭でのストレスや対立、無力感などもバッグに詰めて学校に持ち込み、それらが彼らの職場での集中力や仕事の成果に影響を与えかねない。家の中がうまくいっているときは、学校でもうまくいくものだ。

家庭が学校での出来事に影響を及ぼすと述べたが、逆に学校が家庭で起きることに大きな影響を与えることもあり得る。児童たちは一日六時間以上、年に九ヵ月余りを学校で過ごす。彼らが顔を合わせる友だち、授業を受ける教師、与えられる機会、習得する知識など、すべてが良かれ悪しかれ家庭にじわりじわりと染み込んでいく可能性がある。このことは教職員にも当てはまり、学校でひどい目に合った日は、家でも苛立った気分で夜を過ごすことになりかねない。

学校は時として家庭での子育てに干渉したくなる場合もあるだろうが、大概の学校はそれを慎もうとする。また親の側も、学校にあれこれ口出しすることは望んでいない。しかし、両者が互いに助け合える範囲においては、連携しない手はないだろう。中流層の人々が住む地域に立つ、ある学校の校長から聞いた話だが、「リーダー・イン・ミー」を導入する前は、親たちが学校のことにいちいち口出ししようとしたという。ところが今では、「学校でやってくださっていることを我々もサポートしようと思うんですが、どうしたらよいでしょうか？」と、逆に聞き返してくるそうだ。それ自体、学校の文化が大きく変わった証拠である。

この章では、家庭と学校が「リーダー・イン・ミー」を通じて協力し合うためのアイデアを紹介する。次のテーマを取り上げる。

- 子どもたちが「7つの習慣」を家庭に持ち込む
- 児童の家族を学校の活動に参加させる
- 「リーダー・イン・ミー」を家庭で実践する方法

これらのテーマに入る前に、一つ確認しておこう。それは、家族や家庭というのは形態も規模もさまざまだということだ。同じ家族は二つとないのである。家族というものを定義したり、「良い」

家庭と「悪い」家庭を区別したりするつもりはない。どの家庭にも問題は存在し、事実上崩壊状態にある家族もあることを著者は知っている。にもかかわらず、どの家庭も、どの親も、どの子どもも偉大さを備えているというパラダイムに基づき、その偉大さをさらに育て、最大限発揮させようとするのが、この「リーダー・イン・ミー」なのだ。この考え方は、すでに紹介したマーティン・セリグマン博士の言葉とも一致している。

「子どもを育てるということは、単にその子の悪いところを直すだけではない、もっと大きな目的があるはずだ。子どもの持つ強みや長所を見つけ、さらに伸ばしてやること、そして、彼らがそうした良い面を目一杯発揮できる分野を見つける手助けをすることが目的なのだ」

子どもたちが「7つの習慣」を家庭に持ち込む

「うちの子に何を教えてくれてるんですか？　あの子ったら、『ママ、これでシナジーを創り出せないかなあ？』とか、『刃を研げるような、何か楽しいことしようよ』なんていつも言うんですが」――学校にやって来て、こんなことを当惑気味に尋ねる親がいる。親たちのこうした驚いた表情を見るのはうれしいと同時に、子どもたちが家で「7つの習慣」の表現を使い始めるずっと前に、「7つの習慣」や「リーダー・イン・ミー」を親たちに理解してもらう良い機会になる。

親にとっては子どもの学力が重要で、それから注意をそらすようなものには神経質になることがある。そして、「７つの習慣」をよく知らなければ、「うちの子どもに何を教えてるんですか？」と聞きたくなるのだろう。だが、親たちにも当然知ってもらうべきものであり、それも事前に知ってほしいのだ。

「７つの習慣」や「リーダー・イン・ミー」を学校が親たちに知ってもらう方法はいくつかある。一般的なものを次に紹介する。

家族に向けたお便り

「リーダー・イン・ミー」を親たちに知ってもらう目的で、多くの学校が学年初めに児童たちの家にお便りを送る。主な内容と期待される効果について説明する、一枚だけの簡単なものが一般的だ。その手紙の裏側や別紙に、「７つの習慣」の要点を記す。これを、家族の伝言板（冷蔵庫の扉が使われることが多い）など、家庭内の目につきやすい場所に置いてもらう。この手紙は学年が始まってすぐ、最初の一週間目に送る。

歓迎セット

学年途中に転校してきた児童のために、学校での「リーダー・イン・ミー」の活動風景を撮影した写真や、実例を紹介する文書をまとめたセットを作成する。成功事例、表彰状、よくある質問なども含める。

この学校に掲げられている標語は子どもの送り迎えをする親たちの目にも触れ、「7つの習慣」を学ぶのに役立っている。

広報誌

多くの学校やクラスは、週や月あるいは学期に一度広報誌を児童の家庭に送る。その中で一つの習慣や成功事例、簡単な格言などを紹介する。

ホームページ

Webサイトのある学校は、そこに「リーダー・イン・ミー」の情報を掲載することが多い。ホームページの更新を定期的に行い、写真、言い伝え、親たちが家で楽しく応用できる豆知識などを入れ替える。

書籍

親たちが教材を確認できるように、ファミリー・ライブラリーを設けている学校もある。『7つの習慣』『7つの習慣ティーンズ』『7 Habits of Happy Kids』『7つの習慣　ファミリー』などの本やオーディオ教材は、親たちにとっても習慣に精通するための貴重な手段だ。

イリノイ州クインシーにあるベリアン小学校は、助成金を活用して『7 Habits of Happy Kids』を購入し、全家庭に一冊ずつ配った。各家庭でこれを読み、各章の質問について子どもたちと話し合ってもらうためだ。新入生にもこの本が支給される。

児童による指導

親たちに「7つの習慣」を知ってもらう効果的な方法の一つは、児童が課題を家へ持ち帰り、親や兄弟たちに習慣を教えることだ。簡単な説明を行ったあと、その概念を家庭でどのように応用できるか家族皆で話し合う。家族に教えることによって、子どもにとっても勉強になる。

学習の実践

児童たちが「7つの習慣」を家に持ち込むには、それを実践して見せるのが一番だ。習慣を子どもが深く理解していることを知って、舌を巻く親もいるほどだ。ある父親は、一年生の息子が自ら進んで皿洗いを始めたのを見て驚いた。「何してるんだい?」と尋ねると、「言われなくてもお手伝いするんだ。主体的にならないとね」と息子は答えたという。ある会社で重役をしている父親は、「『主体的』なんて言葉、なかなか難しいですよね」と語る。にもかかわらず、息子から「第1の習慣」について説明され、その父親は感心しきりだったという。

子どもたちが「7つの習慣」を家に持ち込むことは珍しいことではない。フロリダ州に住む、あ学校には、児童たちの家庭の雰囲気を変える力がある。親の収入や学歴、職業までは変えられないとしても。
ロバート・J・マルザーノ（『What Works in Schools』）

ある児童の親は、感謝の気持ちを込めて次のようなメールを学校に送った。

ある晩私が帰宅すると、娘たちが一生懸命自分たちの部屋の掃除をしていました。それまでは、私が言わないとなかなか掃除をしませんでした。「これは一体どういう風の吹き回し？」と私は何度も尋ねました。すると、「主体的にやってるの。それと、シナジーを創り出し、Ｗｉｎ－Ｗｉｎもね」と言うではありませんか。自分たちで考えてやっていたんです。「７つの習慣」は今や、我が家のいろいろな活動に組み込まれています。「最優先事項は何かな？」と考え、それに集中するんです。お陰で、家庭内のストレスが随分と減りました。私がこういう考え方を学んだのは、大学を出てマネージャーとして働き始めてからです。自分も子どもの頃に学んでいたらなあ、と後悔している次第です。

大事な点は、子どもたちが「７つの習慣」を家に持ち込むにつれ、毎日の暮らしが変わり、家庭内の雰囲気が良くなっていることだ。子どもというのは、原則を教えチャンスを与えてあげれば、立派な行動ができるのだ。

児童の家族を学校の活動に参加させる

「７つの習慣」と「リーダー・イン・ミー」を親やその他の家族にも教える方法がもう一つある。学校行事に招くのだ。学校にはいろいろな行事がある。その際にこのプロセスやリーダーシップの原則の説明を組み込むようにすればよい。例をいくつか見てみよう。

新学年説明会

ほとんどの学校が、新学年が始まる前に親を対象とする説明会を開く。こうした会は、「リーダー・イン・ミー」を親たちに説明し、子どもたちがこれから学び、体験することを知ってもらうチャンスだ。

ファミリー・デー

学校によっては、「７つの習慣」の説明会を別に開くところもある。概要を一～二時間で説明し、その用語や考え方に親しんでもらうことが目的だ。これを複数の言語で実施している学校もある。

アイオワ州ウォータールーにあるカニンガム小学校は、「パパとドーナッツ」の楽しい思い出を展示している。

テキサス州サンアントニオにあるウィルダネス・オークス小学校は家族全員を招く。児童たちが学年別に「7つの習慣」を実演する中、家族は廊下を歩き回り、個々の習慣について児童たちの説明に耳を傾ける。

パパとドーナッツ、ママとマフィン

父親か母親のどちらかを特定の日に学校に招き、子どもと一緒に読書を楽しんでもらうという催しは、あちこちの学校で続けられている。アイオワ州ウォータールーにあるカニンガム小学校は、この催しをリーダーシップ・イベントに発展させた。親（またはおじ、いとこ、祖父、あるいはその他の模範になる男性）が子どもと一緒に、リーダーと言うべき人物について書かれた本を読む。そのあと、リーダーに求められる性格について子どもたちに話し、自分の子どもの中に見るリーダーシップの素質について説明する。ドーナツは興味を引くためのおとりにすぎない。

祖父母の日

祖父母を招いて児童たちと一緒に読書してもらう機会を設けている学校もある。さらに、祖父母のリーダーシップをテーマにして児童たちに手紙を書かせたり絵を描かせたりと、さらに工夫を凝らしているところもある。児童たちは本だけでなく、祖父母への手紙も読む。

児童主導の会合

直前の第5章で述べたように、「リーダー・イン・ミー」実践校の多くは、ＰＴＡの会合を児童主導の方式にしている。児童たちが会合の進行係を務め、「7つの習慣」やリーダーとしての自分たちの役割について親たちに説明する。会合の進行を児童たちに任せると、親の出席率が跳ね上がる学校が多い。

リーダーシップ・デー

リーダーシップ・デーを設けている学校には、同業の教育者たちが話を聞きに大勢詰めかける。ただし、外部の人間を数多く呼ばないところもある。その場合、本番やリハーサルの聞き手は大部分が親または祖父母で、彼らは大喜びで参加する。子ども一人ひとりのプレゼンテーションが聞くに値するのだ。

ファミリー・デーは、家族ぐるみでリーダーシップ活動に参加できる楽しいひと時だ。

親たちのための授業

一部の学校や学区は、学校が受けたのと同じ「7つの習慣」の代表的な研修を親たちに提供している。また、「7つの習慣 ファミリー」ワークシートを提供しているところもある。ジャンクション小学校のキャリー・ヴィンセント校長などのように、コンセプトを一つに絞って取り上げるケースもある。彼は「家族のミッション・ステートメントをつくる」というテーマで説明会を企画している。

コンサート、演劇、運動会など、家族を招いて行う学校行事はまさにどれも、家族に「7つの習慣」を知ってもらうための場としても活用できる。うちの子どもは、幼稚園に上がる前から学校の催しで兄や姉が「7つの習慣」を教えたり、リーダーを務めている姿を見ていたので、幼稚園に入ったときにはすでに習慣のことを知っていたと話す親もいるほどだ。

イベントの開催とともに、「7つの習慣」やその他のリーダーシップ概念を親たちに紹介するもう一つの方法は、彼らにボランティアとして参加してもらうことだ。例を示そう。

・各クラスで親を月に一人のペースで招き、仕事をする中でリーダーシップについて個人的に学んだことを話してもらう。ある親は児童たちに、消防士が心得るべきリーダーシップについて話して聞かせた。
・親を経営者に見立てた就職説明会を開いている学校もある。児童たちが親のところを順番に回っていき、さまざまな職業や、その職業におけるリーダーシップの重要性に関する話を聞く。
・児童たちが「７つの習慣」を織り込んだ図画や歌、脚本などを制作するとき、親たちが自分のスキルを活かして児童を手助けする。
・実際のプロジェクトの管理法を児童たちに教える親もいる。建築家をしているある親は、五年生のクラスによる理想の教室の設計を指導した。「終わりを思い描くことから始める」を実践する意味で、本物の青写真もつくったりした。グラフィックデザイナーをしている別の親は、教室や廊下に飾る図画のデザインの仕方を、プロ用の機器を用いてあるクラスに指導した。

ボランティアたちは、「リーダー・イン・ミー」の用語を他の親たちに伝えたり、図書館員が「７つの習慣」のカテゴリー別に本を捜すのを手伝ったりする役割、さらには歓迎セット用資料の作成やボランティアの組織化などの作業を担うことも考えられる。ニューヨーク州ブルックリンにあるウィリアム・S・バトラー小学校には親たちのライトハウス・チームがあり、「７つの習慣」に関係する毎月の出来事を他の親たちに知らせている。親たちのライトハウス・チームはシンガポールのホライズン小学校にもあり、児童と家族両方を対象とするリーダーシップ・イベントの企画をサポートしている。このように親たちが多様な才能を学校に提供することにより、教職員たちの負担を軽減する効果も期待される。そして、親たちの多くは、「最優秀リーダー」として認められるためならと、忙しさを顧みずに協力するのだ。

家庭での「リーダー・イン・ミー」

ここまでは、児童たちが「7つの習慣」を家庭に持ち込むためのアイデアをいろいろと紹介してきた。ここからは、教職員たちが習慣を家庭内で応用する方法について見ていこう。次の例は、大部分が子どものいる家庭に関するものだが、子どものいない家庭でも変わりはない。

著者の経験では、親たちは自分の子育てについて謙遜するが、彼らの多くは立派に役目を果たしているように思う。だが、子育ては時として大変な苦労を強いることは間違いない。大企業の経営に辣腕を振るうCEOたちでも、家庭内のことになるとなかなか思うようにいかない、とこぼす人が多い。また、部下数千人を的確に統率する軍の高官でさえ、我が家の兵隊たちは思うに任せない、と認めている。そして、教師とてそれは同じで、「私はどんな規模のクラスも管理でき、児童たちからも尊敬されているが、ひとたび家の門をくぐると、栄光も名誉もすべてどこかに吹っ飛んでしまう。まったく手に負えませんよ」という愚痴が聞こえてくる。

ムキルテオ小学校の「家族と過ごすリーダーシップ・デー」の光景。児童たちは日光浴を兼ねてリーダーシップ・ノートを見せ合う。

「7つの習慣」は家庭内の病気すべてを治す万能薬ではないかもしれないが、我々の経験でいえば、きわめて有効である。ロビン・セニザルは数年前からフロリダ州のジャクソンビルで、「7つの習慣」研修を監督する地域の活動を主導している。

対象は四〇〇〇人余の親たちで、その多くは非常に難しい家庭環境にあるが、社会では理想的と見られている家庭の親たちも含まれている。彼女はこの期間ずっと、「7つの習慣」がいかなるタイプの家庭にも応用できることにいつも驚きを感じてきた。『7つの習慣』のメリットは、良い家庭も悪い家庭も関係ないんです」と彼女は指摘する。

「7つの習慣」を家庭に持ち込むために、親たちが新たなプロセスを考える必要はない。学校で採用されている「リーダー・イン・ミー」の考え方の多くが応用可能であり、次の三点を実行すればよいのだ。

・家庭で「7つの習慣」を教える。
・家庭内にリーダーシップ文化を築く。
・家庭において家族の目標を達成する。

家庭で「7つの習慣」を教える

学校で「7つの習慣」を教える場合に一般的に用いられる手法は、集中的指導法、埋め込み法、模範提示法の三つである。それぞれ家庭への応用が可能である。

集中的指導法

この章の冒頭で、「7つの習慣」のトレーニング・マニュアルを家に持ち帰り、その考え方を家族に教えた教師の例を紹介した。彼女の取った手法は、まさに彼女の苦闘している家族が必要としていたものだった。しかし、ほとんどの親は、家族に「7つの習慣」を教えるのにそこまではしないだろう。「7つの習慣」の用語を子どもと一緒に使うとか、その考え方が書かれた本を読むとか、簡単な方法から始めるのが普通だ。

多くの親は、家族が入手できる「7つの習慣」に関する教材を使用する。たとえば、ショーン・コヴィーが書いた、子ども向きの本が何冊かある。先ほど紹介した、『7 Habits of Happy Kids』は子どもたちにとって出発点となるだろう。各章に「Parents' Corner」（両親のためのコーナー）があり、家族が話し合って実践すべきテーマや活動が集められている。一〇代の子どもを持つ親たちにとっては、『リニューアル版　７つの習慣　ティーンズ』（キングベアー出版）が有益な情報源になるだろう。また、『７つの習慣　ティーンズ２　大切な６つの決断～選ぶのは君だ～』（キングベアー出版）は、学校、親、仲間、デートなど、一〇代の子どもたちが直面しやすい重要な選択に「７つの習慣」を応用している。これらの本はいずれも、人生にすぐ役立つ応用法を、子どもやティーンエイジャーたちが理解しやすい言葉で説明している。さらに、スティーブン・R・コヴィーとサンドラ・コヴィーによる『７つの習慣　ファミリー』（キングベアー出版）には、家族や結婚に関するアイデアがあふれている。

教師たちが「７つの習慣」を教える際にさまざまな手法を用いるように、親たちも子どもの成熟度や個性に応じて多様な教育法を用いている。小さな子どもであれば、リーダーシップをテーマにしたおとぎ話などが適しているだろう。一〇代の子どもなら、より柔軟な手法が望ましい。家族で休暇に出かけるときなど、一〇代向け書籍のＣＤ版を車の中で時々流すようにすると、子どもたちは嫌でも聴くことになる。食事中の会話にちょっとした「人生の教訓」を挟むのもよいかもしれない。一〇代の子どもは親が一対一で話そうとすると嫌がるが、皿洗いなど毎日の雑用を一緒にしているときや、ボーリングなどのゲームをしているときなどに話しかけると、聞いてくれるものだ。教える時間は三〇秒以内に限るとよいだろう。携帯メールを活用している教師もいる。一〇代の子ども

> 親から子どもへの最高の贈り物は、責任の根っこと自立の翼である。
>
> デニス・ウェイトリー

たちに昼間、心を奮い立たせるような格言を送り、そのあとに「愛してるわ」とか、何かのほめ言葉を添えたりするそうだ。

集中的指導法を用いるときは、子どもたちに教えさせるのが一番だ。教える相手は弟や妹でもよいし、親でもよい。寸劇、図画、音楽、その他の創造的な手段を駆使して説明させるようにしよう。子どもたちは驚くほど創造的な教え方を考え出すものだ。教えることが学ぶための最良の方法の一つなのだ。

埋め込み法

「7つの習慣」を教えたり、定着させたりする取り組みを、家庭で以前から行っている活動や仕事の中で行おうとする親もいる。一番簡単なのは、「ごめん。私がまず理解に徹するべきだったわ」とか、「ね、刃を研ぐ意味で、誰か私と水泳に行く人、いない？」といったように、まず自分が用語を使い始めることだ。用語が実際の場面に応用されるのを聞けば聞くほど、習慣をより多方面から理解できるだろう。

定期的に子どもと一緒に本を読んでいる親は、その時間の中で習慣を見つけさせるのもよいだろう。映画や新聞記事の中にも、習慣の活用や悪用したもの、そしてその結果をテーマにしたものがたくさんある。家族の歴史の中からリーダーシップの原則を裏づけるような事例を話して聞かせたり、リーダーシップについて考えさせるような場所を家族旅行や週末などに訪れたりするのもよい。友人や親類、隣人の中で、会社やボランティア団体でリーダーをしている人、あるいは特定の分野で卓越した才能を発揮している人に会うとき、子どもを同伴するという方法もある。

質問スキルや問題解決スキルを子どもに学ばせるため、その人に質問をいろいろぶつけるようにしよう。子どもに何か好きなスポーツや趣味がある場合は、その分野のリーダーは誰か、その人のリーダーたる所以は何なのか尋ねるとよい。その人を一緒に観察するのだ。こうしたやり方をすれば、簡単な指導を家族の日々の活動にそれとなく組み込むことができるだろう。

模範提示法

ただ批判するのではなく、模範を示す人を必要とする場所があるとすれば、それは家庭である。家庭では常に模範の反復が必要なのだ。

家庭においては、人の良い面や悪い面も出る。自分は感情をコントロールでき、習慣の模範を実践して見せられる、などといい気になっている親も、子どもに何か苛立たしいことをされると、思わず感情的になったりする。あるいは、自分は傾聴の習慣をマスターしていると思っていたのに、信頼関係を壊すような真似をした配偶者の言葉に、冷静に耳を傾けられなくなったりする。この世に完璧な人間などいないのだ。習慣を実践するということは、ともに学び、成長していく継続的プロセスなのである。子どもが親をどう見るかは、親が自分にとってもっとも厄介な子どもにどう対処するかで決まることが多い。

実際、一人っ子や配偶者の行動は、すべての親にとって、また、すべての習慣にとって試金石となる場合がある。今度一〇代の子ども、配偶者、親類などと言い争いになったら、一人になって次の行動一覧に目を通してみるとよい。気持ちが静まり、将来悔いることのない解決策が浮かんでくるはずだ。

対立解決のための主要な行動

主体的になる

・間を取って自分の感情をコントロールし、冷静さが戻るまで冷却期間を設ける。
・じっくり考え、自分のとるべき行動を見きわめる。
・「他人のせい」にして怒ったりせず、自分の気分は自分で決める。
・自分の影響の及ばない問題よりも、影響の及ぶ問題に焦点を合わせる。

・他人を責めたり、見え透いた言い訳をしたりせず、自分の行動に責任を持つ。謝ることをためらってはいけない。

終わりを思い描くことから始める

・やみくもに争いごとをしない。真に重要なことと関係ない問題で感情的にならない。
・意見の不一致が解消されたら、親として子どもにどういう態度で接するべきか考える。
・相手を尊重していること、事態を収拾したいという思いを最初から相手に伝える。
・もめ事の再発を防ぐ最善の収拾法を見きわめる。

最優先事項を優先する

・問題に迅速に対応し、悪化や拡大を防ぐ。
・自分の価値観に忠実である。
・相手の価値や可能性を伝える言葉だけを話し、後悔するようなことは言わない。

Ｗｉｎ－Ｗｉｎを考える

・勇気と思いやりのバランスを保つ。つまり、他者を思いやりつつ、自分の気持ちを堂々と述べる。

・相手の「信頼残高」に意味のある「預け入れ」を行う。
・お互いにとって有益な結果を追求する。長い目で見て自分の利益にはなるが、相手の利益にはならない結果は受け入れない。
・自分の子どもを他人の子どもと比較しない。
・相手を許す。

まず理解に徹し、そして理解される

・テレビや携帯電話など「邪魔」なものはすべて排除し、相手の話に全神経を集中する。
・子どもや配偶者が完全にわかってもらったと思うまで、耳と目と心で聞く。
・正確なフィードバックは積極的に受け入れ、不正確なフィードバックは修正する。
・自分の気持ちを明確・簡潔・冷静に伝える。

シナジーを創り出す

・相手の長所や視点を最大限活用して問題を解決する。
・自分の考えが常に正しいとは限らず、謙虚さを忘れない。
・お互いがこれまで提案した解決策よりも優れている第3の案を模索する。
・客観的な考え方や知識に基づいた意見を持ち、優れた解決策を提供してくれる人の助けを求める。

刃を研ぐ（もめ事を未然に防ぐのに有効）

・休養や運動の時間を十分取り、食事にも気をつけて体調を管理する。疲労やストレスがもめ事を生み、夜の熟睡がもめ事を防いでくれる。
・子どもや配偶者との関係を冷静な雰囲気の中で築く。
・ストレス解消法を身につける。
・人生を掘り下げて考える。人間心理の基礎を学び、さまざまな成長段階における子どもの考え方や行動を理解するのに役立てる。
・有意義なことをして自信や評判を確立する。自分の弱さを感じさせるようなもめ事には関わらない。

短気は問題の原因となり、うぬぼれは問題を長引かせる。特に困難な時代において「７つの習慣」を家庭で教え、効果を上げるためには、模範の実践を通じて自分の内部から始めることが不可欠である。

家庭内にリーダーシップ文化を築く

学校にリーダーシップ文化を創造するための枠組みは、家庭に効果的な文化を築く際にも役立つ。次に取り組むことが必要である。

・家庭環境
・リーダーシップの分担
・リーダーシップ・イベント

家庭環境

学校の場合と同様、家庭環境には三つの要素がある。一つ目は、目に見えるものだ。

フランクリン・コヴィー社のコンサルタントの一人は、学校の廊下に貼られている何枚かの写真を見ながら、教師たちに尋ねた。「こちらの学校の壁が児童さんたちに伝えているメッセージは何ですか?」と。そのとき、彼の脳裏には、「そういう私の家の壁は子どもたちに何を語りかけているだろうか?」という思いがよぎっていた。間もなく、彼は妻とともに、それまで家の大きな壁にぶら下げていた市販の飾りの一部を取り外し、子どもたちが好きなものを飾らせた。そこにかけられたものは、楽しい家族の思い出の一コマや親しい友だちの写真で埋まった掲示板だった。それからというもの、家に遊びに来た友だちを彼らがどこに案内したかは言うまでもないだろう。その壁は彼らのものになったのだ。そう、彼らのものに。

一〇代の子は鏡を見るのが好きだ。そこで、「7つの習慣」を紙に書いて鏡かその近くに貼っておくとよい。ある母親は息子たちと力を合わせて、リーダーシップに関する格言や考え方を書いた紙を浴室の壁一面に貼った。「息子たちは皆、ここで時間を過ごすわけで、そうしたら、前向きな考え方をするようになるんじゃないかと思って」と彼女は説明した。別の親は家の中の一つの部屋を、子どもたちの色鮮やかな絵や工作を飾る画廊にした。いずれも自分たちの手でつくった作品であるため、子どもたちはきっとその飾りつけを気に入り、和やかな気持ちになるだろう。

こうした壁の使い方は、親たちにも有効な場合がある。ある母親は、自分の薬物使用癖との闘いを打ち明けてくれた。彼女は「7つの習慣」を一覧にした紙を浴室の鏡に貼り、毎朝それを読んだ

「7つの習慣」は私たちにとって、ジグソーパズルで欠けているピースのようなものでした。それも、なくなっていることに自分たちでも気づいていないピースでした。「7つの習慣」に出会う以前は、私たちは良い家族だと思っていましたが、今ではもっと良い家族になれたと思います。

ウォールさん一家（ワシントン州ムキルテオ小学校）

裏口のドアに記された、偉大さへと誘う格言。

そうだ。「習慣を毎日脳裏に叩き込もうとしたんです。子どもたち以上に、私にとってなくてはならないものでした」と彼女は語った。あるアジアの企業でCEOをしている人は、自宅の壁にかけてあった一枚の絵を取り外し、そのあとに自分の父親の写真を貼った。「この写真、実は私のミッション・ステートメントなんですよ。父親のような人間、そしてリーダーになりたいと思ってるものですからね」

家の中の飾りつけを行うときは、「この壁は、この家に住んでいるそれぞれの人の価値や可能性をどのように伝えるだろうか?」と考えてみるとよいだろう。

家庭環境の二つめの要素は、耳に残るものだ。あなたの家庭ではどのような言葉が使われているだろうか。相手の価値を認めるような言葉だろうか。それとも、見下すような言葉だろうか。

ある父親は臨終の母親から、「あんたはいい子だよ」と言われたそうだ。その言葉が四〇年間、彼の耳にずっと残っているという。あなたが今朝、子どもか配偶者に言った言葉があなたの最後の言葉になるとしたら、それは相手の心にどのようなメッセージとして刻まれると思うか。あなたは彼らから、どのようなメッセージを期待するだろうか。

一部の宗教では、生まれてきた赤ん坊の耳元に親が儀式的な言葉をささやくしきたりがある。それが、その子が耳にする最初の言葉になるわけだ。すべての子どもが毎朝、父親か母親から最初に聞く言葉が、彼らの価値や可能性を認める前向きな言葉だったらどうだろうか。また、彼らが寝る前に聞く言葉がほめ言葉だったら。

家庭でリーダーシップの用語を話すときは、次の点に注意しよう。

・習慣の用語を鞭のように使うのはよくない。「お前は主体的じゃないな」とか、「どうして言ったとおりに、最優先事項を優先しないの？」と言われ続けたら、子どもは習慣の用語を拒絶するようになるだろう。

・「……したときのお前は主体的だったな。感心したよ」とか、「最優先事項を優先して、お手伝いが終わってから遊びに行ったわね。すごいじゃない？」などと、子どもを認めてあげる前向きな言葉として用いるようにしよう。「ごめん。まず理解に徹するのを忘れてた」とか、「あの選択は完全にWin－Loseになっちゃったわね。すまなかったわ」などと、習慣を関係の修復に役立てるとよい。

家庭環境の三つ目の要素は、心で感じるものだ。これについては、書き始めたら切りがない。ここでは、家庭というのは、知性、肉体、情緒、精神という四つの基本的欲求を感じ、それらを満たす場所であると言うに留めたい。これら四つの欲求について書くとなると本一冊が必要になるし、実際、そうした本が書かれてきた。

毎日家に帰るのと家庭に戻るのとは、同じではない。その違いは、家族間の関係と各人の気持ちにある。

リーダーシップの分担

学校については、リーダーシップを児童たちと分担する方法として、次の三つを紹介した。①児童たちにリーダーとしての責任を負わせる、②児童たちの意見を尊重する、③児童たちが自分のボイスを発見できるようにサポートする。やはりこれらの方法も、すべて家庭への応用が可能である。

親たちはよく、子どもに定期的にやってほしい用事を一覧にしてどこかに掲示しておく。こうした実用的な手伝い以外にも、スキルや自信を養ったり、信頼を実践したりするのに役立つ仕事を子どもにやらせることができる。ある教育者は、自宅の生ごみ処理機が壊れたとき、一三歳になる息子に取り替えさせることにした。最初は「無理だ」と思ったが、「やらせてみよう」と考え直してのことだった。「そうすれば一緒に何かやる時間が持てるし、間違ったことをしたら教えればよい」と。父親が黙って見ていると、息子はすべてを独力でやってのけた。これは息子にとっても、また父親にとっても、自信をつける機会となった。子どもに自信をつけさせたかったら、価値のあることをやらせることが重要なのだ。

家族の問題について子どもの意見に耳を傾けるのは、驚くほどの効果が期待できる。ジャン・マッカータン校長はクリスマスプレゼントとして、家族をディズニーワールドに連れて行くことにした。車で空港へと向かう途中、後部座席に座っていた幼い息子たちが、「ママ、僕たち、ディズニーワールドに行かなきゃだめ？」と言い出した。「どういう意味？」彼女は尋ねた。息子たちはレゴランドに行きたかったのだ。目的地を変えることは特に問題はなく、子どもたちは自分の考えを持っていることをそれとなく確認する機会になった。

また、別の夫婦は、リゾート地の別荘を七五〇ドルほどで数日間レンタルしようとした。「代わりに近くのキャンプ場にして、浮いたお金でテレビを買い替えたらどう？」と子どもたちは言った。夫婦はいずれテレビを買う予定だった。蚊に何ヵ所か刺されはしたが、子どもたちに予算を立てることと協力し合うことの大切さを教えられて満足したのだった。

子どもたちは家事、一週間の予定、食事、いろいろな物事の結果などに対して、自分なりの意見

どんなに幸福な人でも、すべてを備えているわけではない。自分に備わっているものを最大限活用しているのだ。

ジョン／ジェーン・コヴィー博士

を持っている。子どもでも一〇代にもなれば、「良い」ものと「あまり良くない」もののどちらかを選ばせると、たいていは「良い」ものを選ぶから驚きだ。もっとも、こちらを選ぶようにと言うと、逆のほうを選ぶ傾向があることは、さほど意外ではないかもしれない。いつも子どもにかまい、あれこれやってあげたり、選んであげたりする親は召使いか、さもなければ管理者であって、リーダーとは言えない。そういう親は、それは子どものためだと勘違いしている節がある。

ここで、あなたの子どもを思い浮かべてほしい。子どもがいない方は、親戚や隣人の子どもでもよい。そして、次の質問を自分の胸に問いかけてみてほしい。

・この子が持って生まれた才能は何か？
・この子の持っている関心、スキル、特質の中に、育てれば才能として花開く可能性のあるものがあるか？

あなたは、その子の現在の才能、あるいは潜在的な才能を認めてあげるような言葉を、この三日間に何かかけただろうか。それらの才能を伸ばすために、何かしただろうか。それらの才能を認め、賞賛するため、向こう三日間に何か行動したり、言葉をかけたりするつもりがあるだろうか。

家庭内でリーダーシップを発揮できる機会を子どもたちに与えるようにしよう。彼らの意見を尊重することによってボイスを発見させてあげることができれば、単なる家事の手伝いで終わらない、もっと大きな貢献につながるはずだ。

リーダーシップ・イベント

ジョン／ジェーン・コヴィー博士は、世界中の家族に「7つの習慣」を教えるべく、献身的に活動してきた。彼らは、飛躍的な効果を生む――わずかな投資（苦労）でハイリターン（効果）をもたらす――家族のイベントを三つ挙げている。いずれも、「一つを共にする」ことの効果を活用するものだ。

・一つの食事を共にする

ジョンとジェーンの「生命の書」においては、食事の時間は「神聖な時間」である。忙しい生活を送っていると、一つ屋根の下に住んでいても、コミュニケーションが少なくなりがちだ。有意義な会話もなく、まるで空港の中を行き交う乗客のようだ。だが、毎日たとえ一回でも食事を一緒に取ることによって、家族の絆が深まる。たった二〇分ほどと思うかもしれないが、これだけあれば、親が子どもの重要な話に耳を傾けたり、前向きなアイデアを伝えたり、子どもの価値や可能性を認めてあげたりすることはできるはずだ。椅子に腰かける前に、親は自分自身に言い聞かせよう。「家族の絆と信頼を築くために、この時間を有効に活用しよう」と。食事は肉体の栄養だけでなく、知性や情緒、精神の栄養を摂取する時間でもあるのだ。

・毎週一晩を家族と過ごす

毎週一晩（または一日）を家族と過ごす時間にすると、より有意義な交流が生まれるはずだ。家族全員で楽しい遊びをしたり、何かのプロジェクトに取り組んだり、奉仕活動をしたりするとよい。毎週同じ曜日にして習慣化すると、子どもたちも計画が組みやすいだろう。これを続けるためには、スケジュールに組み込むことが不可欠だ。

・一対一での対話

子どもは皆、一人ひとり個性があり、それぞれに愛情を注がなければならない。子どもも小さいうちは一対一の時間を喜ぶが、一〇代になると嫌がる傾向がある。特に、「わざとらしい」ものや、「お説教」の臭いが最初からプンプンするようなものは敬遠しがちだ。子どもを大勢抱えながら仕事もしているある父親は、子ども一人ひとりと曜日を決めて一緒に皿洗いをすることにした。一〇代になる彼の子どもたちは、それを一度も拒まなかった。子どもそれぞれと毎週一対一の時間を持つ、という父親の意図に誰も気づかなかったのだ。「学校はどうだ？勉強は面白いかい？　Aさんは元気か？」と父親は声をかけた。

また、ある母親は歯を磨く時間を利用して、子どもたちと一対一の時間をつくっている。彼女はその時間、前向きなことだけを言おうと心に決めた。一対一でじっくり話し合う時間は、また別に設けた。こうした一対一の時間は、子どもの意欲を刺激したり、長期的な目標について話したりするのに適している。親たちは忙しいし、子どもたちだって忙しい。だから、続けるためには、やはり計画的に行う必要がある。

ジョン／ジェーン・コヴィー博士が挙げた、これら三つの機会と同様、家族による何らかの活動やプロジェクトもリーダーシップ・イベントとして活用できる。子どもを学校まで車で送り迎えする時間もその一つだ。普段の用事をしながら家族の文化を築き、将来ビジョンを描き、信頼関係を確立するチャンスだ。家族がすでにやっていることを見つけ出し、それを子どものためのリーダーシップ機会に転換する方法を工夫しよう。

家庭において家族の目標を達成する

フランクリン・コヴィー社は世界中の何千もの組織を相手にしている。その組織の多くは、一年という時間枠の中で目標を達成するための戦略に加え、ミッション・ステートメントを持っている。一流の組織ともなれば、一年のうちの数週間を戦略的計画の立案と目標設定にあてているところもある。

ところが、家族については、この世の中で何にもまして重要な組織であるはずなのに、全員で実現を目指す一連の明確な目標を定めているケースは稀だ。戦略的な計画を立てている家族となると、さらに少ない。ミッション・ステートメントに至っては、言うまでもないだろう。

一年の計を立てずに新年を迎えたいと思う親がいるだろうか。家族の生活が何のビジョンや目的もないまま、成り行き任せで流れていくことを望むだろうか。

あなたが子を持つ親であるなら、気が狂ったと思われることを覚悟のうえで、子どもたちを集めて家族のミッション・ステートメントを書いてみてほしい。まずは、あなたの家族は何を目指しているかを考える。子どもたちに次の質問をする。

- 私たち家族の目的は何か？
- どのような家族になりたいか？
- 私たち家族がもっとも重視している目標は何か？
- 私たちの特異な才能や天性、能力は何か？
- 私たちがもっとも幸せと感じるのはどのようなときか？
- 私たちが理想とする家庭像はどのようなものか？
- 友だちを招くとしたら、どのような家庭がいいか？
- 家に帰りたいと思うのはどのようなときか？　その気持ちに拍車をかけるものは何か？
- 自分／自分たちは親として、子どもの考えにもっと耳を傾けるにはどうしたらよいか？

あなたがこれらの質問をし始めると、子どもたちは最初、怪訝そうな顔をするかもしれない。だが、強い信頼関係が築かれていれば、たいていはだんだん興味を示し、乗り気になるだろう。ただし、彼らの意見を尊重することが条件だ。子どもたちは家族の問題に意見を述べたいと思っている。彼らが自分の気持ちを打ち明けたら、黙って耳を傾けよう。批判してはいけない。ドアはいつも思い切り開いておくことだ。

次のステップとして、子どもたちの答えを書き留めよう。家族のミッション・ステートメントを作成する面白い方法がある。雑誌の写真を切り取って、ミッション・ステートメント・コラージュをつくるのだ。歌をつくった人もいる。ミッション・ステートメントは長く書く必要はないし、完璧でなくてもよい。何を書くかよりも、どういうふうに受け止められるかが大事なのだ。ヒントをいくつか紹介しよう。①実践しているつもりで書き、実際に役立つものにする。②肉体的、社会・情緒的、知的、精神的な四つの基本的欲求すべてを考慮し、子どもの人格全体、家族全体について考える。③用語や考えが全員に意味を持つように、家族のさまざまな年齢を念頭に置く。

最後のステップは、それを活用することだ。原案が出来上がったら、まず親が努力してミッション・ステートメントを実践してみせよう。ミッション・ステートメントに基づいて意思決定を行ったり、それを定着させるための具体的な活動を計画したりするとよい。ミッション・ステートメントは、その人を縛るためのものではなく、励ますためのものだ。必要に応じて軌道修正にも活用しよう。

自分のミッションをはっきり理解できたら、それとリンクする明確な目標を設定する。そして、価値ある行動とその分担を決める。場合によっては、スコアボードを作成して進歩状況を記録するのもよい。お互いに目標の実現に責任を持つことが大切だ。そして、目標を達成できたら祝福しよう。その際は、外的報酬より内的報酬を重視すべきである。

自分が誇りを感じ、自分の家と呼びたい場所があることによって、大きな希望と心の安らぎが生まれるのだ。学校の場合と同様に、そうした気持ちは主体的で意図的な計画と目標設定から生まれる。偶然生まれたりするものではない。

気楽にやろう

著者のかつての同僚は、飼い犬の話をよくしていた。彼が湖に投げ入れたボールを犬が拾ってくる話だ。犬は思い切り興奮していた。飼い主の足元にボールを落とすと、うれしそうな鳴き声をあげ、勢いよく体を振るって水を四方八方に吹き飛ばした。犬の近くにいた人たちは皆、水に濡れた犬の興奮を一緒に体験するどころか、あわてて逃げ回った。

「7つの習慣」の研修を受けて会場から出て来る人たちは、世界を変えてやると言わんばかりの、興奮した表情を浮かべている。そして、先ほどの犬が水を吹き飛ばしたように、彼らは自分の興奮を皆に吹きかけ始める。周りの者たちも同じように関心を抱いていて、飛んでくる興奮を受け止めるわけではない。中には逃げ出す人さえいるかもしれない。つまり、「7つの習慣」の研修を受けていない人は、その価値を理解していないということだ。だから、リーダーシップの考え方を家族に吹きかけようとする前に、まずは彼らの関心の程度を確かめるべきだ。たとえ時間はかかったとしても、些細なことから積み重ねていく必要がある。

家庭で教え始めるためのヒント

・計画を立てる

この章の提案に目を通し、取り組むべき活動や考え方を選んでほしい。一度にあれもこれもやろうとせず、一年の期間に振り分けて行うほうがよい。もし計画のスペースが遅すぎるとか、あまりにも欲張りすぎていると思ったら、調整することだ。まず年間計画を立て、さらに週間計画に落とし込むと、見通しや秩序、バランスが生まれる。

・無駄な活動には思い切って「ノー」と言う

あなたの目下の予定表で、取りやめるか、もっと有意義な活動と入れ替えられる予定がないか見てみよう。この際、見栄やプライドは捨ててほしい。あなたが今していることで、大局的に見れば時間の無駄と言えるようなことはないだろうか。長時間に及ぶテレビ鑑賞やゲームは暇つぶしでやっている可能性がある。それらを、もっと意味のある活動と入れ替えられないだろうか。あなたの中で大きな「イエス」が赤々と燃えていれば、「ノー」と言いやすいはずである。

・シンプルに保つ

「仕事が増えるわけではない。今までのやり方を改善するものなのだ」という教師たちの言葉を思い出してほしい。これは家庭での取り組みにも当てはまる。以前からやっていることを検討し、そこにリーダーシップを発揮するための工夫を加えればよい。たとえば、すでに家族全員で夕食を食べているのであれば、その間に細々した話をするよりも、意図的に関係を築くための時間にするのだ。前から規則的に運動をしているなら、子どもを散歩に連れ出し、リーダーシップの資質を発揮した人物の話を歩きながらしてあげるという手もある。つまり、あなたがすでにしていることをそのまま続けながら、そこにリーダーシップという新たな視点を組み込むということだ。

・楽しみながらやる

ある習慣について家族全員で話し合う計画を立てたのに、息子のせいで台無しになって気まずい雰囲気になっていると感じたら、一旦撤回したほうがよい。『7つの習慣 ティーンズ』のオーディオブックを聞かせようとしているのに娘が歌をやめず、イライラしたとしても、グッっと我慢しよう。この章で紹介したアイデアは、家族の関係を改善するものであって、家庭内で戦争を始めるためのものではない。リーダーシップの学習は楽しみながら行っていただきたい。決して、宿題のような強制的なものにしてはならない。

・自分自身から始める

何よりも大切なことは、まずは自分自身の効果性を高める闘いに勝利し、それから他者の応援をすることだ。私たちがコントロールできるのは自分だけであるから、そこから始めるしかない。あなたが習慣を実践して模範を示せば、家族もあなたのあとに続こうという気持ちになるはずだ。

最後に一言

家庭でのリーダーシップは、学校も含めた社会におけるリーダーシップの原型を成す。その意味で、学校と家庭がお互いのために積極的に連携する事例が見られるようになったことは、「リーダー・イン・ミー」を推進している者として実に嬉しい限りだ。

学校も家庭も、子どもたちの欠点を矯正するだけではない、もっと大きな役割を担わなければならない。セリグマン博士が五歳の娘ニッキから学んだように、「未来志向、希望、対人関係スキル、勇気、何かに熱中する能力、信頼、職業倫理感など、子どもたちの中に潜む強みや能力、長所を見つけ出し、育ててあげること」が学校や家庭に求められているのだ。

その子の悪いところを見つけて「矯正」するのではなく、「子どもの持つ強みや長所を発見し、さらに伸ばしてやること、そして、彼らがそうした良い面を目一杯発揮できる分野を見つける手助けをする」ことにエネルギーを費やすべきだ。それこそが家庭の役割ではないだろうか。

「リーダー・イン・ミー」が家庭に対して、「家庭の問題点はどこにあるか？　どうやって是正すべきか？」といった高飛車な態度ではなく、「家庭の良いところはどこか。それをもっと伸ばし、最大限活用するにはどうしたらよいか？」というアプローチを好む理由はまさにそこにある。これをできるだけ効果的かつ持続的に進めるためには、高い理想を掲げ、あとは運任せというのではいけない。計画的な努力が不可欠なのである。

自分自身を見つめ直す

「7つの習慣」の中の「第4の習慣　Ｗｉｎ‐Ｗｉｎを考える」では、お互いの利益を追求する。家庭と学校の関係がすべてＷｉｎ‐Ｗｉｎであり、心から助け合おうとしているとしたら、教育者にとってどんなに心強いだろうか。家庭と学校の関係を改善する余地があるとしたら、あなたはどのような方法を取るだろうか。この章で紹介した手法のうち、あなたの家庭にはどれが応用できるだろうか。あなたの家庭では、もっと模範を示すことが必要だろうか。あなたは、家族の欠点の矯正と長所の発見のどちらに多くの力を注いでいるだろうか。

第7章

地域社会を巻き込む

調査結果は極めて明確に物語っている。学校が家族や地域社会と連携して子どもたちの学習の推進に取り組むことほど、彼らを動機づけるものはないことを。こうした協力体制は、ただかけ声だけで生まれるものではなく、ましてや偶然に発生するものでもない。明確な戦略的介入が必要である

マイケル・フラン

アラバマ州ディケーターにあるエナーソルブ社のドニー・レインCEOは、ABコームス小学校のことを知って興味をそそられた。彼は「7つの習慣」をすでに導入し、私生活と会社の経営の両面で大きな効果を得ていた。それで、「子どもたちにはどんな効果があるのだろう?」と、好奇心がいやがおうでも高まったのだった。

彼は、自分の子どもたちが通っていた、近くのチェスナット・グローブ小学校に出向き、ABコームス小学校を訪問することについてローレッタ・ティーグ校長と相談した。ティーグ校長はCEOとのこの最初の出会いを、次のように振り返った。

レインCEOから私のところに電話がありました。我が校の発展にとって親や地域社会のサ

ポートは重要であり、貢献する意志のある人は地域社会に少なからずいるとのことでした。そのあと、彼が私のオフィスを訪ねていらして、ＡＢコームス小学校の短いビデオを見せてくださいました。「７つの習慣」はうちの学校の児童たちにも有益なはずだから、ＡＢコームス小学校を視察すべきだと仰いました。それで、うちの学校から教員数人、それと保護者の中から希望者お一人が彼と一緒に視察することになりました。視察を終えたあと、先生方は口々に私に言いました。「校長、うちでもやれますよ」とね。

ＡＢコームス小学校を視察した教師たちは学校に戻るや、「７つの習慣」が児童たちにもたらしそうな効果について、他の教職員たちに説明し始めた。それを聞いた教職員たちも関心を示したが、研修の費用をどう工面するか、その点が気になった。ここで、レインＣＥＯが再び顔を出す。彼は、教職員全員の研修費用を負担すると申し出たのだ。ただ、彼としては研修を特別な形で行ってほしいと考えていた。結局、彼はリゾート地での開催を提案し、交通費も負担した。そこは、教職員同士の絆を深め、この学校の新しいビジョンを考え出すのにふさわしい環境だった。

だが、レインＣＥＯのビジョンはチェスナット・グローブという一つの小学校に留まらなかった。ディケーターに住むすべての子どもたちが、一三年間の学校生活を通して「７つの習慣」を学ぶならば、ディケーターの町が変わるのではないかと彼は考えたのだ。そして、チェスナット・グロー

アラバマ州ディケーターで旗振り役を務めたドニー・レインCEO。その活動は地域社会全体に広がりつつある。

ブ小学校で導入して最初の二年間が順調に進んだため、CEOのビジョンは他の人たちにも理解され始めた。ディケーター公立学区は、一二の小学校全部に導入する方法を検討した。だが、やはり費用が問題になった。

地元の商工会議所との関係が深いレインCEOは、ジョン・セイモア会頭と連携し、地元企業の有力な経営者たちと情報交換のための会議を立ち上げた。その後の数ヵ月間、彼らは企業数社から寄付を集めた。こうした協力のおかげで、学区全体での導入が実現したのである。

ディケーターは、フランクリン・コヴィー社教育ソリューション部のトップコンサルタントの一人、ジェーン・ナイト博士の故郷だったことは幸運だった。ジェーンはアラバマ州の学校に何年も通い、この町の人々からとても尊敬されていた。アセンズ州立大学研修センターでスーパーバイザーを務めている彼女の良き友人シャーロット・フェイグリーは、ディケーターで起きている状況を知ると、「7つの習慣」と「リーダー・イン・ミー」の地域研修を主催させてほしいと申し出た。彼女たち二人が一息つく間もなく、この地域にある五〇余の学校が「リーダー・イン・ミー」の採用に踏み切り、州内の他の学校もこぞって注目し始めた。

一方、セイモア会頭は、米国商工会議所（ACCB）でナショナル・ディレクターをしているミック・フレミングに、全米会議にスティーブン・R・コヴィー博士を招いて講演を依頼したい、と相談を持ちかけた。この年の開催地は、奇しくもノースカロライナ州ローリーだった。そう、あのABコームス小学校がある町だ。この会議では、商工会議所に所属する経営者一〇〇〇人ほどを前に、コヴィー博士とサマーズ校長が共同で基調講演を行った。そのあと、ABコームス小学校の児童一〇人にマイクが渡された。その中には一年生も数人含まれていた。児童たちは、大人たちの予想を超える自信と堂々とした態度で、習慣とリーダーの責任について説明し、経営者たちを感嘆させた。この日の主役はまさに児童たちだった。それから一年もしないうちに、約三〇校が地元会議所の支援のもと、「リーダー・イン・ミー」を導入した。

一人の男性の地域社会に対する夢として始まった取り組みが、今や米国各地の商工会議所に広まり、二〇〇を超える学校（児童約一〇万人、教職員約八〇〇〇人）に素晴らしい成果をもたらしているのだ。レインCEOのおかげである。

学校と地域社会を連携させる

実際、「リーダー・イン・ミー」実践校の半数近くが、企業や地域社会から何らかの支援を受けている。この章では、現実に起きた変化、そして、地域社会の支援を受けていない学校も、起きつつある変化によって効果を享受できることを示す事例のごく一部を紹介する。だが、まずは簡単な背景を説明しよう。

学校と企業の関係はこれまで、シナジーを創り出すまでには至っていない、という見方は正確ではない。教育者の多くは、企業の人間が教育に口を出すのは好ましくないと言うだろう。児童たちのことを、欠陥なく大量生産できる道具であるかのように思っている経営者があまりに多い、と彼らは常日頃思っている。企業は自分たちが必要とする人間を必要なときに雇えるが、学校はやって来る者をほとんど拒めない、というのが彼らの言い分だ。

新入生が外国語しか話せなくても、少年院から出て来たばかりであっても、学習障害があっても、まったくの学校嫌いであっても、学校は彼らに適切な教育を提供しなければならない。つまり、学年末の最終成績を上げるため、劣等生の三割を退学させる、などといった真似はできないのだ。それで教育者たちは、「わかります? わからなければ、子どもの教育の仕方を教えますよ」などと専門家ぶった口を利く企業人を警戒することになる。

その一方で、企業経営者たちの多くも学校に不満を抱いている。彼らは遠近両用メガネで学校を見ている。一つは親や祖父母として見るメガネ、もう一つは子どもたちを近い将来の労働力として見るメガネだ。どちらのメガネを通して見ても、彼らの目には自分が見たいと思うものが見えていない。彼らは長年、遠くから批判するだけで満足してきたが、それも新しい現実のもとで変わろうとしている。招かれたか否かはともかくとして、彼らの多くは見物席から立ち上がり、ゲームに参加するようになっているのだ。その理由は、米国商工会議所が年に一度公表する学校の通知表、「優等生と劣等生」より抜粋した次の文章から見て取れる。論調を感じ取ってほしい。

一九八三年に『危機に立つ国家』という独創的な報告書が発表されてから、すでに四半世紀余の時が流れた。それ以降、知識経済が出現し、インターネットが商取引や通信を再構築し、マイクロソフト、イーベイ、サウスウエスト航空といった創造的ビジネスを率先して展開する企業が人々の生き方に革命をもたらし、世界の経済は痛みを伴う変化を経験した。この期間、教育支出は着実な伸びを続け、善意に基づく学校改革が数多く試みられた。

しかし、児童の学力は伸び悩み、小・中・高等学校は旧態依然から脱却できず、時代遅れの一九三〇年代の工場の定型業務、文化、経営が化石となって今なお残っているかのようだ。中学三年生のうち、四年以内に高校を卒業できる者はわずか三分の二ほどである。そして、卒業証書を手にすることができた生徒でさえも、その多くが大学や近代的な職場でやっていく能力を身につけていない。

かくも厳しいデータが並ぶにもかかわらず、ビジネス界は長い間、教育を政治家や教育者たちに任せ切りにし、資金と支援と善意を提供するだけの脇役で満足してきた。だが今、それだけでは不十分であることが年々明らかになりつつある。

要するに、企業の経営者たちは国際的競争のプレッシャーを受けており、学校に対して、また近い将来の労働力が持つと危惧される重大な欠陥について、ますます声高に主張するようになっている。今日のビジネス界は学校や教育者に対して不満を抱いているが、逆に学校や教育者の側も、横柄で認識の甘い企業の経営者たちに憤慨している。それが結局、多くの地域社会で見られる現実なのだ。非難の応酬合戦が繰り広げられているわけである。

対照的に、ＡＢコームス小学校とそれを取り巻く企業経営者たちは誰も非難していない。それどころか、彼らは頭と心を一つにし、子どもたちのため、という共通の目標に向かって努力しているのだ。サマーズ校長は、企業を気難しい顧客としてではなく、友人やパートナーとして見ている。企業側も、起きつつある変化に拍手喝采し、援助を申し出ている。それはシナジーを生み出す、友好的な関係である。

そうした背景のもと、企業経営者、地域社会の指導者、教育者たちが全世界で、同様の水準の進歩を児童たちにもたらすべく連携している姿をさらに紹介していく。あなたが教育者であれば、あなたの学校が地元の企業を巻き込むための、より良い方法を見つけてほしい。あなたが企業の経営者であれば、資金援助だけでない貢献の仕方を考えていただきたい。

個人的つながりに基づく貢献

レインＣＥＯの場合もそうだったが、初期の段階では個人的な支援が多くみられる。個人として子どもたちに心を寄せ、働き手や地域社会に「リーダー・イン・ミー」がもたらす効果に関心を抱いていた。パンダ・エクスプレスというレストランチェーンの創業者、アンドリュー・チャーングもそうした一人だった。

チャーング氏は長年にわたり、急成長を遂げている自分の事業に「７つの習慣」を組み込む方法を必死に模索していた。それで、ローリーに出張した折、ＡＢコームス小学校を視察させてもらえるよう手配した。自分の目で見たあとの彼の感想は、「事前の期待をことごとく上回っていた」。彼がもっとも感銘を受けたのは、視察の終わり頃に起きたことだった。彼は次のように説明する。

児童たちに話をしてほしいと頼まれた私は、彼らと学校について本当に感銘を受けたことを話し始めました。触れたいことは山のようにありました。途中、一人の児童が、確か三年生だったと思いますが、手を上げて礼儀正しく質問しました。「チャーングさんは私たちが学校でしている良いことについて話してくださいましたが、『三角印』についてはどうですか？　つまり、直したほうがよいところは……」

その男の子は真剣そのものでした。学校を改善するにはどうしたらよいか、心から知りた

パンダ・エクスプレス社およびパンダ慈善財団の創立者、ペギー／アンドリュー・チャーング夫妻。

がっていたのです。変革を実行する権限を持つリーダーであるかのような口ぶりでした。ABコームス小学校の他の子たちもそうでしたが、そんな児童がいるということ自体、素晴らしいではありませんか。児童たち全員がリーダーであり、学校を自分のことのように考えているのですから。

チャーング氏はカリフォルニアに戻ると、妻であり、会社の共同設立者でもあるペギーに見聞きしたことを話して聞かせた。それから間もなくして、彼女もABコームス小学校を訪れた。成功企業を何年も率いている経営者の視点から、彼女は次のように述べている。

　私たちがリーダーを募集する場合、あふれんばかりの情熱と自信を秘め、私生活や職場で日々直面する未経験の問題や不確実な状況に真っ向から立ち向かう正しい考え方を持った人を望むでしょう。ABコームス小学校の子どもたちは、そうした特質をすべて備えていました。

チャーング氏は間もなく、カリフォルニア州ローズミードにある本社近くの六つの学校を積極的に支援することにした。社員たちも奉仕活動を企画し、「リーダー・イン・ミー」の導入を間近に控えた学校の清掃やペンキ塗りなどを手伝った。

チャーング夫妻は、これらの地元の学校への導入に協力したあと、活動を子どもたち全般への支援、そして事業展開している地域への恩返しへと拡大させることにした。夫妻はまずパンダ慈善財団を通じて、地域社会の枠を超えて米国西部の三〇校を援助した。さらに、ボイド・クレイグ会長兼CEOがアイ・アム・ア・リーダー財団を設立するにあたって資金を提供した。厳しい要件を満たし、熱意あふれる公立学校で、「リーダー・イン・ミー」を本格導入するための資金を必要としているところに寄付することにより、子どもたちのリーダーとしての可能性を開花させる活動に貢献すること、それがこの財団のミッションである。

パンダ慈善財団およびアイ・アム・ア・リーダー財団を通じたチャーング夫妻の今日までの貢献により、全米で二五〇余の学校で「リーダー・イン・ミー」が導入されるに至った。「リーダー・イン・ミー」への寄付者の中で彼の拠出額は飛び抜けて多く、一〇万人以上の児童の人生に貢献している。

同様に慈悲心から愛情あふれる支援活動を行っている個人の一部を紹介しよう。

・アラン・マールキン（カナダ・アルバータ州、カナディアン・ナチュラル・リソーシズ社前会長）は、教育に深い関心を持ち、若者に見られる健康意識の低さを改善したいとの思いが特に強い。小学生たちに正しい健康と運動習慣を身につけさせることを目的とする「アルバータ生き生きとした生活と健康的な食事推進プロジェクト」（Alberta Project Promoting active Living & healthy Eating：APPLEプログラム）の導入を目指す五七の学校に資金を提供した。「リーダー・イン・ミー」を知ったときは、自分のAPPLEとの基本的考え方の共通性を感じたという。それで二〇一二年、APPLE実施校に「リーダー・イン・ミー」を組み込むべく、資金援助に乗り出した。彼の思いやりの心はエドモントン地区五〇余の学校に拡がり、都会と地方の区別なく、北米先住民族や混血児、イヌイット族なども含め、あらゆる子どもたちへと届けられた。

・ペンシルベニア州リーハイ・バレーでは、大きなビジョンを抱く民間人二人が、プロのチアリーダーかのごとく「リーダー・イン・ミー」を売り込んでいる。だが、彼らの応援には浮ついた熱狂は感じられない。アル・ダグラスは大成功を収めた地元の投資家、グレン・ブレスナーはシンクタンクに所属しながらマーケティング会社を経営し、地域のベンチャービジネスを支援している。二人はゴルフ仲間だが、スイング談義よりもリーハイ・バレー地域の発展推進策に関する話のほうがずっと熱が入る。一緒に多くの学校を支援し、その活動をさらに広げるため、友人たちにも協力を呼びかけている。

・マーティー・カーヴァー（アイオワ州マスカティン）は自分の経営するタイヤ再生会社バンダグ社を、「7つの習慣」によって見事な成功へと導いた。彼によれば、「7つの習慣」が会社の文化を変革する重要な役割を果たし、その魅力がブリヂストン・ファイアストン社による買収へとつながったという。その後、彼は妻ルースと共に地域社会に恩返しを考えるようになった。やるならこれしかない、と思いついたのが、地元の八つの学校すべてに「リーダー・イン・ミー」を導入すべく、カーヴァー財団を通じて支援をするというものだった。夫妻はその際、教育者に対してしかるべき敬意を示すことを忘れなかった。彼らは学校に自分たちの考えを押しつけたりせず、彼らの申し出が快く受け入れられたあとも、進め方に口出しすることはなかった。

財団

個人的なつながりではなく、コミュニティーの構築という特定のテーマとの関連性により、支援の輪に加わった財団もいくつかある。たとえば、ニューヨークのスタテン・アイランド財団は、人種偏見、薬物乱用、礼節全般など、大規模な地域社会に共通する「大局」的問題の解決に注力している。専務理事のベッツィ・ドゥボフスキーによれば、自分たちのミッションが「リーダー・イン・ミー」と密接に関係していることに気づいたという。この数年間に八つの学校での導入を支援した他、ニューヨーク市立大学スタテン・アイランド校の学生や教員たちによる「７つの習慣」の受講をサポートした。

ジョン・ディア財団はアイオワ州とイリノイ州に隣接するクアッドシティー地区の学校一〇校を支援している。この財団は、「リーダー・イン・ミー」が自分たちのミッションと重なる部分が多いことに気づいた。それで宣伝目的ではなく、ロイヤリティの高い顧客や地域社会に利益を還元す

テルペル財団の支援を受けたコロンビアの子どもたち。手づくりの楽器を使って自分たちのボイスを発見している。

る手段になり得ると考えた。さらに、南カリフォルニアに拠点を置く本田財団、フロリダ州のフォード・モーター社など、他にも多くの組織が学校への支援活動に乗り出している。

また、北米以外の地域でも、いくつかの財団が支援に加わっている。世界でも際立って心優しい国民性で知られるインドネシアでは、ラウレル・タヒヤ理事長率いるダルマ・ベルマクナ財団が、この国で初めて「リーダー・イン・ミー」を導入した学校を支援した。それは、ジャカルタにあるPSKDマンディリ校で、米国とカナダ以外でライトハウス賞を初めて受賞した。すぐ近くにある著名なニューヨーク・ロスフィア・ラシッド財団は、イスラム学校として初めて「リーダー・イン・ミー」の導入に踏み切ったアン・ニサ校に資金提供した。ガルーダ・フードグループとデュナミスの両財団も、公立学校数校の導入をサポートした。コロンビアでは、テルペル財団が四一の学校に資金を提供した。この財団は一〇〇校への資金援助を目標としている。これらの学校のいくつかは、貧困地域に建つ学校である。

このように、子どもたちや地域社会の向上を目指す取り組みに手を差し伸べている財団や個人、企業は枚挙にいとまがない。

地域社会の取り組み

「リーダー・イン・ミー」の導入支援を行っているのは、個人や財団に限らない。地域の人々が団結した取り組みも忘れるわけにはいかない。「子どもたちの成長は、村全体で努力しなければならないテーマである」――彼らはそういう言葉で表現している。

地域社会の多くは、子どもたちすべての幸福を強く願い、人生で成功を収めるのに必要な教育を彼らに提供したいと考えている。そして、子どもたちの成長を手助けすること、それが彼らの真意なのだ。ただし、地域社会が広く注目する実際的な関心事は、子どもたちの幸福だけではない。優秀な学校は質の高い働き手を輩出し、外部の企業や投資家、住宅購入者たちにとって魅力である。さらに、善良な市民や地域のボランティアも育て、その結果、より安全で友好的な地域社会が形成されることになる。そうすれば誰にとっても、Ｗｉｎ-Ｗｉｎなのだ。

地域社会のリーダーたちの中には、コスト削減の視点から「リーダー・イン・ミー」を見ている人もいる。ある郡で青少年の更生事業を担当している行政官は、「更生させなければならない子どもが一人減れば、訴訟費用、刑務所への収容費用、更生費用が六〇万ドル節約できる」と指摘する。ある郡検事補佐は、自分の部署が麻薬犯罪の強制捜査で得た押収品をすべて安価で売却し、その売上げを「7つの習慣」の研修費用として学校に提供するという形で高校に資金援助していた。その理由を彼は、郡が行っている殺人や麻薬取引の捜査、犯人の追跡・逮捕・起訴・収監・更生には一〇〇万ドルもの費用がかかるからだと説明した。著者が深く関わっている別の州は、青少年一人あたりの年間更生費用を平均八万ドル台と報告している。つまり、金額の大小はともかくとして、「リーダー・イン・ミー」によって一人の子どもが道を踏み外さずに済めば、その効果は何倍にもなって返ってくる、と彼らは見ているのだ。

意図が子どもの成長に対するサポートであれ、労働力や地域社会の向上であれ、コストの削減であれ、あるいはそのすべてであれ、地域社会として支援する動きが広がりつつあることは確かだ。そうした数ある活動例の中から、商工会議所、ユナイテッド・ウェイ、スウェーデンの地方自治体の取り組みを紹介しよう。

商工会議所による取り組み

この章の冒頭で触れた米国商工会議所全国会議には、米国全土の会議所幹部一〇〇〇人ほどが出席した。商工会議所はこれまでもずっと学校に関心を寄せていた。それで、会議を終えて地元に戻った幹部たちの多くは、地元のスタッフを集め、「リーダー・イン・ミー」を自分たちの地域に導入する案を検討させた。

ケンタッキー州ボーリング・グリーンでは、各地の商工会議所の取り組みの中でも最大規模のものが進行中である。ある募金イベントで、地元の企業経営者が立ち上がって発言した。「うちの工場でラインスタッフを募集して、大人三〇〇人と面接したとしても、今夜玄関で私を出迎えた児童のように、私の目をしっかり見ながら握手できる者は一人もいないでしょう。このプロセスが子どもたちにそうしたことを教えるものであるなら、私は大賛成です」

この計画には一〇の郡内の学区に加え、複数の市や大学、企業数社も参加している。商工会議所のロン・バンチ会頭は「我々が参加したのは、うちの会員企業から、社員たちに基本的な対人スキルやライフスキルが欠けているという指摘を受けたからです。我々はこの取り組みを、経済発展、才能の革新、人材と仕事のマッチングに向けた戦略ととらえています」と説明する。

商工会議所で提携サービスを担当するトニャ・マシューズ副会頭は、企業は学校にあれこれ注文をつけ、学校は企業に寄付を要請するというのがこれまでの図式だったとし、「このプロジェクトでは、そこは共生関係になります。皆が連携し合うのです。この取り組みはあちこちで破綻の危険性があったんですが、皆で乗り越えました。その点が、これまで手がけたものとは違うんです」と話す。現時点において、二四校でスタートしているという。

アイオワでは、広域シーダーバレー商工会議所のボブ・ジャスティス会頭が全米会議への出張から戻った。彼は地元の実業家、ＣＢＥグループのトム・ペナルーナＣＥＯと連携し、シダーフォールズとウォータールーという二つの学区の二校への導入を支援した。ペナルーナＣＥＯは何と、自分の会社の社員たちにも一人残らず「７つの習慣」の研修を受けさせた。この最初の二校は順調に進み、ジャスティス会頭はのちに、他の学校への展開を監督してもらう目的で、かつて校長をしていた人物を雇った。今では、シーダーバレーは徐々に「リーダーバレー」とも呼ばれるようになっている。州の反対側に位置するカウンシルブラフスでは、ボブ・ムント率いる商工会議所がタイタン・ヒル中学校を支援した。

ノースカロライナ州とサウスカロライナ州でも活発な動きが見られている。広域ステーツビル商工会議所のデイビッド・ブラッドリー会頭は地域社会とも協力しつつ、ノースカロライナ州年間最優秀教育長に輝いたブレディー・ジョンソンが指揮し、すでに受賞歴のある学区の小学校四校と中学校一校を支援した。ブラッドリー会頭は、この会議所が適切な活動をしていることを実証し続けることが自分の最大の任務の一つだとし、「『リーダー・イン・ミー』は、我々がこれまでに手がけたどの活動にも劣らない、実に的を射た活動です。何しろ、地域社会の子どもたちをたくましく育て、明日の働き手たちに実用的なスキルや必須の生活習慣を身につけさせてくれますからね」と主張する。地元の警察署長も賛同し、薬物追放助成金を活用してこれらの学校の一つに資金を提供した。

サウスカロライナ州では、サマーヴィル小学校のロリー・ディブル校長が、「我が校の先生方が『リーダー・イン・ミー』を採用しただけでなく、地域社会も後に続きました。広域サマーヴィル／ドーチェスター郡の商工会議所とそのリタ・ベリー会頭も、私たちと連携して取り組んでくれています。よりたくましい働き手、より強い絆で結ばれた家族やコミュニティー、そして地域を、私たちは手を携えて創り出そうとしているのです」と報告している。この商工会議所は三つの学校の導入を支援し、教育者、企業経営者、親たちが一緒になって「7つの習慣」の研修を受ける機会を毎年設けている。ベリー会頭はブラッドリー会頭と共に、カロライナ商工会議所理事連合の二州合同会議で「リーダー・イン・ミー」とショーン・コヴィーを取り上げるべく尽力した。

商工会議所はこれまで、「リーダー・イン・ミー」を学校に強要してはいない。それを通じて相互の連携を図ろうとしているのだ。オハイオ州チリコシーの商工会議所で理事を務めるマーヴィン・ジョーンズは、このプログラムに共感しながらも、導入するか否かの判断は学校に委ねなければならないと考えていた。そこで、彼は地元の学校を招いて説明会を開いた。最初、導入に乗り気だったのはわずか一校だったが、他の学校も徐々に理解を深め、現在では四つの小学校すべてと中学校一校が、企業二〇社以上の支援を得て導入するに至った。

商工会議所主導の取り組みは、米国の他の地域でも進行中だ。そのいずれにおいても大きな狙いは、子どもたちに成功するためのスキルを習得させることにある。サウスウエスト・ルイジアナ商工会議所――経済開発アライアンスのジョージ・スウィフト会頭とナンシー・ケリーは、この取り組みをレイクチャールズで始動させるために努力している。ナンシーは「愛情あふれる家庭がありながら、親たちが共働きという子が大勢いるんです。それで、自立や正しい選択ができるための人格やライフスキルの訓練を、必ずしも全員が受けているわけではないんです」と指摘する。

また、ミシシッピ州ウォーレン郡のヴィックスバーグ商工会議所のクリスティ・キルロイは多くの地域が直面している状況を次のように説明する。「『リーダー・イン・ミー』は欠けている大きなピースを満たしてくれます。この地域で取り組みに資金援助しているのは企業です。出勤時刻を守る、といった基本的な能力がしっかりした人がなかなかいないからですよ。我々は彼らに専門的なことは教えられますが、人との交わり方とか、遅刻しないとか、計画を立てるとか、そういうことまでは教えられませんから。そういう能力は家庭で身につけるべきものですが、それがなかなかできていないんです」　幸い、一部の子どもたちはこのような能力を身につけつつあり、それに人々は気づき始めている。その一人がミシシッピ州知事で、この商工会議所とウォーレン郡ヴィックスバーグ学区に優秀教育知事賞を授与した。彼らが支援した学校の一つ、ボウマー小学校は、読解力テストで州内最高の成績を収めている。

ユナイテッド・ウェイ主導の取り組み

ユナイテッド・ウェイの各地のオフィスも、商工会議所の活動に似た取り組みを進めている。特に際立っているのは、イリノイ州クインシーとルイジアナ州ラファイエットだ。

クインシーは、美しい田園地帯とミシシッピ川の間に広がる町だ。ここでの取り組みの発端はジョージ・メイヤー博士だった。元教師で、学校管理職や学区教育長も務めた人物だ。引退後はクインシー大学に籍を置き、教育学部長に就任した。この大学にいたとき、彼は『７つの習慣』と出会った。「７つの習慣」のファシリテーターの認定を受けた彼は、教育学部の学生たちに習慣を教え始めた。彼はその後、デューイ小学校のクリスティー・ディケンズ校長と連携し、彼女の学校への導入に力を注いだ。

二人の努力は具体的な成果となって表れた。遅刻件数が三五％減少し、ＰＴＡの会合の出席者数は倍以上に増えた。素行に関する改善照会の件数が七五％、履修完了伺いが六八％それぞれ減少した。二年もしないうちに、学年末の読解力テストの合格率が五七・四％から八九・七％に跳ね上がり、数学のテストの合格率も七七・四％から一〇〇％へと一気に上昇した。

ちょうどその頃、アダムズ郡のユナイテッド・ウェイが、地域社会に貢献する方法を模索していた。数件の提案を検討し、デューイ小学校を視察したのち、郡内の児童一万人全員に「７つの習慣」を提供することにした。ユナイテッド・ウェイでこの郡を担当する事務局長、シェリル・ウォータマンは、そのときの経緯を次のように説明する。

> アダムズ郡のユナイテッド・ウェイは、この地域の問題に対する立場を明確にし、真に有意義な活動に地域社会を巻き込もうと懸命に取り組んでいました。我々は地域社会を蝕んでいる貧困などの根本的な問題をいくつか調査し、それらが一〇代の妊娠、薬物乱用、不完全雇用といった問題にどうつながっていくのか検討しました。その結果、もし子どもたちが勉強や人生

で成功を手にすることができれば、そうした他の問題を抱えるリスクが低下することがわかりました。それで調査のあと、郡内のすべての児童を対象に「7つの習慣」を導入することにしたのです。この活動を本格化させ、三カ年計画としてまとめると、すぐ地元企業数社が資金や訓練スペースなどの協力を申し出てくれました。

ユナイテッド・ウェイの活動地域の中に、クインシー公立学区とアダムズ郡の学校が含まれていた。パット・ヘイニゲンが学校との連携をリードし、ウォータマン事務局長などが資金集めに着手した。また、ペギー・クリム理事が「リーダー・イン・ミー」に魅力を感じた一つの理由は、「才能豊かな児童たちや、特別支援を必要とする児童たちだけではなく、すべての児童のためのものである」という点だった。取り組みを初めて六年が経過した今、郡内一八の学校で「7つの習慣」を学んだ児童は八〇〇〇人余りに達している。

ルイジアナ州ラファイエットでは、アカディアナ地区のユナイテッド・ウェイが四つの郡を担当し、その最高執行責任者はサラ・ベルテロである。彼女によれば、教育、所得、医療という三つの大きな活動テーマのうち、教育に「リーダー・イン・ミー」がぴったりだという。彼女たちは試験的に一つの学校――マーティン・ペティジャン小学校――に資金援助を行ったところ、学校の変革が急速に進んだ。出席率が改善し、教科の成績も上がったのだ。だが、彼女たちにとって「それ以上に顕著だったのは、教員と親と児童たちの間の雰囲気のような、目には見えない変化」だったという。

それで、彼女たちは市民団体の指導者、商工会議所、地元企業、学区、アイ・アム・ア・リーダー財団らと協力して、さらに八校に資金を援助した。ユナイテッド・ウェイでインパクト戦略を担当するジェイソン・ハフマン理事がこの取り組みを主導した。彼は、さまざまな学校の担当者を五週間に一度ユナイテッド・ウェイのオフィスに招き、成功事例を紹介するなどした。

スウェーデンにおける自治体の取り組み

世界の多くの地域において、学校制度は地方自治体の管轄下にあり、自分の子どもが学校で受ける教育に関して住民に発言権を与えている。スウェーデンでは、二つの自治体が「リーダー・イン・ミー」導入の道を選んだ。

カールスクルーナという町では、ジャムジョ・チャーチスクール、ヤンデル・スクール、トーンハム・スクールという三つの学校で導入されている。これらの学校にはすでに優れた文化が築かれていたが、教職員の意識や学校全体の文化をさらに向上させようと取り組んでいた。教職員六〇人が「7つの習慣」の研修を受け、それが終わる頃には早くも教職員間の仲間意識に好ましい変化が見え始めていた。ある補助教職員はそれまで熱意が欠けていたが、幹部の一人として他の教職員たちを指揮するまでになった。教師たちのサポート役も務めるようになり、廊下のペンキ塗りでは先頭に立って頑張った。さらに、同僚たちからライトハウス・チームのリーダーに選出された。

ある児童は人前でのスピーチが苦手で、クラスメートの前でも話せなかった。ところが、この学校初のリーダーシップ・デーが近づいたある日、最初に立ち上がって訪問者たちに歓迎の言葉を述べる役割を校長から与えられた。彼は数日間迷った挙句、この役割を受け入れた。当日、彼は十分な準備をして臨み、訪問者たちは誰一人として気後れした感じを受けなかった。スピーチの途中で、「今日は僕の誕生日なんです」とアドリブをはさむほどの余裕を見せたのだった。

このリーダーシップ・デーでは、二人の女子児童が案内役を務めた。彼女たちはこの役割に真剣に取り組み、素晴らしいコミュニケーション・スキルを発揮して訪問者たちを案内して回った。その中にたまたま校長先生が混じっていた。校長はある場所で、案内役の女子児童の一人が友だちに、「この人たちの後ろに回って、校長先生は本来の持ち場に戻るように言って来て。あちこちうろうろしていて、私たちが見てないと迷子になっちゃいそうだから」と耳打ちするのを聞いたという。校長はのちに、満面の笑みを浮かべながら「子どもたちが責任というものを理解し、難しい役割を任せられているからこそ出る言葉なんです。校長はうろうろしてるっていうのにね」と語っている。自治体はまさに、こうした成果を期待していたのである。

子どもたちの自信や社会的スキルがこのように向上し、職員間の協力関係も強まったことは、まさに自治体が期待していた類の成果だった。他の自治体でも同様の成果が見られつつある。そして、それぞれのケースにおいて、労働市場が求める能力を児童たちに身につけさせるとともに、流動的な住民にありがちな社会問題に対処すべく努力している地域社会の他の関心分野にも、その効果がいずれ及んでいくことが望まれている。

地域社会がどのような理由で、どのように関与するか、その例をいくつか紹介しよう。いずれの事例においても、地域社会の人間が率先して取り組みを支持している。

多くの場合、学校自身が「リーダー・イン・ミー」に賛同し、地域社会を巻き込んできた。ヘリテージ小学校では、ディアドラ・ブレイディ校長が主導した。彼女は、学校にも学区にも研修の資金がないことを知りつつも、「リーダー・イン・ミー」を児童たちに教えたいという思いが強かった。「資金の欠如が何かをしない理由にはならない」――これが彼女のモットーだった。

それで、教職員や数人の親たちと共に資金集めを始めた。企業数社から協力を取りつけ、一部の親から寄付をもらった。自治体や州からも助成金をいくつか受けた。また、ロータリークラブにも出向いて事情を説明すると、会員の一人は資金集めの抽選券販売を企画してくれた。ＰＴＡ、そして学校も寄付に応じてくれた。さらには児童たちも参加し、いくつかの企業を回って寄付集めをした。それはまさに草の根の活動であり、学校がプログラムを導入し、地域社会が参加するのに十分な資金が集まった。

ブレディ校長は、努力しただけの価値があったと主張する。彼女たちがこのプロセスに関わった数年間で、この学校の素行に関する改善照会件数は八五％も減少したのだ。ブレディ校長によれば、四年生や五年生の規律の問題はほとんどなくなったという。自分自身で、もしくはクラスメートの仲裁で処理できているのだ。手持無沙汰で困る、という冗談も飛び出るほどだ。学力面も着実に向上し、目標設定などに取り組んだことにより、児童の七%を要支援児童リストから外すことができた。親たちの満足度も向上し、教師の退職者も稀で、学区外からの入学希望者も増えつつある。これらはいずれも、地域社会が期待していたことなのである。

未来への投資

企業が子どもたちへの支援に力を入れ、それが事業の一つになっている国もある。

ブラジル

ブラジルのアブリル・グループは中南米を代表するメディア・教育企業の一つであり、その出版物は毎日、一般教員、校長、スクールコーディネーター三三〇万人の手に届けられている。マノエル・アモリムCEOは「リーダー・イン・ミー」を紹介されたとき、これはブラジルの子どもたちに必要なスキルを教えると共に、会社のミッションとも完全に一致すると思った。そこで、この会社は、ブラジルでの導入を監督する権利を取得し、一年足らずで一〇〇以上の学校への導入を実現させた。

中国

幼児教育を提供しているレインボー・ステーション社は、米国での事業において「リーダー・イン・ミー」の活用に成功したのを受け、中国にフランチャイズ方式の学校ネットワークを構築することを決めた。双方向型の幼児教育プログラムにリーダーシップ原則を組み込むことにより、同社は中国の親たちから高い評価を得られるような豊かな学習環境を創造する。

オランダ

CPSはオランダの大手教育コンサルタント・研修サービス企業である。スーザン・コウニングCEOは次のように説明する。「CPSが『リーダー・イン・ミー』の採用を決めたことは自然の成り行きでした。最高の教師というのは、子どもたちが自分の才能に気づき、育てられるようにサポートしてあげられる人であると私たちは考えているのです。教育の使命は、社会的な交流を通じて児童たちの環境を豊かにし、ゆくゆくは彼らが社会に貢献できるようにすることにあります。それはまさに『リーダー・イン・ミー』が目指すものであり、だから私たちは採用することにしたのです」

台湾

台北にあるリー・ジェン・インタナショナルスクール（幼稚園〜中学）は、北米以外で二つ目と

リーダーシップ・デーの訪問客の前でダンスを披露する台湾の子どもたち。

なるパイロット校だ。同校のアイビー・スンおよびクリスティーナ・スン両理事は、二〇〇九年にABコームス小学校を視察した。二人はこの日一日、「我々の国にも是非導入したいね」という思いで何度となく顔を見合わせた。彼らは「教職員も児童たちも、まるで旧友を迎えるかのように、『リーダー・イン・ミー』を喜んで受け入れてくれました。『7つの習慣』は我々中国人の価値観や伝統にしっくりくるんですよ」と述べている。この学校はそれ以来、パイロット校として認定されており、このプロセスを台湾各地に広げるため、今では「パラダイム・エデュケーション」が組織されている。パラダイム・エデュケーションとリー・ジェンは共に、リー・ジェンをモデル校として、「リーダー・イン・ミー」を台湾や中国、その他のアジア各地に普及させる構想を描いている。

日本

日本では、毎年約二万人の子どもたちが「7つの習慣」

の指導を受けているが、その流れは二つの源から発している。一つは、千葉県船橋市にある行田西小学校（当時）の渡邉尚久先生だ。渡邉先生は個人的に「7つの習慣」に感化され、生徒たちに「7つの習慣」を教え始めた。その結果は他の教師たちの注目を集めるに足るもので、やがて彼の成功が一冊の本にまとめられ、評判を呼んだ。

もう一つは東京のある企業で、ここは社内コンサルタントを対象に一般的なビジネス・スキルのトレーニングを積極的に行っていた。ところが、トレーニングに力を入れれば入れるほど、コンサルタントにとって何よりも大切なのは、対人関係、時間管理、問題解決などの基本的ライフ・スキルではないかと考えるようになった。やはり、とお思いの方もいるだろう。役員の一人である石川氏は、「7つの習慣」を検討してみては、と提案した。そこで、このトレーニングを試してみると、結果は上々だった。ただ、石川氏とチーフトレーナーの鈴木氏はずっと疑問に思っていた――「なぜこうしたスキルの訓練を今になってやらなければならないのだろう」、つまりは、「これらのスキルを子どもの頃に習っていれば、とても価値があるのではないだろうか」と。

それから間もなく、石川・鈴木両氏は渡邉先生の授業を見学しに行った。二人は大いに感銘を受

子どもたちには、マレーシア人の心とグローバルな頭脳を持ってほしい。
ダトー・テオ・チャン・クアン（マレーシア・パラマウント社会長）

け、日本のすべての子どもたちにこの習慣を教えるべきだと確信して帰路についた。もっとも、日本の学校教育制度の複雑さを知っていた彼らは、全部の学校への導入を説得するのは現実的でないと思った。しかし内心では、日本にとってのみならず、子ども一人ひとりにとってそれがどれほどの効果をもたらし得るか見通していた。そうした思いが頭から離れなかった彼らは、やがてフランクリン・コヴィー社の日本オフィスにアプローチし、この問題に取り組んでもらえないかと訴えた。同社も「7つの習慣」を子どもたちに教えることに関心はあったが、企業クライアントで手一杯な状況で、わずかながらも教育に投入できる資源は成人対象に限られていた。だが幸いなことに、子どもたちのたくましい成長に貢献したいという二つの会社の情熱が一つになり、子どもたち向けに特化した別会社、FCEエデュケーション*を設立することで最終的に合意した。そして、鈴木氏がこの会社の舵取りを任され、子どもたち向けのプログラムは「7つの習慣J」と命名された。

日本では一流校への進学競争が熾烈を極める。子どもを有名校に入れるためならどんな犠牲も厭わない、という親もいるほどだ。親たちはこぞって子どもを「学習塾」に通わせる。学校が終わったあと、数学や国語などのより専門的な授業を受けるのだ。その目的はただ一つ、一流校に合格するため、試験で高得点を取ることである。

日本の学校制度において新たな指導内容を追加することの難しさを知っている鈴木氏は、「7つの習慣」を学習塾に組み込もうと考えた。だが、最初はなかなか思うように進まなかった。要するに、「7つの習慣」は試験科目に入っていないからだ。ところが、「7つの習慣J」を導入する学習塾が増えるにつれ、このコースを受講した生徒の試験結果が優れていることが調査で明らかになった。これは多くの人々、特に親たちの注目を集めた。今では、年間約二万の生徒が学習塾で「７つの習慣」講座を受講し、七〜八〇〇〇人ほどが私立学校で「７つの習慣」のトレーニングを受けている。学習塾や私立学校の費用は親の自己負担であることを踏まえると、この事実は日本の親たちが学校に何を求めているかを正確に示していると言えよう。

＊株式会社ＦＣＥエデュケーション（TEL：03-5827-7577　http://www.fc-education.co.jp/）

いずれの事例も、金儲けを目的とした決定ではなかったことに注目していただきたい。「７つの習慣」を児童たち、さらには社会全体に役立てたいという思いからだった。自分たちの身近にこれ以上の手法はないとわかって、彼らや企業は導入に踏み切ったのである。

そして実際、こうした地域と企業の関係の良い点は、単に金銭的な関係に留まらないところにある。彼らにとって児童たちは自分たちの子ども、そして孫であり、児童たちの成長に強い関心を抱いているのだ。彼らはこの取り組みを、地域社会のみならず、自分たちの子孫への投資だと考えている。それで、企業や地域のリーダーたちは、寄付だけでなく、幅広い活動に参加しているのである。

たとえばカリフォルニア州ヴィクターヴィルでは、地元の商工会議所がブレントウッド・エレメンタリー・スクール・オブ・ビジネス・アンド・リーダーシップと連携して、青年会議所プログラ

商工会議所からの訪問客に、リーダーシップ・ノートを見せるブレントウッド小学校の児童たち。

ムを企画している。会議所の会員たちが学校の朝食に同席し、児童たちとおしゃべりをしたり、リーダーシップに関してアドバイスしたり、さらに重要なこととして自ら実践して模範を示したりする。また、選ばれた児童たちが、会議所の毎月の朝食会やロータリーの昼食会に出席したりもする。

さらに、企業展のお手伝いをしたり、企業のリーダーからさまざまなキャリアや職業技能を教わったりもする。その甲斐あって、児童たちが目指す職業は教師や消防士だけではない。会議所やロータリークラブで学んだ、あらゆる種類のキャリアが彼らの視界に入っているのだ。こうした活動には市長や警察署長も参加する。「これらの子たちは車を盗むような人間にはならないでしょう。自分の力で車を買える人になるはずです」と警察署長はそう言って胸を張った。

芸術家、実業家、医療関係者など地域社会のリーダーたちとの交流は、子どもたちの視野を広げる効果がある。子どもたちに夢を抱かせる。そして、それこそが企業や地域社会のリーダーたちが、そして私たちが求めるものなのだ。そして、すべての人にＷｉｎ‐Ｗｉｎの結果をもたらすのである。

自分自身を見つめ直す

「７つの習慣」の中の「第５の習慣　まず理解に徹し、そして理解される」は、問題を分析してから解決策を決めるということだ。学校と企業は、お互いに対する理解不足というそれだけの理由で連携できていないケースが多々見られる。企業経営者と教育者の双方がお互いのニーズや問題を理解するために、どのような行動をすべきだと思うか。自分が考えた解決策を主張する前に相手をもっと理解するには、どうしたらよいだろうか。

第8章

中学、高校、さらにその先へ

Non scholae sed vitae discimus.
（ラテン語：私たちは学業のためではなく、人生のために学びます。）

高校入学時の署名

「リーダー・イン・ミー」が小学校に普及すれば、同様の要求が中・高生レベルで起きるのは必然であり、実際起きている。興味深いのは、その要求の相当部分が生徒たちの声という点である。

たとえば、フロリダ州のポート・シャーロット高校では、生徒たちのグループがある質問を携えてスティーブ・ディオニシオ校長とチャック・ブラッドリー副教育長のもとを訪ねた。この学区では、一〇の小学校すべてで「リーダー・イン・ミー」を導入していた。それで高校生たちは、毎日学校から帰宅した弟や妹が、廊下の飾りつけや集会の進行、目標の追跡などの話をしているのを耳にしていた。「どうして僕たちはそういうのをやらないんでしょうか？」と彼らは尋ねた。

二、三州離れた別の州では、小学校から中学校に進もうとしているある児童が、この中学校では考えられない状況が起きていると聞かされていたという。ところが、彼がもっとも驚いたのは、そこで起きている状況ではなく、起きていない状況だった。彼は「僕が通っていた小学校では、リーダーを務める機会がふんだんに与えられました。先生方は僕の才能や意見を尊重してくれました。でも、この中学校では、リーダーになる機会が一度もないんです」と説明した。

ＡＢコームス小学校に話を戻そう。この学校には、高校を卒業する三年生を小学校の卒業式に招き、中学や高校時代を有意義に過ごすための秘訣を卒業生たちに話してもらうという伝統がある。このスピーチには常に、「７つの習慣」のアドバイスが組み込まれる。当日、かつて小学校を卒業した一人の女の子がスピーチの原稿を持って来た。彼女に式が始まるまで話をしてもらうことになっていた。ところが、彼女はサマーズ校長のところに行き、「できません」と言った。緊張に襲われたのだった。校長は「もちろん、あなたならできますよ。小学校時代に、あんなに見事なスピーチをしてたじゃない。あなたにはスピーチの才能があるんですから」と励ました。彼女は首を横に振って、「だめです、校長先生。こんな大勢の人たちの前では、足が震えちゃって。小学校を卒業して以来、人前で話をしたことがないんです」と言った。

中学や高校への普及

ここで紹介した事例はどれも、小学校卒業後も「リーダー・イン・ミー」を続けたいという生徒たちの要望が強いことを示している。この要望は親たちからも聞こえてくる。ある親は「小学校では『リーダー・イン・ミー』をしっかり教えていただきました。何とか中学校でも続けてもらえないかと思うんですが」と語っている。

私はＡＢコームス小学校の児童たちが進む中学校で、理科担当の先生方と一緒に活動しています。ＡＢコームス小学校から来た児童かどうか、教師にはすぐわかります。どの中学に進んだ児童も、リーダーシップのテーマを懐かしく感じることでしょう。

ローラ・ボトムレイ博士（ノースカロライナ州立大学教授）

「リーダー・イン・ミー」を小学校から中学や高校に拡大するとなると、新たな問題が生じる。中学や高校はシステムが異なるからだ。小学校では、クラス担任の教師がほぼ全科目を教えるのが一般的だが、中学や高校になると科目によって担当教師が入れ替わり、同じ教師に教わるのは週にほんの数時間になる。中学や高校の教師はまた、学年別よりも専門科目別にチームを組むことが多く、教師全体の連携が取りにくい。教職員や生徒の数が多いことも、中学や高校のシステムが異なる一因である。

もう一つの相違点として、中学や高校になると生徒自身も変わるということがある。中学生や高校生はより大人で、自立心が芽生える。だから、大人としての責任を担うことができる。現実の世の中の問題に対処したがり、より知的な質問をし、論理的な会話を行うようになる。実際、中・高生の年齢に達すると才能も好奇心も高いレベルに達し、教師にとっても教え甲斐を感じるものだ。

ただし、情緒面の起伏の激しさ、自己認識の危機、ホルモンの変化、仲間の圧力、「他人からの干渉の排除」などにより扱いにくい時期でもあり、そうした時期が長引く子どももいる。

中・高生になると、学業に対する熱意も変化しがちだ。それも、低下していくケースが非常に多い。全米の小学校五年生から高校三年生までの児童・生徒五〇万人を対象としたギャラップ社の調査で、小学生一〇人につき八人近くが勉強に真面目に励んでいると答えた。ところが、中学生になると一〇人につき六人となり、高校生では四人に低下する。つまり、小学校時代の熱意を高校まで持ち続ける生徒は、わずか半分とい

調査結果は語る

小学校5年生から高校3年生までの児童・生徒50万人を対象としたギャラップ社の調査で、中・高校生になると各要因のスコアが下がっているのがわかる。

1～5の5段階評価 (5：まったくそう思う)	小学 5年生	中学 2年生	高校 3年生
学校に親友がいる	4.68	4.51	4.14
先生が勉強の重要性を感じさせてくれる	4.56	4.10	3.89
将来に希望を持たせてくれる先生が少なくとも一人はいる	4.51	4.11	4.09
学校は各児童の長所を育てることに熱心である	4.44	3.88	3.50
学校にいる間、身の危険を感じない	4.36	3.97	3.80
学校はもっとも得意とすることをさせてくれる	4.25	3.83	3.74
この一週間に勉強で褒めてもらったことがある	4.01	3.42	3.20

徒だ。

うことだ。この調査では「熱意のある」生徒を、「学習プロセスに意欲的に関わり、教師や学校と積極的な関係を築いている生徒」と定義している。逆に「熱意のない」生徒とは、褒められたり認められたりすることが少なく、自分が得意とすることを学校でやらせてもらえないと感じている生徒だ。

では、こうした低下傾向を逆転させるにはどうしたらよいだろうか。言うまでもなく、その答えはさまざまな分野に及び、学校がほとんど影響力を持たない要因まで含まれる。だが、ギャラップ社のブランドン・バスティード氏は、生徒たちは成功を頻繁に享受し、「自分が得意とすることをする」機会を与えられ、大人たちとより積極的に交流すれば、熱意を維持する可能性が高まると結論づけている。

幸い、中・高生を相手にする能力に長けた教育者は存在し、しかも、どこの学校にもいると思われる。生徒たちはそうした教育者に惹かれるものだ。「リーダー・イン・ミー」を中学や高校の状況に適合させるための実践的手法が必要であり、彼らの多くはその開発に力を貸してくれている。この章では、そうした事例をいくつか紹介する。

「7つの習慣」を一〇代の子どもたちに

中学や高校への「リーダー・イン・ミー」の全面的導入は、小学校に比べればまだ日が浅いが、一〇代の子どもたちへの導入はずっと早かった。『7つの習慣』の初版が一九八九年に出版された直後に始まっている。この本を読んだある親が、シカゴ近くにあるジョリエット・セントラル高校のカウンセラーにそれを渡した。そのカウンセラーは習慣に魅了され、さらに別のカウンセラー、トニー・コントスに、「この本、いいよ」と勧めた。

トニーはその頃、官僚主義的な職場の雰囲気に嫌気が差し、教職の道を捨てようかと真剣に悩んでいた。ところが、その本を読み始めてみると、彼が個人的に格闘している問題や、生徒が直面している問題にそれぞれの習慣が関係しているように思えた。彼はすべての習慣の中に実用的なアドバイスを見出した。

それで、フランクリン・コヴィー社に電話し、生徒用の教材がないか尋ねた。フランクリン・コヴィー社は教育部門のヘッドとして、インディアナ州でかつて教育長をしていたチャック・ファーンズワースを雇ったところだった。チャックは当初、大人向けの研修に重点を置いていたが、トニーと共同で生徒用教材を開発しようということになった。トニーがその教材を試験的に使用し始めて間もなく、ある母親が彼を訪ねてきて、「私の娘に何を教えてくださってるんですか?」と尋ねた。問題を抱える彼女の娘に好ましい変化が見られるようになり、母親はその原因を知りたかったのだ。

自分たちでつくった、振り付け入りの「7つの習慣」の歌を練習する韓国の生徒たち。

間もなく、多くの中学や高校で「7つの習慣」が教えられるようになった。だが、習慣を一〇代の子どもたちに教えようという取り組みが大きく前進したのは、ショーン・コヴィーの『7つの習慣 ティーンズ』が出版された一九九八年以降だった。このティーン向けバージョンは、大人向けバージョンより速いペースで一〇〇万部を突破し、多数の中学や高校で「7つの習慣」を導入する動きが始まった。それ以来、何十万というティーンが「7つの習慣」の研修を受け、その他の子どもたちもショーンの『7つの習慣 ティーンズ2 大切な6つの決断』（キングベアー出版）から学んでいる。この本は、学校、友だち、異性関係、親、中毒、自己価値といった面について、一〇代の子どもたちが直面する重要な選択に「7つの習慣」を応用する方法を説いたものである。

「リーダー・イン・ミー」の導入以前、中学や高校では「7つの習慣」は別のテーマ、あるいはカリキュラムとして教えられていた。学校は新入生向けのオリエンテーションの中で、または文学、社会、歴史など単一の教科の枠組みの中で教えていた。中学や高校が学校文化の復活や生徒たちの学力向上といった目的に「７つの習慣」を活用しようと本気で模索し始めたのは、「リーダー・イン・ミー」が小学校に導入された後のことだった。学力、文化、ライフスキル（リーダーシップ）といった、小学校が抱えている一般的な問題は中学や高校にも、少なくとも同じ程度に存在すると彼らは思った。また、小学校で使用されている基本的な手法は、少し修正を加えるだけで中・高生レベルでもうまく機能することに気づいた。

「７つの習慣」の指導法

中・高校生レベルで「７つの習慣」を教える際にもっとも重要な点は、まず模範となって指導することだ。次に重要な点は、「どこかで、そしてどこでも」習慣を教える方法を見つけることである。

ジョー・ガットマンは二〇年間、ケンタッキー州の検察官を務めた。その期間の多くは、一〇代の子たちを刑務所に送るのに費やされた。地域の治安を維持し、個人の権利を守らなければ、とガットマンは考えていた。だが、子どもたちがトラブルを抱える前に何とかしてあげるほうが効果的ではないか、という思いがいつも頭から離れなかった。それで、高い給料と豪華なオフィスに未練もあったが、思い切って教師に転職したのだった。

ガットマンは、ルイビルの街中に立つセントラル高校に、刑事司法を教えるために雇われた。彼は長年『7つの習慣』を愛読していた関係で、習慣も教え始めた。生徒の多くは不安定な環境にある家庭の子たちだった。彼は「私は人生を教えてるんです」と説明する。彼の穏やかな指導スタイルは決して華やかさを感じさせないかもしれないが、彼が人生について語り始めると、生徒たちは真剣に耳を傾ける。彼が何を捨ててこの学校に来たのか、生徒たちはわかっている。生徒たちは彼を友人、そして良き理解者と見ており、自分たち一人ひとりにとても期待してくれていることを知っているのだ。彼自身が習慣を実践しようと努力していることも。習慣は彼の人格のまさに一部になっており、見せかけなどではないのだ。

ガットマンはすでに一〇年以上にわたって「7つの習慣」を教えている。現在担当している生徒も、過去に担当した生徒もこぞって、自分の人生に大きな影響を受けたと口をそろえる。彼に感化された多くの生徒が大学に進み、中には、彼と同じ法律や刑事司法を先行している者もいるほどだ。彼らはガットマンのようになりたいと思っている。そして、彼は今の満足感を、「私はかつて、子どもたちを刑務所に送っていました。ところが今は、子どもたちを大学の法学部や平和部隊（訳注：ケネディ大統領によって創設された、発展途上国の援助を目的とした長期ボランティア派遣プログラム）、さらにそれぞれの地域におけるあらゆる種類の有益な職業に送り出しています。私にとって、これ以上の幸せはありません」と謙虚に語る。

ユタ州アルパインにあるマウンテンビル・アカデミー（幼稚園〜中学校）のエマ・ブロックは、「中高生に『7つの習慣』を教えようと思ったら、まず自分が実践してみせなければなりません。それを怠ったら、子どもたちはすぐに見破ります。彼らにだけやらせようとしても、まず無理です」と話す。つまり、小学校の場合と同様、中学や高校でも「7つの習慣」を教えるには模範を示すこと、それに尽きるのだ。

教師や職員一人ひとりが習慣を教える能力を備え、彼ら全員が模範として見られるようになれば理想だ。だが、イベントや大規模な活動で「7つの習慣」の指導を始めるときなどは、特別の行事に合わせて生徒たちのお気に入りの人物、すなわち彼らを引きつける力のある人を選ぶとよいだろう。

誰が習慣を教えるかを決めたら、次は、いつ、どのように教えるかを決めなければならない。小学校では、教師全員が「7つの習慣」のすべての内容を繰り返し教えることが求められるが、中学や高校で同じことをやったら反発の声が上がるだろう。「『最優先事項を優先する』を教わるのは今日で七回目だ。もう沢山だよ」と。

そこで、中・高生レベルで「7つの習慣」を教える際は、「どこかで、そしてどこでも」教えることに留意すべきだ。「どこか」とは、生徒たちに習慣を集中的に教える特定の時間を確保するということだ。「どこでも」とは、教師全員、職員全員がそれぞれの担当教科や学校内で担っている役割の如何に関係なく、普段の会話や授業に習慣やリーダーシップの用語を組み込むことを意味する。

「どこか」は学校によって異なるだろうが、大部分の学校は次の三つの方式のいずれかを採用している。一つは、特定の授業と一組の教師を選び、その授業でその教師たちに教えさせるというものだ。学校は教える場として、生徒の生活、文学、社会学、心理学、職業選択などの授業を指定することが求められる。

ウェスト・セニカ・イースト高校では、一年生全員の必修科目である国語一の授業の中で、一ヵ月にわたって教えている。ノンフィクションの読書の中で、生徒たちは『7つの習慣 ティーンズ』を読み、そのあとクラス全員で習慣について話し合う。どの教師がもっとも適任か、という基準で教える場を決めている学校もある。

ジョー・ガットマンが刑事司法制度の授業で教えたケースがその一例だ。また、「リーダーシップ一〇一」というコースを別に設け、その授業で教えている学校もある。「どこか」がどこであろうと、生徒たちが「7つの習慣」についてしっかり理解できるだけの時間を確保することが重要である。

「どこか」の二つ目の決め方は、ホームルームや補習時間など通常授業以外の時間で、または代替スケジュールの中で、生徒全員が顔をそろえる時間枠を指定するというものだ。

たとえばミズーリ州グレインバレー・サウス中学校では、すべての教師を関与させ、教職員たちの関心も維持する狙いから、教師全員に教えさせたいと考えた。そこで初年度、すべての教師に補習時間を利用して教えさせることにした。彼らはこの時間を「SOAR（上昇）」と呼んでいる。一年間の大まかなスケジュールを組み、一連の「７つの習慣」の活動を教師全員に割り振った。毎週ＳＯＡＲの中で教え、教師たちは自由に自分の知見を挟んだり、個性を出したりすることができた。この授業では経験談が多用され、生徒たちはとても気に入っていた。

バージニア州にあるフリーダム高校も同様の手法を採用している。彼らは補習時間と自由時間を組み合わせた時間を指定し、そこで「７つの習慣」を教えている。スペイン人教師、ジャニーヌ・バイヤーズはスケジュール調整を補助すると共に、教職員と協力してトピックや授業のアイデアをコーディネートしている。学年の前半は大部分を主要概念の習得に費やし、後半は応用に焦点をあてる。

「どこか」の三つ目は、先の二つを組み合わせるやり方だ。たとえばミズーリ州グレインバレー・サウス中学校では、創立二年目から指定されたリーダーシップの授業で、新入生全員を対象に「７つの習慣」を教え始めた。その授業に加え、補習時間を担当する教師全員が週に一度、生徒たちに復習をさせる。

この学校ではさらに一歩進め、リーダーシップ・スキルをもっと身につけたいという二年生と三年生に、選択科目としてリーダーシップの授業を行っている。生徒たちはこの授業で、学校のプロジェクトやボランティア活動への習慣の応用の仕方を中心に学ぶ。また、彼らはスピーチや目標設定などのリーダーシップスキルを一年生に教える役割も担う。生徒の三分の一ほどがこの選択科目に登録しているという。

英国の都市リーズの生徒たちは、「第６の習慣：シナジーを創り出す」を興味深い方法で学んでいる。

「リーダー・イン・ミー」をかつて学んだ生徒たちが進む中学校や高校の教職員たちは、習慣そのものよりもその応用法の指導に時間をかけるほうがよいと考えている。サウスカロライナ州サマーヴィルにあるローリングス美術中学校の生徒たちは、小学校で「７つの習慣」を何年間か学んでいるため、習慣についてのディスカッションの大半はティーンの問題や奉仕活動への応用がテーマになる。学年後半は、生徒を三五の活動チームに分け、リーダーシップ原則を応用しながら学校や地域社会への奉仕プロジェクトを企画し、実行する。この種の学校は週に一度、またはそれ以下のペースで「７つの習慣」を教えている。

「７つの習慣」やその他のリーダーシップ原則を授業や各種活動に組み込むことは、「どこか」だけでなく「どこでも」可能だ。どの科目でも、リーダーシップの概念を授業に組み込むことができる。文学や社会学、歴史であれば、ある習慣の模範を示した人や、一定の原則を無視したために苦労を強いられた人の例があふれている。その他の科目は「7つの習慣」との関連性が低いと思うかもしれないが、その用語を統合的に、しかも、できるだけいろいろな場面で使用するとよい。

教師は常に、「今日、思い描く終わりは……」とか、「君は……と言うけど、それがどういう意味なのか、まず理解に徹したい」などといった表現だ。さまざまな教科での習慣の用語を耳にしているうちに、その概念がより明確に理解され、生徒たちはさまざまな実際の場面に習慣を応用できるようになるのだ。

教師が普段の会話の中で習慣の用語を使用し、それが授業や活動の中で自然と口から出てくるようになるのが理想である。そのためには、特に初期段階では、常に思い出させてくれるものが不可欠だ。たとえば、シンガポールのクレメンティタウン中学校では、リーダーシップの授業の中で数

中学校時代、自分はいつも踏みつけられっぱなしとずっと思って過ごした生徒は、高校でひどく苦労することになるでしょう。私たちはそんな子たちに、自力で立ち上がるスキルを教えているんです。それも、正しい方法でね。

ロビン・レイディー（クレストビュー中学校教師）

人の教師が「7つの習慣」を教えている。彼らは毎週の初め、今週はどの概念を取り上げるか、他の教師と教職員全員にメールで連絡する。こうすることで、他の教師たちがその週に教える学習テーマにその概念を組み込む創造的な方法を見つけることもあるだろう。また、授業担当でない教職員が、その用語を使用する方法を考えたりすることもあるかもしれない。

中学や高校が習慣を「どこでも」教えるには、毎日のお知らせ、全校集会、激励会などにミニ授業を組み込むといったやり方も考えられる。格言を紹介するだけでもよい。毎年愉快な集会を立ち上げ、その中で「7つの習慣」をすべて紹介するという方法を好む学校もある。人通りの多い廊下の交わる場所や教室内にポスターを掲示するのも、「7つの習慣」を定着させるのに有効だろう。どれもなかなかのアイデアだ。

しかし、「どこでも」の精神をもっともよく実践しているのはおそらく、コロンビアのバッキンガム・スクールで七年生に英語を教えているヘンリー・デュラン先生ではないだろうか。彼は「私は教えやすい瞬間を探しているだけです。生徒たちが難しい問題について話し始め、答えを出しあぐねていると見ると、私は習慣の用語を用いる方法を考え、彼らがその問題を解決できるようにサポートするんです」と説明する。

ケンタッキー州ボーリング・グリーンでデイビッド・ノルズ校長率いるモス中学校が初めて「リーダー・イン・ミー」を立ち上げたとき、彼らは「どこか」を補習時間とすることにした。補習を受ける生徒数に合わせて、補習時間の担当教師それぞれに『7つの習慣』のフルセットが支給された。

どのページをどの日に読むか、彼らは綿密にスケジュールを組んでから、その日その日に割り当てられた箇所を生徒たちと一緒に読み始めた。だが、間もなくして彼らは、このやり方では当初期待した成果が得られないことに気づいた。本を毎日一ページずつ読んでいったのでは、生徒たちが興味を示さなかったのだ。それで、彼らはすぐに軌道修正を図った。

一〇代の子たちが直面する問題について生徒たちと定期的に話し合う方法に切り替えた。そして、ディスカッションの途中で間を取り、「『7つの習慣 ティーンズ』のこの二つのパラグラフを読んで、このテーマについてどう言っているか見てみよう」と誘導するようにした。すると、生徒たちはたちまち関心を示すようになった。彼らとしては、習慣を実際の問題に応用したいのだ。高校生くらいになると、生徒たちは自分の将来や、キャリア、大学での勉強、子育て、コーチング、婚活で成功するには「7つの習慣」をどのように応用すべきか、といった点に目を向けるようになる。習慣を活用して、新聞やテレビで見つけた社会問題を解決する腕試しをしたがるのだ。また、ただ座っ

生徒たちが今世紀において成功するためには、学問的に厳密で、しかも「現実世界」との関連性がある教育を受けることが重要です。この厳密さと関連性という目的は、一部の生徒たちだけでなく、すべての生徒に必要なものです。

ウィラード・ダジェット博士

クラスメートに「7つの習慣」を教えるマレーシアのティーンたち。

ているよりも何かの活動をするほうが楽しいのだ。

重要な指導法でありながら見落とされがちなのが、生徒たちに教えさせるという方法だ。「大人よりもクラスメートに教えてもらうほうがいい」という生徒たちの声を、著者も何度聞いただろうか。下級生を対象とするチームプレゼンテーションを考えたり、台本を書いたり、趣きのあるミッション・ステートメントを作成したり、ポスターをデザインしたり、ラップを作曲したりして、それらを他の生徒たちに紹介するとよい。フロリダ州マイアミのサウスデイドにあるサウスデイド中学校は、生徒が「7つの習慣」ビデオを執筆・撮影・編集・主演する技法を習得した数多くの学校の一つである。生徒たちが授業や集会、校内放送などで「7つの習慣」を教えると、ただ座って聴いているときよりも速く覚えられるという。

ニューヨーク州エンドウェルにあるメイン・エンドウェル高校の教職員たちは、生徒が「7つの習慣」を教える手法を目一杯活用している。上級生の中から選ばれた子たちが夏の間訓練を受け、一年生全体の指導にあたる。彼らはこの訓練の一環として、入学した一年生全員に「7つの習慣」を教えるためのプランを練る。この指導は学年最初の数週間で行われる。上級生たちはそのあと年間を通して一年生たちと連絡を取り合い、彼らが抱く疑問点や直面する問題について習慣をフレームワークとして用いて相談に乗る。こうした活動の結果、新入生たちは新しい学校に慣れ、団結力のある学校文化が生まれるのだ。

リーダーシップ文化の創造

グレインバレー・サウス中学校は、「リーダー・イン・ミー」を導入する八年前から「7つの習慣」を採用し、毎日の意思決定に役立つスキルや考え方を生徒たちに教えていた。しかし、学校文化に習慣を応用するようになってから、一段と改善が見られた。彼らは次の取り組みを通じて、小学校と基本的に同じ手法を採用した。

・学校環境の改善に取り組む。
・リーダーシップの役割を生徒にも分担させる。
・リーダーシップ・イベントを開催する。

成される。

学校環境

小学校と同様に、中学や高校の学校環境も目に見えるもの、耳に残るもの、心で感じるもので構成される。

目に見えるもの

アジアのある学校の校長から以前、次のような話を聞いたことがある。「我が校では、生徒を指導する教師は三人います。自分の親、自分の学校の教職員、そして自分の学校の物理的環境です。我々が壁に掲示する物からも、生徒たちはたとえ無意識でも何かを学ぶはずです」

グレインバレー・サウス中学校を訪れたある人が廊下を歩いていると、天井から吊るされた長いチェーンが目に留まった。工作用紙でつくられたそのチェーンは、廊下の端から端まで伸びていた。そして、それぞれの輪が生徒一人ひとりを表していた。「いつから吊るされているんですか？」と尋ねると、案内係をしていた生徒が「一ヵ月以上前からです」と答えた。チェーンは、生徒たち誰もがすぐつかめる高さに吊るされていた。驚いた訪問者は、「誰も引っ張ったりしないんですか？」と尋ねた。訪問者のこの言葉に逆に驚いた生徒たちは聞き返した。「誰がそんなことをするって言うんですか？　私たちが皆でつくったんですよ。一人ひとりの輪があって、そこに自分の長所が書いてあるんです。皆で力を合わせれば何でもできる、という意味が込められているんです」

このチェーンの素晴らしいところは芸術性ではない。生徒たちが自分たちの環境に対して強い当

モス中学校が目指すものは、ここを訪れる人たちにも、そして生徒たちにも一目瞭然である。

事者意識を持っているという点だ。確かに中学や高校の壁には、教職員や地元の芸術家が手かけた素晴らしい展示品も見られるが、生徒たちが何よりも大事に思うのは、生徒たちの手でつくられた作品なのである。生徒たちは、自分が手かけた作品を見たいのだ。教職員たちの作品を飾るコーナーもあっていいが、生徒たちの作品も少なくとも同等の扱いをされるべきだろう。

ニューヨーク州ヴェスタルにあるヴェスタル高校では、中庭一帯が草で覆われて荒れ放題になり、まったく使用されていなかった。生徒のリーダーシップ・チームは、そこの管理をやらせてほしいと申し出た。生徒主導の中庭委員会が組織されてすぐ、委員たちと大勢の生徒有志が掃除をしたところ、見違えるようになった。現在は、散歩や昼食の場所として生徒たちに人気がある。地元のボーイ・スカウトがそれを聞きつけ、そこにステージを造った。このステージは、生徒たちがそれぞれの特技を披露する場として折に触れて利用されている。

バージニア州ノークスビルにあるパトリオット高校は比較的新しい学校で、開校当初からリーダーシップをテーマにしている。マスコットとテーマが「パイオニア」であるため、環境全般のテーマは、それぞれの分野を他に先駆けて開拓した人たちである。学校の廊下は歴史上著名なリーダーたちに因んだ名前がつけられており、彼らが残した言葉が校内のあちこちに掲げられている。また、人物をテーマとして表現している生徒たちを描いたポスターも壁に飾られている。

こうした素晴らしい展示品の多くは、生徒と教職員の合作である。グレインバレー・サウス中学校で美術を教えているデビー・オット先生は、殺風景だった学校の壁に生徒たちと一緒に飾りつけをした。地元のデザイン会社の協力を得つつ、壁用のポスター、生徒のスケジュール帳の表紙、校舎の外壁に吊るす垂れ幕などを生徒たちと共同で作成したのだ。生徒たちは色やサイズやテーマなどについて指針を示されたあと、それぞれの想像力を思う存分発揮した。そして、優秀作品が生徒リーダーのグループによって選び出され、目立つ場所に掛けられたり、スケジュール帳に使用されたりした。すると、間もなく校舎全体の雰囲気が改善され、統一感が生まれた。だが、それ以上に重要なのは、「ここは私たちの場所なんだ。私たちが作ったんだ」という意識が生徒たちに芽生えたことだった。

中学や高校でも環境、とりわけ「目に見えるもの」の改善努力はさまざま進められており、ここではそのほんの一部を紹介した。どの事例を見ても、壁や校舎全体が生徒たちの価値や可能性を予見しているように思える。生徒たちは人から何か言われなくても、日々前向きなメッセージを感じているのである。

耳に残るもの

「リーダー・イン・ミー」を導入している中学や高校でよく耳にするのは、大人たちが傾聴を重視する態度だ。

八年生のジャレッドは、彼の通う中学校のジェフ・スカルファロ校長の部屋に何度か行っているが、それは良い行いを褒められたからではなかった。彼の両親は、息子には人生に対する目的意識や考え方が欠けているとひどく心配していた。目標を持たず、愚かな決定を繰り返していて、それで校長室を訪ねる羽目になっていたのだった。

スカルファロ校長はある日、校長室にジャレッドを呼んだ。ジャレッドは部屋に入るや、「僕が何かしました？」というような身構える態度をとった。校長は、君は何も悪いことをしていない、とジャレッドの不安を取り除いた。そして、「ただ君のことが気になったんだよ。その後どうかと思ってね」と説明した。ジャレッドは最初信じられなかったが、校長はこれまでずっと正直に接してくれたので、数分もしないうちにジャレッドは落ち着いた。彼は、誰かが自分に関心を持っていてくれることをありがたいと思っていた。校長はほとんどしゃべらなかった。「第５の習慣　まず理解に徹し、そして理解される」に登場する共感による傾聴の原則を実践したのだった。彼の話を聞い

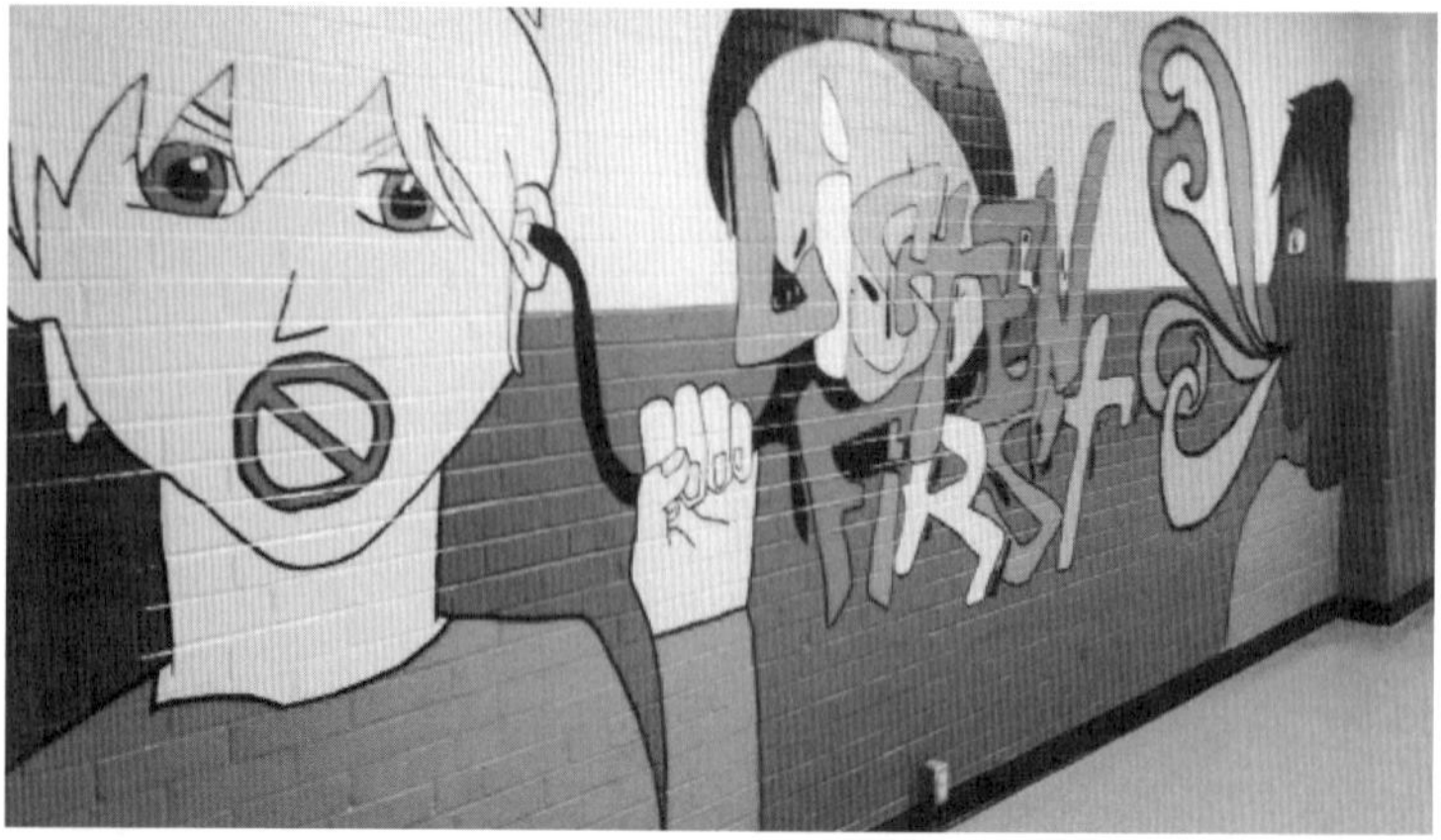

中・高生レベルでリーダーシップの用語を理解させるには、傾聴の実践が不可欠である。

ているうちに、校長はそれまで見たことのないジャレッドの一面に気づいた。二人の間に信頼感が生まれていた。ジャレッドは、自分の考えを聞いてもらえた、という満足感を携えて自分の教室へと戻って行った。

中学や高校ではこのように、話すよりも聞き役に回ることが大切である。実際、大人は注意してしゃべらないと、生徒たちは「7つの習慣」の用語を悪い意味に解釈する恐れがある。過度に使用したり、非難の道具として用いたりすると、生徒たちの中には反抗する者もいるだろう。彼らは、最初に理解してもらったと感じれば、「7つの習慣」の用語に対して、また、大人たちから自分の価値や可能性について何か言われるときも、広い心で耳を傾けるものなのだ。

「7つの習慣」を初めて導入するときは特に注意が必要だ。大人たちがこの用語を盛んに口にするため、その日の授業を終える頃には生徒たちは不安に包まれるだろう。先生たちは一体どうしたんだ、と。この新しい言葉は何なのか、と。だから、用語を自然な形で使用することが重要である。強制してはいけない。子どもたちが期待感を抱くような使い方をすべきだ。

心で感じるもの

中・高生たちはいろいろなニーズを持っている。身の安全を感じたいし、有効なスキルを学んでいるとか、帰れる家があるとか、自分のありのままを受け入れてくれる友人がいるなどと感じたいのだ。小学生が四つの基本的ニーズに関して感じたいと思っているのと同じものを、彼らも感じたいのである。

中・高生になるとこうしたニーズに加え、所有と自立の意識を持ちたい、一人の人間としての存在価値、尊敬する大人とのつながりを感じたいという気持ちが強まる。自分の独自性や貢献できる能力を実感したいのだ。生物学や幾何学について語るよりも、自分の気持ちについて語りたいのだ。

「リーダー・イン・ミー」を導入しているある学校で、新入生同士で喧嘩になったとき、間に割って入ったのは生徒たちだった。「おいおい、この学校ではそんなことはしないよ。皆の学校なんだよ。そんなことしてほしくないな」この生徒たちには、自分たちの学校という意識があったのだ。別の学校では、ドアの落書きを見つけた生徒たちが校長室を訪れ、「**僕たち**のドアに何がされたか、見てください！」と言った。ここでもお気づきだろうか。生徒たちは「**僕たち**のドア……」と言っているのだ。さらに別の学校では、訪問者たちの案内をしていたある八年生の子が「**私たち**はこれをします……**私たち**はそれをしました……ここでは**私たち**は……」という表現を繰り返した。何もかも、「**私たち**」生徒がしたことだというのだ。要するに、自分のこととしてとらえているのである。

中学や高校は生徒数が多いことを踏まえると、「一人ひとりの子どもをリーダーに育て上げる」取り組みをすべての生徒に対して行うのはより難しいだろう。教師の中には、生徒一人ひとりに、自分は教師から好感を持たれていると思わせるのがうまい人がいる。アイコンタクトだけで生徒たちに、自分は評価され、つながっていると感じさせるのだ。だが、それは必ずしも容易なことではない。

パトリオット高校の生徒数は三〇〇〇人にも上り、一人ひとりは大勢の中に紛れ込んでしまう。それで生徒たちは、自分のことを知ってくれている教職員、あるいは大事に思ってくれている教職員は一人もいない、という感じを抱いたまま卒業することになる。そういう状況を改善しようと、教職員が調整をして、補習時間の担当教師が四年間変わらないように工夫した。補習時間を担当する教師は、生徒の関心事、課題、学力面の進歩状況など、生徒一人ひとりを知ることを心がける。それをさらにサポートする意味で、いろいろな活動が企画される。こうした努力の結果、目の届かない生徒が一人もいなくなった。

ミズーリ州エリスヴィルにあるクレストビュー中学校では、校長のニシャ・パテール博士が「パワー・オブ・テン」を導入した。リーダー役のチームが、特別な支援が必要そうな生徒一〇人を選ぶ。

そして、彼らが学力目標を達成できるようにサポートすると共に、彼らのことをよく知るための努力をする。このシステムは、生徒を把握し、彼らの考えや懸念、希望などに耳を傾け、学力を伸ばし、彼らの価値や可能性を自覚させることを目的としている。さらに、生徒レベルでは、八年生の生徒たちが「ＷＥＢリーダー」（Where Everybody Belongs：皆の居場所）に登録する。八年生一二人が組になり、夏の間広範囲な訓練を受けた後、六年生一二人の指導にあたる。彼らはその一二人の生徒をサポートし、質問に答えてあげたりもする。こうして、孤立感に苦しむ生徒を出さないようにしている。

最後にもう一つ、モス中学校の国語／言語学を担当するヘザー・トムセン先生のケースを紹介しよう。彼女は毎時間、必ず教師の入り口に立って生徒たちに声をかける。生徒一人ひとりとの関係を築くためだ。元気かと尋ねたり、褒め言葉を言ったりして、生徒の状態をチェックする。彼女によれば、これでクラス全体の文化が変わったそうであり、生徒たちのため以上に自分のためにもなっ

> 効果的な中学校をつくるための主要な戦略の一つは、多方面にわたって助言をする時間を毎週設けることです。生徒たちが大人との面談の中で、自分の学力、個人的、社会的能力を伸ばす計画を立て、成果を評価できるような有意義な機会を一人ひとりに頻繁に提供することが重要でしょう。
>
> 全米中等学校校長協会（『Breaking Ranks in the Middle』）

ているとつけ加える。「毎日が充実していることを実感できるんです」

生徒たちが学校でどういう心理状態にあるかを把握するうえで、一対一の関係はとても重要である。自分が信頼している大人とそうした関係を築いている生徒の場合、退学するリスクは最大五〇％も下がると推測されている。

生徒によるリーダーシップ

ジャレッドの話を聞いていてスカルファロ校長が気づいたことは、ジャレッドの話しぶりが実に明確ということだった。彼ははっきりと話した。それで、スカルファロ校長は生徒たちに朝のお知らせを任せるというアイデアが浮かんだとき、ジャレッドを成長させる絶好のチャンスかもしれないと思った。

この役割を与えられたとき、ジャレッドの目は輝いた。朝のお知らせはずっと教職員が担当していたため、生徒の声がスピーカーから流れると全員がどよめいた。それがジャレッドの声だとわかると、驚きはさらに増したのだった。

「何であいつがやっているんだろう？」

ジャレッドが朝のお知らせの担当期間は、一日だけから二週間へと伸びた。彼はそれを真剣に受け止めた。だが、この二週間が終わる頃にスカルファロ校長は、「なぜジャレッドがやっているのか？」という声を何度も聞いた。それで、他の生徒たちにもチャンスを与える必要があると思った。校長はジャレッドに、生徒の連絡チームを指揮する役割を引き受ける気があるかと尋ねた。ジャレッドの目が再び輝いた。

お知らせは日に二度行われ、生徒の中から希望者二〇人ほどが交替で担当した。ジャレッドはローテーション編成などを担当し、この役割を見事に果たしたのだった。学年末、彼の両親は大喜びした。学校や大学に関することにまったく興味を示さなかったジャレッドが成績を上げ、大学進学の道を積極的に考えるようになったからだ。それもこれも、信頼してもらい、責任を与えてもらったからだった。彼は自分のボイスを発見する機会を与えられたのである。

生徒にリーダーシップを発揮させようとする際、ただ「仕事」を割り当てるだけでは不十分だ。その生徒に指揮権限を与え、当事者意識を持たせることが重要である。何をせよとか、どのようにやれなどと口出しすれば、生徒はただの働き手になってしまう。ニーズを見出し、生徒に責任を持たせ、あとはすべて任せると、生徒はリーダーになる。生徒たちは問題を解決したいと思っているのだから。

> 私たちのコミュニケーション能力は向上しつつあります。
> ジェフ・スカルファロ（グレインバレー・サウス中学校校長）

子どもたちは仕事を任せられたりすると、それがきっかけで自分のボイスを発見することがある。お知らせする役割を与えられたジャレッドもそういう一人だった。

クレストビュー中学校ではバレンタインの時期に、ヴィッキー・ケンプ先生が毎年恒例のカーネーション・フラワーズ募金活動の催しを案内する。この催しは奉仕活動を目的とするもので、綿密な企画からマーケティングや営業、集まった寄付金の配分方法、催しの進行まで生徒たちが担当する。すべてが生徒たちの手に委ねられるのだ。「僕たちは何も手伝ってもらいません。ケンプ先生に尋ねると、自分たちで考えなさい、って言われてしまうんです」と彼らはこぼすが、その顔は満面の笑みだ。生徒たちがいかに楽しんでやっているか、彼らの目にはっきり表れており、前年のクラスよりもうまくやってやろう、という意気込みが伝わってくる。

クレストビュー中学校でかつて校長を務めたジル・シューレン博士によれば、この学校が導入に着手していたとき、彼女や教職員たちは生徒たちにリーダーシップの役割を担わせる真の機会を模索したという。だが、アイデアがあまり浮かばなかったため、生徒たちに協力を求めると、生徒たちは次々とアイデアを出してきたそうだ。その一つに、学校で人気のある図書館員の仕事を毎朝手伝うというものがあった。生徒たちはそれぞれが受け持つ棚を決め、毎朝早めに登校してその棚の整理をした。棚には担当する生徒の名札が置かれた。生徒たちは棚の管理を行うだけでなく、特定ジャンルの新書を提案してほしいと頼まれることもあった。この活動には九〇人の生徒が参加していて、毎日一時間目の始業ベルが鳴るまで図書館で楽しそうにおしゃべりをする。

「生徒たちがリーダーシップを発揮したがるのは、たいてい自分たちが考えたアイデアのときなんです」とクレストビュー中学校の現在の校長パテール博士はそう指摘する。何人かの生徒が中古のスポーツ用具を集めようと考えた。セントルイス地区の貧しい子どもたちに贈ろうというのだ。親たちの参加も得て協力者を募ったところ、賛同者が大勢集まり、七五人までという制限を設けなければならなくなった。

クラス担任の教師たちも生徒のリーダーシップ能力の高さに気づいている。気づくきっかけは、「私がしていることで、生徒である君たちがしたいと思うことが何かありますか？」という、教師から生徒たちへの質問だ。モス中学校で数学を教えているステファニー・ミラー先生は、クラスの生徒たちにこの質問をしたとき、彼らの答えを聞いて驚いた。

彼女の授業は毎回、生徒たちに数学の問題を解かせるウオーミングアップで始まった。彼女はそのあと、正解者は誰か、どこが良かったか、間違えやすいところはどこかといったテーマで、自分がリードしながら生徒たちにディスカッションさせた。ところが、あるとき生徒たちが、「僕たちに進行役をさせてください」と言ってきた。

そこで、彼女は彼らに任せることにした。彼女は登録シートをつくり、進行役を希望する者に名前を書かせるようにしたら、シートはすぐに埋まってしまった。「数学リーダー」たちは初めてディスカッションの進行役を務めたあと、教室の後方にある特別なテーブルに座った。このテーブルは、以前は規律上の問題がある生徒用に使われていたものだった。

グレインバレー・サウス中学校で数学を担当するトレーシー・ギャンビル先生は、「学習リーダー」に名乗りを上げた五〇人余りの生徒たちに補習時間の指導を任せている。生徒たちにとっては、貢献することで自分の存在価値を感じる機会となるのだ。また、別の教師は「リーダーの役割」図を教室の壁に貼っていた。

休み時間に廊下を歩いていたとき、この図について訪問者から質問を受けた彼女は、その仕組みを説明する代わりに、「ここにいて、よく見ていてください」とだけ言った。生徒たちは教室に入って来るや、宿題を回収する係、前の日の宿題を返却する係、前の授業で使われたホワイトボードをきれいにする係、その週に誕生日を迎える生徒を確認する係など、作業を分担してこなした。実に見事だった。教師からは何の指示もなく、認めてもらっていると感じた生徒たちが自主的に行動していたのだ。

メアリー・アン・ホール先生は「７つの習慣」を長年教えていて、自分が耳にした事柄をリーダーシップを発揮する機会に変えることの効果を知り尽くしている。ある日、一人の男子生徒が食堂で、ハニーマスタードのドレッシングがほしいと注文をつけていた。それを聞いた彼女は、リーダーシップ・スキルをどのように発揮したらその希望がかなうと思うか、とその子に問いかけた。彼女が後日知ったことだが、彼は調査を企画して他の生徒たちの意見を募り、食堂のスタッフに礼儀正しく提案した。その結果、ハニーマスタードのドレッシングが食堂に近々置かれることになったという。その生徒は学習し、自分の声が聞き届けられたことを実感すると共に、食堂のスタッフも仲間意識を持つことができた。まさにＷｉｎ－Ｗｉｎの結果が実現したわけである。

生徒たちは選択の機会と意見を述べる場を求めているのだ。そして、ある教師は、「我々は最初、生徒たちに権限を渡すことに臆病だったんです。なぜ一五年前にこうしなかったんだろうと、今では後悔するばかりです」と悔いた。ジャレッドのような生徒にとっては、それはまさに人生を変える力も持ち得るのである。

リーダーシップ・イベント

中学や高校におけるリーダーシップ・イベントは、生徒たちがリーダーシップを発揮する機会や、リーダーシップ原則を教える機会を増やす効果がある。だが、その最大の効果は、共同体意識を育み、生徒および教職員全員にそれぞれの価値や可能性を意識させ、学校と一人ひとりの成長を祝福することだ。

ヴェスタル高校には、毎月第一金曜日に激励会を開く伝統があった。大きな試合に備えて運動部を激励すると共に、生徒たちの関心を高めようという狙いだった。だが、進行係を生徒に任せたら、激励会の代わりにリーダーシップ集会をやりたいと言い出した。運動部でない生徒たちは、自分たちも優れた才能を讃えてもらう権利があり、学年末の表彰集会だけでは物足りなかったのだ。運動部の生徒たちがしかるべき注目を浴びることに変わりはなく、彼らも生徒全体、ひいては学校を祝福することになる。当初のリーダーシップ集会の一つで、ネイト・グロスマンという名の二年生の生徒が「WAO」(We Are One：私たちは一つ)をテーマにすることを提案した。この提案から間もなく、生徒たちはこの語をツイッターで使ったり、メールの最後に書き添えたりするようになった。この案は大ヒットとなった。もっとも、もし大人が考えたのであれば、見向きもされなかったかもしれない。

このヴェスタル高校で人気のイベントは、地域社会への奉仕活動だ。ある年、この町はひどい洪水に見舞われて大きな被害を被り、学期の始まりを一週間延期したことがあった。だが、生徒たちは何もしないでいたわけではなかった。清掃チームを組織し、何日間も地域社会に奉仕したのだ。彼らは、ホームカミング・デーのダンス・パーティを資金集めに変更してまで、洪水の被災者のために活動したのである。今でも貧困家庭の生徒のために食糧を毎週リュックサックで届けており、社会奉仕の精神は絶えることなく続いている。

コミュニティーを構築するという精神は、教室内に持ち込むこともできる。言語学を担当するエリッカ・ハリス先生は、週明けに生徒たちの頭をリフレッシュさせて週末の出来事を忘れさせ、勉強モードに戻す必要があると感じていた。それで、彼女は毎週月曜日、生徒たちに話をさせ、自分は聞き役に回る時間を少し取っていた。それは月曜日のお決まりのイベントだった。ところが、あるとき、「その進行役を僕たちにやらせてもらえませんか？」と生徒たちから言われた。それで毎週月曜日、生徒たちが交替で、人間関係やコミュニティーづくりのためのイベントの進行役を務めることになった。

この種のイベント――激励会、奉仕活動、隠し芸大会、通常のクラス活動――はどこの学校でも

> 生徒たちの退学を防止するには、ダンスをする機会を与えるだけで十分かもしれない。
>
> ヘレン・アルドソン（スウェーデンのある学校の校長）

インドネシアのPSKDマンディリ中等学校の生徒たちは、リーダーシップ・デーに11ヵ国から訪れたお客を、アチェ州に伝わる伝統舞踊サマンダンスで歓迎する。

行われている。だが、リーダーシップ教育実践校にとって大事なことは、イベントが生徒主導で行われ、コミュニティーを築き、ビジョンを生み出すことを目的とする点だ。ここで再びギャラップ社の調査の結果を紹介すると、これらのリーダーシップ教育実践校における生徒リーダーたちが強い参加意識を抱く理由は、①自分の話を聴いてくれること、②小さな成果を積み重ねられること、③自分がもっとも得意なことをやらせてもらえることだという。

学校での目標達成

中・高生レベルにおける目標設定は、個々の学校に合わせた調整が必要である。クレストビュー中学校のある優秀な職員は、目標設定の重要性を認識しつつ、これを嫌がる生徒もいることを理解している。そこでパテール校長は、先生方が目標設定の模範を示すことから始めようと提案した。それぞれの教師が自分のミッション・ステートメント、個人的な目標一つと職務上の目標一つを書いて自分のオフィスの目につきやすい場所に貼り、アドバイザー役の生徒とそれについて話し合うことになった。生徒を自分の結果確認パートナーに見立て、励ましてもらう教師もいた。いざ教師が生徒たちに教える段になったときは、生徒たちはすでにそのプロセスを理解し、効果も目の当たりにしていたのだった。

コロンビアのバッキンガム・スクールの中・高生向けプログラムは、生徒たちに主要科目の最重要目標（ＷＩＧ）を設定させ、達成度を追跡させて効果を上げている。毎週月曜日の朝のホームルームの中で時間を取り、生徒たちに自分の目標を再検討させ、その週の価値ある行動を決めさせている。モス中学校とグレインバレー・サウス中学校の生徒たちは自分の主要科目のそれぞれについて、一ページの簡単なスコアボードを作成して成績を記録している。彼らはこの表によって、自分の達成度を確認できるというわけだ。

学校レベルに目を転じると、クレストビュー中学校はロックウッドという優秀な学区に属する優秀校だ。だが、改善意欲を失わない教職員たちは、学校としての目標を一つ定めることにした。彼らが選んだ目標は、読み書き能力に関するものだった。それで、生徒たち全員に、この能力について明確な目標と価値ある行動を設定するよう求めている。彼らは、アドバイザー役教師との週に一度の結果確認面談を利用して自分の目標を再考し、結果に対して自ら責任を持てるように頑張っている。これは生徒たちに押しつけるものではない。なぜなら、彼らは自分の目標と価値ある行動を自分で決めることになっているからだ。とはいえ、彼らに目標設定について学ばせ、自分の読み書き能力をどう改善すべきか考えさせることに変わりはない。

中・高生レベルにおける目標設定で一つの重要な点は、生徒たちに自分自身のミッション・ステートメントを書かせることだ。ミッション・ステートメントを書いたり、自分の人生のビジョンやプランを定めたりすることは、多くの生徒に大きな効果をもたらす可能性がある。たとえばある高校生は、兄が喧嘩をして刃物で刺され、致命的な傷を負ったため、復習心をめらめらと燃え上がらせていた。ところが、一年生の授業の中で読んだ『7つの習慣 ティーンズ』の一節に心を打たれた。彼は帰宅するや、三ページにわたる詩を書き、それを自分のミッション・ステートメントとした。復讐を実行していたら、今頃はおそらく刑務所の中だっただろう。復讐を思い留まった彼はこれから一生、兄の分まで「人のためになることをする」と心に誓ったのだった。

シカゴのノーブルストリート・チャータースクールに通う、あるラテン系の生徒は、国語の授業の中で「7つの習慣」を学んでいた。そして、その一環として自分個人のミッション・ステートメントを書いた。「絶対に諦めない」という実に短いものだったが、彼女には大きな意味があった。彼女の家族の中にはこれまで、大学に進学した人は一人もいなかった。それでも、彼女は大学進学の夢を諦められなかった。彼女は結局その夢をかなえ、それから数年後、大学を卒業した。自分が数々の障害を乗り越えて四年制大学の学士号を取得できたのは、「高校時代に書いたミッション・ステートメントと、それを書いたときの決意の成果である」と語っている。

シンガポールに住むある中国人生徒は授業について行けず、目標を見失っていた。ところが、ある授業で『７つの習慣 ティーンズ』を読んでからは、彼の自分に対する見方が変わった。彼が最初にしたことの一つは、キャリアプランを作成することだった。すると成績がぐんぐん上がり、学校でリーダーになった。進むべき方向性が見えてきたのだ。自分は人生のリーダーになれる、というビジョンを手にしたところから変化は始まったのだ。

すでに紹介したヴェスタル高校は長年、生徒たちに高校卒業後の人生の目標を設定させ、高校時代からその目標に向けた努力を始めさせる。それで、生徒たちは一年生のときに、デジタル式のリーダーシップ・ポートフォリオを作成する。これを用いて学力の進歩状況を追跡するわけで、リーダーシップ・ノートの代わりとなる。このポートフォリオに、大学への出願記録、履歴書、リーダーシップ参加記録、目標、最高の成績などを保存してチェックする。メアリー・サーディーは「我々は生徒たちに、『あなたはどんな遺産を残すつもり？』と絶えず問いかけています。彼らはそれを真剣に受け止めてくれます」と話す。バッキンガム・スクールの中学部門でコーディネータをしているエリーナ・ロカスも、「中・高生に目標を設定させると、単に学力面の目標設定で終わらず、彼らの夢を解き放つ効果があるんです」と同じことを述べている。

最初に述べたことを繰り返すが、生徒たちをサポートしてあげたかったら、目標やビジョンの設定の仕方を大人が実践して見せてやることだ。ニューホープ高校は、人口が三〇〇〇人にも達しないアラバマ州の田舎町ニューホープ（New Hope）にある。この町に住む人々はとても人懐っこいが、

ニューホープ高校では、新しいビジョンの実践・普及に生徒自身が積極的に取り組んだ。

不景気の煽りを受け、一部では「ノーホープ（No Hope）」とも呼ばれている。生徒数は三五〇人、その四六％が経済的に恵まれない家庭の子たちである。

ラヴェル・エバレット校長が「リーダー・イン・ミー」のことを耳にしたとき、このプロセスを導入しているのは小学校がほとんどだと聞いていた。だが、調べてみると、自分の学校の生徒たちが必要としているものとあらゆる点で一致することがわかった。それで、校長は教職員数人を連れて、「リーダー・イン・ミー」を導入している小学校をいくつか訪れた。彼らはそこで目にしたものに感銘を受けた。「うちには確かに小学生より上の生徒たちがいるが、彼らもきっと気に入るだろう」校長たちはそう確信したのだった。

そして、中退防止助成金を財源として導入に踏み切った。夏の間、教職員たちは自発的に何日も研修を受けた。エバレット校長によれば、自分の私生活や家族に原則を応用することは教職員たちにとって、自らを見つめ直す機会になったという。彼らは自分個人のミッション・ステートメントを書くだけでなく、学校用の新しいミッション・ステートメントの作成にも取り組んだ。全員で意見を出し合った。考えれば考えるほど、ミッション・ステートメントは短くなっていった――「新たな誇り、新たな情熱、そして新たな希望（ニューホープ）」。

この新しいミッション・ステートメントが瞬く間に定着したことは、誰にとっても驚きだった。教師たちは学校を立て直し、ミッションに基づいた新しい姿で再出発したいと考えた。新たに壁画を描いた。彼らは興奮のあまり、新しいミッションは生徒たちを対象にしたものでもあることをつい忘れるほどだった。新学期が始まり、生徒たちが学校に戻ってきたとき、彼らもビジョンと大人たちの情熱を感じ、自分たちの壁画を作成した。生徒の親や地域の人たちもその趣旨に賛同し、活動に参加するようになった。生徒たちは社会奉仕プロジェクトを組織した。地元の教会はこのミッション・ステートメントを玄関のひさしに掲げた。

こうして、この学校のミッションとビジョンは町中に知れ渡った。生徒たちがそれぞれのミッション・ステートメントを書き、目標を設定する時期が到来したときは、そのプロセスがすでに彼らの頭に刷り込まれていた。大人たちが示した模範を見て、その意義を肌で感じ取っていた。このプロセスに着手してわずか一年ほどだが、この学校はすでに見違えるほどの進歩を遂げているのである。

大学

「『7つの習慣』を大学レベルに導入する取り組みは何かなされているか?」という質問を一部の人々から受ける。その背景には、大学生の三人に一人が一年生のうちに中退するという現状がある。

この質問に対する答は、「イエス」である。「7つの習慣」は大学のキャンパスで二〇年以上も前から中核的な位置を占め、新入生向けオリエンテーションや、MBAや保育といった特定のプログラムに採り入れられてきた。最近特に関心が高まっているのは、一年生の定着率をはじめとする「大学修了率」に関係する問題だ。十分な能力もないまま大学に入学する学生が驚くほど多い。読み書きや計算といった基礎学力を欠いている学生ももちろんいるが、彼らの問題の根源は得てして「ライフスキル」にある。

スケジュールどおりに行動したり、親しくないルームメートともうまく付き合ったり、優先事項のバランスを取ったり、自分で食べ物を選んだり、まったく知らない人と友だちになったり、自発的に運動したり、収支の帳尻を合わせたり、といったことをやってこなかったのだ。こうしたことを教授陣が最優先で要求すると、彼らは対処できなくなり、やがて身も心もぼろぼろになるのである。

一部の学生たちの思いとは裏腹に、大学側は学生たちを何としてもつなぎ止めたいと考えている。巧妙な手段で追い払おうとしているわけではないのだ。欠けている学習スキルや基礎的なライフ・

スキルを補習で習得させるなど、学生たちが初年度で脱落することのないように、良識の範囲内で可能な限りの策を講じている。そこで、多くの学生が頼っているのが「7つの習慣」だ。彼らはこれを、多様なニーズを満たす強力なスキル、そして原則と見ている。

職業専門学校や大学が行っている取り組みをいくつか紹介しよう。

ユタバレー大学（UVU、ユタ州オレム）

UVUのスチューデント・リーダーシップおよび成功学部は、「7つの習慣」の講座を一五年以上前から開設している。一学期単位の選択科目の一つで、年間の授業数は最大二五回である。主任講師のデニス・リチャーズは次のように述べている。「この学部は、大きな成果を上げています。圧倒的多数の学生が講座を無事修了しているからです。達成度評価の結果によれば、学生の多くが、「人生観が変わるほどの体験だった」「このクラスは私の物の見方や意思決定、人生にとてもプラスになった」「この講座のお蔭で初年度を乗り越えられた」などの感想を述べている。学部では目下、学内のリーダーシップセンターとの協力のもと、この講座における個人のリーダーシップの要素を、フランクリン・コヴィーの大学リーダーシップイニシアチブと絡めて活用しようとしている。

アラモ大学区（コミュニティカレッジ五校、テキサス州サンアントニオ）

ブルース・H・レズリーを総長とするアラモ大学制度の五校に、従来の学生六万人余りと社会人教育の学生三万人余が籍を置いている。レズリー博士は数年前、別の大学を率いていたとき、卒業式で卒業生一人ひとりを出迎える役を頼まれた。だが、彼の目を見てしっかり握手できない学生が大勢いたことに彼は愕然とした。「大学で四年間学んだ子たちでそうなんですよ」と、彼はそう言って顔を歪めた。だが、そんなのはまだ序の口であることに彼は気づいた。学生たちの多くは、「自信をもって意見を述べたり、重要な意思決定を行って問題を解決したり、独力で考えたりするスキル、つまり成功するための土台がしっかりできていなかった」のだ。

アラモ大学で「7つの習慣」を推進したレズリー博士は、次のように述べている。「私が『7つの習慣』に着目したのは、人の話に耳を傾けたり、はっきりと話をしたり、握手したりといったソフトスキルを学生たちに教えるためだけではありません。もちろんそれらも重要ですが、私が本当にやりたかったのは、彼らにクリティカル・シンキングを習得させることでした。『7つの習慣』は、自分自身のパラダイムを分析・評価し、より効果的に考えるための術を教えてくれます。それこそ真に重要な学習であると私は確信しています」。

こうした考えに基づき、アラモ・カレッジ・スチューデント・リーダーシップ・インステチュート（SLI）は二〇〇一年から、「今日の学生たちを明日のリーダーに育てる」というミッションのもと、選抜した学生を対象にリーダーシップ教育を開始した。さらに、その対象をキャンパス内の全学生に拡げようとしている。

CHN大学（オランダ、レーワルデン）

個性的な教育機関であるCHNは、自らをキャリア教育と学問と奉仕活動を組み合わせた「リーダーシップ大学」とはっきり銘打っている。この三つの分野が完全に合体しているのだ。オランダの他、南アフリカ、タイ、中国のキャンパスに一万一〇〇〇人の学生を擁するCHNは、リーダーを「普遍的な原則に従って行動し、責任を負い、人間の多様性を尊重し、シナジーを創り出し、自分の鍛錬に励む」人と定義している。理事長であるロベルト・フェーンストラ博士は次のように述べている。「私はリーダーシップにテーマを絞った大学をつくりたかったんです。リーダーシップとは私に言わせれば、人の長所を引き出すことです」この大学の本当の使命は、「それぞれの人の中に潜むリーダーを解放してやること」だと彼は説明する。

フェーンストラ理事長はフランクリン・コヴィー・ベネルックスの協力を得て、大学の「Value Driver Leadership（価値観に基づくリーダーシップ）」講座への「7つの習慣」の導入に初めて取り組んだ。この初の講座を七〇〇人余の学生が受講し、七五％が優秀な成績を収めた。この講座のおかげで物の見方が変わり、成功を手にすることができた、と多くの学生が数年間にわたって報告している。

ナイアガラ・カウンティー・コミュニティー大学（NCCC、ニューヨーク州サンボーン）

NCCCは、各キャンパスの教授陣、教職員、学生、運営陣で「リーダーシップ・イニシアチブ・

チーム」を組織している。このチームの任務は、「全学生がそれぞれの潜在的学力を最大限発揮し、人生のリーダーになることを可能にする共同体がNCCCに構築されるように、『7つの習慣』の中核的原則と行動の模範を示すこと」である。彼らは、大学の教職員や学生のみならず、退役軍人や高校生も含む地域社会全体を対象に「7つの習慣」ワークショップを開催している。単位取得が可能なオンライン講座も近々開設の予定である。

ロングウッド大学（バージニア州ファームヴィル）

経営経済学部内に、「7つの習慣」の原則に基づくSNVCリーダーシップ研究所がある。ここは毎学期、教授陣や教職員に「7つの習慣」研修を提供する他、高校への普及も任務の一つである。また、大学内の学生を対象とした「7 Habits of Highly Effective College Students」コースも設けられている。

まとめ

中学や高校（および大学）は確かに小学校とは違う。「リーダー・イン・ミー」を導入するにあたっては、教職員、生徒（学生）、体制、目標の特異性を精査して最善の方法を見きわめるべく、チームを組んで取り組む必要がある。そうすることによって、学校、生徒（学生）、教職員にもたらされるメリットが理解されるのだ。

サウスデイド中学校に「リーダー・イン・ミー」を導入するに際し、ブライアン・ハミルトン校長を主任教師としてサポートしたキーパーソン、ヤムベリルリ・クルーズ先生はそうしたメリットの一つとして、ある経験談を紹介してくれた。つい先頃、彼女は夫と共に困った状況に陥ったという。ある日の夜、二人は食事をする予定のレストランの脇の暗がりに車を駐車した。そのとき、一〇代の男の子何人かが近づいて来るのが見えた。二人は車のドアをロックしたままにし、襲われたりした場合に備えて対策を考え始めた。そのとき彼女は、一筋の光に浮かび上がった一人の男の子が自分の生徒であることに気づいた。よく目を凝らしてみると、他の子たちも彼女の学校の生徒だった。彼らは彼女の車を見つけ、話をするために近づいて来たのだった。彼女は学校で人気があり、生徒たちは彼女を慕って周りに集まることが多かった。そして、この子たちも例外ではなかった。彼女は夫も交えてその子たちと雑談し、笑い、思い出話に興じた。危険な状況かと思ったものが、とても楽しいひとときとなったそうである。

大人たちとこうした類の関係を有する子どもは、学校を中退したり、好ましくない選択をする可能性がずっと低い。また、こうした経験のある教師は、仕事の意義を実感し、熱意を失わない可能性が高い。中・高生たちに有意義な生き方やリーダーシップ・スキルを教えること、お互いに尊重し合いリーダーシップを分担し合う文化を創造すること、生徒たちが目標を設定し、自分に自信を持てるように手助けすることはいずれも、そうした関係を築き、生徒たちを成長させるのにとても有効である。

つまり、中学校や高校、そして大学では現時点において、「リーダー・イン・ミー」のプロセスが小学校ほど確立されていないが、成果を上げている学校は多い。教師たちは、中学や高校のさまざまな体制や生徒たちの特異なニーズに「リーダー・イン・ミー」を適合させる方法を工夫する不断の努力が求められる。子どもたちの言葉に耳を傾け、大人と有意義な接触を持つ機会を提供し、彼らが得意とすることをやらせてあげることによって彼らを学校につなぎ止めることができるのであれば、著者は労を惜しまないつもりである。

自分自身を見つめ直す

「7つの習慣」の中の「第6の習慣　シナジーを創り出す」とは、個人個人の長所を見つけ出し、それらを結合するということだ。全体は各部分の総和よりも大きくなるからである。大人たちは時として、子どもたちの欠点ばかり指摘したがる。そうではなく、彼らの長所を見つけ、それを学校や家族のためになるように活用してやるほうが効果的なのだ。あなたが知っている一〇代の子どもを思い浮かべてほしい。

その子にはどのような長所があるだろうか。その長所を活かして学校文化を改善するには、どうしたらよいだろうか。あなたの家に一〇代の子どもがいたら、家族の意識を強化するのにその子の長所をどのように活かすべきか。その子はどのような目標を持っているだろうか。

第9章

変革の炎を燃やし続ける

リーダー・イン・ミー

変革は全員の仕事である。

エドワーズ・デミング（『Out of the Crisis』1982）

カナダで初めて「リーダー・イン・ミー」を導入した学校は、アルバータ州メディシンハットにあるクレストウッド小学校だった。デイビッド・ジョージ校長はこの学区で「7つの習慣」ファシリテーターの認定を受けており、教職員の研修を行う過程で「リーダー・イン・ミー」のことを知った。ABコームス小学校のリーダーシップ・デーを視察するため、彼はすぐに教師二人と共に飛行機で現地に向かった。彼らは感銘を受け、サマーズ校長の二つの助言をしっかりと胸に刻みつけて戻った。一つは、「『7つの習慣』を手加減して教えるのはいただけません。児童はきっと理解してくれる、と信じることです」というもの、そしてもう一つは、「物まねはだめです。自分のやり方で、独自のものをつくらないと」いうことだった。

クレストウッドなりの「やり方」が、ゆっくりではあったが動き始めた。初年度は、教職員たちがそれぞれの私生活とお互いの関係に「7つの習慣」を組み込むことに力点を置いた。教職員のミーティングで定期的に習慣を再確認し、それを学校が抱える問題に応用する方法について話し合った。児童たちへの習慣の導入は月に一つのペースとし、各教師が月末に授業計画を二つ提出し、誰でもアクセスできるようにファイルにして共有した。その年の終わる頃には、「７つの習慣」の用語は日常的に使用されるようになっていた。

二年目、習慣は月ごとにテーマを決めるやり方から、包括的な手法へと方向転換した。「７つの習慣」すべてが年間を通して授業に組み込まれ、リーダーシップ用語は朝のお知らせでも使用された。壁に格言が貼り出され、児童たちがつくった掲示板が人目につきやすい場所にかけられた。児童たちもリーダーの役割を分担して受け持つようになり、習慣を実践している姿が目撃された児童は、集会で「７つの習慣ヒーロー」として表彰された。その年の最後に実施された年次保護者調査では、前年より三〇組多い八〇組の親が回答し、その全員が「７つの習慣」を「非常に良い」と評価した。

三年目が近づいた頃、人口の自然減により、学校の児童数が五〇人減らされることになった。そうすると、教師二人が失職することになる。ところが、夏の訪れと共に、学区外からジョージ校長のもとを訪ねる親たちが増え始めた。この学校が「７つの習慣」を教えていることを聞きつけ、自分の子どもを入学させようというのだ。その結果、新学年が始まるときには定員が満たされ、教師たちも失職の危機を免れることになった。「７つの習慣」がどのクラスでも等しく教えられるようにと、「７つの習慣」単元が開発され、五年生の必修である「健康とライフスキル」の時間に組み込まれた。この年のために新しいアイデアがいくつか考案され、これはそのうちの一つだった。

クレストウッド小学校では、九年間以上にわたってこのような形で進められてきた。教職員たちが毎年、どれを継続し、どれを廃止し、何を始めるか決めるのだ。新鮮味を保つため、何か新しい要素が常に追加されている。こうした努力が何らかの効果を生んでいることは間違いないだろう。主に親たちの口コミにより、この学校の児童五二〇人のうち六〇%が学区外から通ってくることが何よりの証拠である。

永続の感覚

「リーダー・イン・ミー」を導入し、継続させることは、人工衛星を打ち上げるのに似ている。地上から飛び立たせるためには、綿密な計画のもと、強力なブースターロケット二、三基で推進力をつける必要がある。だが、一定の高度に達し、正しい軌道に乗せる段階では、軌道と速度を時々調整するだけでよい。「リーダー・イン・ミー」も同じだ。

そして、ＡＢコームス小学校やクレストウッドなどの学校の場合、まさにそのような形で進められた。立ち上がりの後押しのあと、毎年いくつか工夫を凝らし、新しいアイデアを取り入れながら絶えず改善し、新鮮さを保っているのだ。ただし、打ち上げやブースターの切り離しの段階で苦労している学校も中にはある。

では、スムーズに軌道に乗せられる学校と打ち上げでエンストを起こす学校の違いは何だろうか。この章では、立ち上げとその後の継続に何が必要かという点について、一六〇〇校での導入プロセスから得た戦略上の教訓をいくつか紹介する。それらの教訓に共通して見られる点は次のとおりである。

・コミットメントを引き出し、維持する。
・目的、道筋、ペースを定める。
・システムの整合性を図る。
・実績を語り続ける。
・学区の支持を得る。
・パラダイムに働きかける。
・同じことを反復する。

コミットメントを引き出し、維持する

紀元前三世紀、偉大なる数学者として知られるアルキメデスは、「我に十分長いテコと支点を与えよ。されば、地球をも動かさん」と言ったという。地球を動かすことができなかったアルキメデスには失礼だが、著者の知る限りにおいて、永続性のある学校変革を独力で開始し、継続できる教育者はいない。どんなに長く、丈夫なテコを手に入れたとしてもだ。とても一人でやれる仕事では

ないのである。

学校での「リーダー・イン・ミー」の立ち上げとそのあとの継続に関して、著者が知る範囲でもっともうまくいった事例をいくつか紹介しよう。そこに登場するのは、有能な校長、熱意あふれるライトハウス・チーム、協力的な教職員、参加意欲旺盛な家族や地域社会、活発な児童——児童を忘れてはならない——であり、いずれもシナジーを創り出すべく努力を傾けている。

有能な校長

「リーダー・イン・ミー」を強力に推進した学校で舵を取っていたのは、強力な校長である。学校変革の取り組みを促進したり妨害したりできる権限を持つのは、校長をおいて他にいない。だが、「リーダー・イン・ミー」のハンドルを握るのが校長だけだとしたら、大した変革は生じないであろうし、校長はゆくゆく肩身の狭い思いをすることになるだろう。

「リーダー・イン・ミー」がひとたび動き出したら、校長は絶えずその用語を使用し、有言実行を貫き、全員をリーダーとして尊重し、障害を取り除き、目的意識を持ち続ける——目的の不変性——ことによって、継続的に前進させることができる。原則を教えることに焦点を合わせれば合わせるほど、学校は校長中心ではなく、原則中心になるのだ。

強力な校長だけでは学校変革は進まない。

熱意あふれるライトハウス・チーム

「リーダー・イン・ミー」をスタートさせる際に最初にやるべきことの一つは、ライトハウス・チームを編成することだ。ライトハウス・チームは七〜一〇人程度の教職員で構成し、児童の親一人を加える場合もある。その任務は、「リーダー・イン・ミー」を導入するにあたって適切な道筋とペースを設定し、全校レベルで導入を監督することだ。

全員が当事者意識を持ち、一人だけにすべての負担がかかることのないように作業を広く割り振り、「リーダー・イン・ミー」が継続されるようにする。従来からいる教職員も、新たに加わった教職員も「7つの習慣」と「リーダー・イン・ミー」の研修を受ける他、メンタリングや模範を示す役割を果たすことが求められる。チームのマンネリ化を防ぐ意味で、毎年メンバー数人を入れ替えるとよい。ライトハウス・チームがしっかりしていれば、校長が替わったりしても「リーダー・イン・ミー」を継続できるだろう。

協力的な教職員

「リーダー・イン・ミー」は、教職員に押しつけるべきものではない。

かといって、全面的な賛同が得られないと始められないというものでもない。最低限の人数の支持が得られればスタートすることができる。とはいえ、最初から一人でも多くの人の参加が得られれば、それに越したことはない。「リーダー・イン・ミー」を本で学習したり、模範校を視察したり、親たちや地域社会のサポートに耳を傾けたりするだけで、参加する気になる人もいる。

だが、「7つの習慣」の研修を受けたり、実地に体験したりしないと、このプロセスを受け入れる気持ちになれない人もいる。彼らの参加が得られたら、成功事例の共有、成果が上がった際の祝福、彼ら自身の効果性や遣り甲斐の改善を通じて、毎年繰り返し参加してもらうことが重要である。「リーダー・イン・ミー」は大勢による共同研究であって、個別に活動するものではない。

参加意欲旺盛な家族や地域社会

有能な校長、熱意あふれるライトハウス・チーム、協力的な教職員がそろえば、「リーダー・イン・ミー」の立ち上げ・継続に不可欠な要素は一応整ったと言える。だが、「リーダー・イン・ミー」を最高レベルで実行する学校は、大人の参加者が教職員だけでは満足しない。児童の親、企業、地域社会のリーダーたちの才能やサポートも得ようとするのだ。こうした人々は、「リーダー・イン・ミー」の有効性の向上に大いに貢献すると共に、教師たちの負担を軽減してくれる。

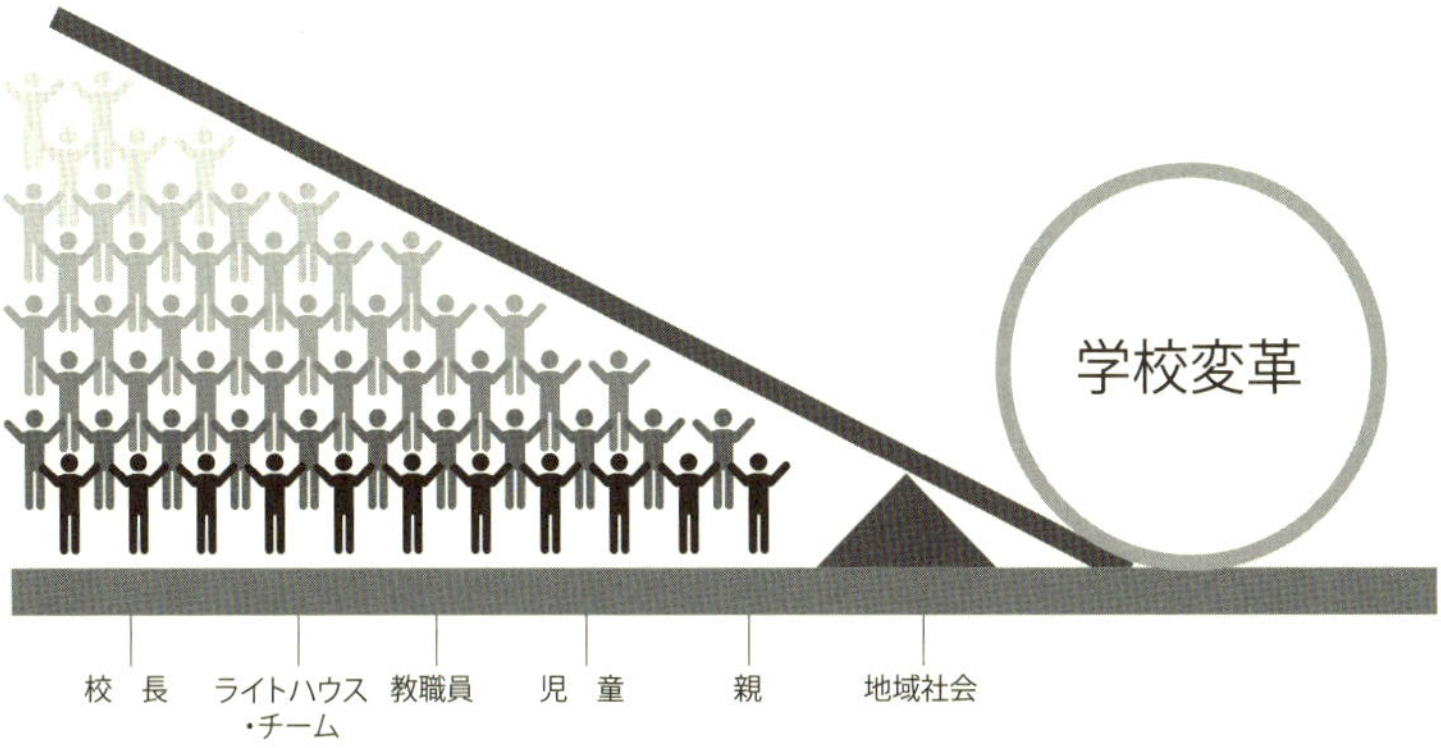

より多くの関係者が関わると支点が移動し、テコの効果は増大する。

活発な児童

本書を貫く明確なテーマがあるとすれば、それは児童たちの関与であり、それがこのプロセスの立ち上げと継続にとって大きな力となる。習慣の指導や物理的環境の改善、リーダーシップの分担、意思決定、目標の設定や追跡などに児童たちを関与させるのだ。一に関与、二に関与、三にも四にも関与なのである。「リーダー・イン・ミー」が動き始めると、彼らはもっとも熱心かつ継続的な支援者の一角を占めると同時に、関与を通じて学習することにもなる。

一人でも多くの教職員、児童、親、地域の人々が、児童、教職員、家庭、地域社会にもたらされる「リーダー・イン・ミー」の効果を予想し、このプロセスへの関与を深めれば、彼らの決意はそれだけ強いものになるだろう。関係者それぞれのコミットメントによって支点を目標物に近づけることができれば、テコはより大きな力を発揮する。関与しなければ、このコミットメントは生まれないのである。

目的、道筋、ペースを定める

戦略上の教訓の二つ目は、目的、道筋、ペースをバランスよく、しかも一年ごと定めることだ。フロリダ州ポートシャーロットでは、シャーロット郡公立学区が区内の一〇の小学校すべてに「リーダー・イン・ミー」の導入を促したところ、一〇校すべてが前向きな返事をした。そのうちの四校は即座の着手を希望し、他の六校は一年ほどかけてよく研究し、確信を持てたところでゆっくりとしたペースで導入したいとのことだった。すぐにスタートした四校のうち、二校は児童と教職員の特殊な事情により、他の二校よりも速いペースで進めた。残り六校も二年以内に導入に踏み切り、現在は一〇校が順調に取り組んでいる。一〇校全部が成功事例の共有で協力しており、うちの三校はパイロット校に指定されている。

カリフォルニア州では、ジャンソン小学校が「リーダー・イン・ミー」の導入に関心があるかと、学区から打診された。パンダ・エクスプレス・レストランチェーンより学区内の学校に対する支援の申し出があったのを受けて、ガブリエル・カルデナス校長はABコームス小学校のリーダーシップ・デーを視察するため飛行機で同校へと向かった。そこで彼は感銘を受けたが、教職員たちがどういう反応を見せるか気がかりだった。大人数のクラス、少ない予算、他の取り組み、英語を母国語としない児童の多さなど、彼らはすでに大変な思いをしているからだった。

それで、教職員の一部から実際に反対の声が上がったとき、カルデナス校長は驚かなかった。だが、「リーダー・イン・ミー」を試してみたいという教職員も相当数いたため、全員に「7つの習慣」の研修を受けさせたのち、ゆっくりと導入を進めた。誰にも強制はしなかった。幸い、導入したクラスでは非常にうまくいったため、二年目にはほとんどのクラスが参加することになった。その時点からペースを速め、三年目に入ると、教職員たちはパイロット校に指定されるまでになっていた。

以上、紹介したそれぞれの事例において学校は着手する目的（なぜ）に時間をかけて明確にし、人々のコミットメントを得ていった。そのあと、それぞれの学校が自らの置かれている状況を精査し、教職員と児童たちのニーズやキャパシティに合った導入計画を立てた。さらに、彼らは導入プロセスをマイペースで進めた。こうしたプロセスは年ごとに再評価すべきであり、学校は次の項目を繰り返し見きわめることが重要である。

目的

「リーダー・イン・ミー」はどうして自分たちに必要なのか。自分たちは今年、どのような目的を達成しようとしているか。ABコームス小学校では新学年が始まる前に、経験の共有、お互いを激励し合う、目標の設定などを行う時間を設けている。教師たちは、その年に達成したいと思う目標や成果について新たな決意文を書き、それを掲示する。「リーダー・イン・ミー」を適切に導入し、継続していくためには、一度決めた目的を貫き通すことが重要である。

AB コームス小学校の教職員たちは決意を紙に書いて公表している。

道筋

自分たちの目的をどのような方法で達成するつもりか。導入初年度または各年度の最初に年間計画を立てることによって、バランスの確保、時間の節約、リソース配分が可能になり、ストレスが緩和され、成功の確率が高まる。目標へと至る道筋を描いていなければ、教職員たちは軌道を外れていないか確認しようがない。道筋を決める際は教職員のニーズや才能を考慮することになるが、児童よりも教職員に重点を置きすぎると失敗する恐れがある。

ペース

学校変革に取り組む際は、バランスとペースへの配慮も必要だ。胆嚢の摘出手術、扁桃腺の切除手術、膝の代替手術を一日で受けたとしよう。これら三つの手術はどれも完璧に行われたとしても、患者はショック死するのが関の山だ。「リーダー・イン・ミー」には、リーダーシップ、文化、学力という三つの要素すべてを改善するための戦略的手順が埋め込まれている。それぞれ実行可能であり、より効果性の高い状況をつくり出すことを意図している。だが、三つすべてを同時に行ったら、あるいは、一つの要素だけに力を入れ、残り二つを無視するとしたら、教職員も児童たちもついていけないだろう。

ＡＢコームス小学校をはじめとする「リーダー・イン・ミー」実践校を視察する人たちは、すぐにでもああなりたいと思いながら帰路につく。だが、ＡＢコームス小学校は毎年少しずつ追加しながら徐々に進めてきたことを見落としている。全校的な変革は、その学校のＤＮＡにまで完全に浸透するのに三年を要するのが一般的である。

したがって、どの位のペースで進めるか、一度にたくさんやるか、少しずつにするかを、それぞれの学校で決める必要がある。本書には、単年度では到底試しきれないほどのアイデアが盛り込まれている。学校は、そのニーズや関心の度合いに応じてアイデアを選び、独自のアイデアも追加し、それらを何年かに割り振るとよい。学校変革を本当に定着させるには三年程度の期間を要するものだ。ＡＢコームス小学校は一五年間にわたって、アイデアを加えてきた。急がば回れ、という諺もある。競争ではないのだ。

全員が常に目的を意識し、重点的な実行計画を策定し、毎年度が始まる前に現実的なペースを定めることによって、学校はバランスのとれた取り組みが可能になる。そうすれば、一年に詰め込みすぎたり、逆に少なすぎたりすることや（次表参照）、重要なイベントや活動を忘れていて年度末に気づくといったことは大幅に減らせるはずだ。
目的、道筋、ペース、そして根気、すべての要素が必要なのである。

変革努力が失敗に終わるのはなぜ？

学校変革の適切な道筋とペースを決める際は、多くの要素が絡み合う。少なすぎても、逆に多すぎてもよくない。その間の適切なバランスを見つけられるかどうかだ。

少なすぎる	多すぎる
説得力ある変革目的がない	目的が現実離れしている
当事者が変革に消極的	当事者が流行に飛びつきたがる
校長の指導力が足りない	校長一人の指導力に頼りすぎる
支持を取りつける時間が足りない	完全なコンセンサスを得ようと時間をかけすぎる
戦略がない	戦略が細かすぎる。権限の委譲が行われていない
準備や計画が不十分	計画だけで実行が伴わない
動きが遅すぎて熱意が維持できない	動きが速すぎて困惑させる
チームワークが欠如し、協力し合わない	チームを重視しすぎて個人の努力がおろそか
成果が十分評価されない	成果の評価が早すぎ、かつ過大
結果の確認やフィードバックが欠如	指示やチェックが細かすぎる
学区のサポートが不十分	学区が変革を強制する
諦めが早すぎる	成果の出ないことにいつまでも執着する
児童たちの関与がない	児童たちが過度に関与する
実行力に欠ける	議論が多すぎる

システムの整合性を図る

「リーダー・イン・ミー」を長期間継続するための戦略上の教訓の三つ目は、システムの整合性を図ることとの重要性だ。実際、三年以上にわたって「リーダー・イン・ミー」を継続させた校長に秘訣を尋ねると、「システムに組み込んだことでしょう」という返事が真っ先に返って来る。

ステートン・アイランド・スクール・オブ・シビック・リーダーシップのローズ・カー校長もその一人で、「我々の全システムに組み込まれています」と即答した。彼女はニューヨーク市の公立学校をいくつも渡り歩いた経験豊富な校長であり、学校のあらゆる面を熟知している。新校開設の話を学区長から持ちかけられ、構想段階から全権を委ねられた彼女は、そのチャンスに飛びついた。その学校の建設途中、教職員の採用を行っている最中に、企画チームが「リーダー・イン・ミー」のことを偶然知った。

彼らは「リーダーシップ」をこの学校の理念を支える三本柱の一つにすることを決めた。残る二つは、「学力」と「市民としての義務」だった。そして、三本柱すべての達成を可能にすると確信の持てる要素を特定したのち、それらを自分たちのシステムに組み込んだ。それから三年間、この学校がニューヨーク州立学校の上位一〇％、ニューヨーク市の学校の中で九八番目、スタテン・アイランド区の公立学校第一位にランクされ、三年後にニューヨーク市の学力最優秀公立学校に認定されたのは偶然ではなかったのである。

大部分の学校では、「リーダー・イン・ミー」の維持のための項目がシステムに含まれている。

・採用・選抜
・学習
・連絡
・教職員同士の連携活動
・評価
・報酬
・スケジュール作成
・組織

「リーダー・イン・ミー」を継続させるため、学校においてこれらのシステムが有効に活用された例をいくつか紹介する。ただし、これらすべてを実行する必要はなく、参考にしていただければ十分である。

採用・選抜制度

優れた学校は優れた人材を雇い、つなぎ止めることから生まれる。これ以上に重要な要素はない。

それで、優れた学校文化に適した能力や性格をすでに備えた人材を雇い、つなぎ止めることができればできるほどよいということだ。

ある学校の校長が語ったところによると、彼女は卓越した教育資格を持っているある女性を教師として採用した。そして実際、その教師は児童や親たちの間で人気があった。ところが、彼女はOBT――かつて教育長をしていて、今は大学教授の職にある人物――であることがわかった。そのせいか、自立性が強すぎ、協調性に欠けていた。自分のオフィスのドアをいつも閉めきって仕事をしていた。学年別チームとの連携に消極的で、成功事例を共有することも嫌がった。自分の極秘のテクニックを同僚たちに盗まれたら親たちからの人望を失うのでは、と恐れたからだった。「リーダー・イン・ミー」は気に入っていたが、彼女が他の教師より上手にやらなければ、というプライドがあった。授業中の指導に問題はなかったが、他の地への転勤が決まったときは誰もがホッとしたという。

最初から「7つの習慣」の資質を備える人材を雇うことは確かに難しいだろうが、逆の資質を持つ人を雇って、その後始末に苦労するよりはよいだろう。リーダーシップ論の大家、ジム・コリンズはこれを、「適切な人をバスに乗せる（適材適所）」と表現している。「7つの習慣」の文化にフィットする人物かどうかを見きわめるには、その判断に資する質問を面接でする必要がある。

リーダーシップ・デーに大勢の前でスピーチをするABコームス小学校の児童たち。この学校では、こうしたリーダーシップ機会が学習システムに埋め込まれている。

学習システム

クレストウッド小学校では、新旧を問わず教職員全員に「7つの習慣」と「リーダー・イン・ミー」の適切な研修を受けさせている。新規採用者は就任直後、学区から提供される「7つの習慣」研修を受けさせてもらえるが、新任の先生が「リーダー・イン・ミー」に馴染めるように、ジョージ校長は個人的にサポートしている。そこには、彼の学校でそれを実行する方法に関する彼なりのビジョンも含まれている。「リーダー・イン・ミー」がまさにシステムに組み込まれているのだ。

在籍する教職員の教育については、毎月第一月曜日に教職員ミーティングが開かれ、そのうちの三〇分間が一つの習慣について話し合う時間にあてられている。通常はライトハウス・チームのメンバーが「7つの習慣」のビデオを見せたあと、①この原則をこの学校に応用する方法、②自分自身がこの原則を効果的に実践する方法という二つのテーマについて教職員同士で話し合う。ジョージ校長によれば、教職員たちがアイデアを共有する用意があるときは、議論を途中で打ち切ることが多いという。ミーティングに向けた準備はあまり必要なく、しかも容易になる、と彼はつけ加えた。

他の学校でよく見られる方式は、一人の教職員が七分間で「７つの習慣」のうちの一つについて、成功事例や重要な学習ポイントを説明するというものだ。つまり、「７つの習慣」のための七分間ということだ。彼らはこれを必ず行うようにしており、まさにシステムに組み込んでいるのだ。シンガポールのホライズン小学校では、毎週火曜日の教職員ミーティングの中で、「リーダー・イン・ミー」の一部分を読み、それについて話し合うようにしている。急がず、少しずつ読んでいるという。

また、「７つの習慣」を児童に教えるための学習システムに組み込むことで効率を上げている学校もある。一日の最初の一〇分間や毎週水曜日の午後、あるいは学校が最適と思う時間帯をＬＥＡＤタイムとしている例はすでに紹介した。クレストビュー中学校では、「健康とライフスキル」という教科の中で正規の授業として教えていた。チョア・チュー・カン小学校では、毎週月曜日の最初の三〇分間を使い、①考え方の概要、②学校での応用、③家庭への応用、④内容の確認というテーマを取り上げている。これは標準のひな形であり、これに従って進めることによって全員の負担が軽減されるのだ。

連絡システム

学校はどこも、児童やその親、教職員たちとの連絡システムを備えている。朝のお知らせ、広報誌、集会、保護者連絡帳、電話、メール、ＰＴＡの会合、掲示板、Ｗｅｂサイトなどが一般的であり、これらにリーダーシップの用語を埋め込むことができる。

リーダーシップを伝える目的でＡＢコームス小学校が多用しているシステムの一つに、毎日の朝のニュースをテレビを通じてすべての教室に送るというものがある。ベルを合図に「ニュース」が始まる。児童リーダーたちは、お知らせの時間と国旗掲揚式の進行役を務めたあと、習慣のうちの一つについて気づいたことなどを簡潔に述べ、「今週のリーダー」を発表する。参加する大人たちは、「私はある児童が昨日、習慣のうちの一つを実践しているのを見かけました」などと肯定的な報告をする。できるだけ簡潔に述べ、一日を気持ちよくスタートする。

児童たちを重視している姿勢が電話応答システムから伝わってくる学校もある。時間外にかかってきた電話に対して、予め録音してある児童の声で、「こんにちは、○○と申します。私は△△小学校でリーダーをしています。本日の業務は終了しました。午前八時から午後四時までの間におかけ直しください。ごきげんよう」というアナウンスを流す。これは、ただ単に学校の勤務時間を伝えるだけではない。通常は大人が担う仕事でも児童たちに分担させられることを皆に知らせているのだ。児童たちは「今週の声」に選ばれたくて、一生懸命話し方の練習をする。

連携活動体制

三四ヵ国から成る経済協力開発機構（ＯＥＣＤ）のレポートによると、成績優秀な国の教師は週に一五〜二五時間、連携活動に従事しているという。この時間数は、米国（週平均三〜五時間）を含むその他の国々で見られる数値をかなり上回っている。連携活動には、同僚教師による授業見学、児童の学習状況の分析、授業研究や実地調査への参加などが含まれる。

教職員たちにただ、「話し合い、共有し合う時間を見つけてください」と言うだけでは十分ではない。連携活動のための体制を整備する必要がある。ＡＢコームス小学校では、定期的な学年ごとのミーティングに加え、「廊下会議」と呼ばれる毎日の連携活動体制がある。毎日授業が始まる前に音楽（教師が選ぶ）が放送される。これを合図として、学年ごとに担任たちが廊下に集まる。その日に取り組む予定の重要事項について数分間で打ち合わせをしたり、特に注意すべき児童について相談したり、スケジュール調整を行ったりする。数分間という短い時間だが、これによって連携活動の徹底を図るのだ。

クレストウッド小学校では連携活動の一環として、教職員が年に一度視察調査を行うことになっている。学校内の教室やオフィスを一つ一つ回って歩くのだ。他の教師や教職員たちが授業計画、掲示板、カウンセリングなどをどのように行っているかを知るためである。アイデアを拾い集める好機であると同時に、見られる側の教師としては認めてもらうチャンスとなる。誰もが互いに学び合えることを喜んでいる。ミズーリ州インディペンデンスにあるウィリアム・イェーツ小学校は、毎年一度か二度同様の活動を行っている。彼らはそれを「魚釣りに行く」と表現している。お互いの部屋を訪ねてアイデアを共有したり、工夫を評価し合ったりするのだ。

より広範囲な連携活動体制として、リーダー・イン・ミー・オンラインというＷｅｂサイトがある。ここには、世界中の教育者たちが意見交換や連携をするためのティーチャー・ラウンジという交流コーナーが設けられている。さらに、全米各地で地域シンポジウムが開催されており、何千人もの教育者が成功事例を共有したり、モデルスクールを訪れたり、著名な思想的指導者の講演を聞いたり、人脈を築いたりする。

評価制度

「測定できるものは実行できる」という格言がある。だが、評価制度が整合性に欠けていれば、誤った行動を促すことになりかねない。

評価制度には児童の成績作成、教職員の評価、規律の監視、文化の評価などが含まれる。クレストウッド小学校は児童の評価制度の整合性をとるため、通知表に新たな欄を設け、「７つの習慣」のそれぞれに照らした児童の行動をフィードバックすることにした。これは、正しく行動している児童を特定したり、市民意識や個人の効果性を促したりすることを目的とする、好意的なシステムだ。それを読む親たちにとっても、習慣を思い出すきっかけになるだろう。

教職員の評価について言えば、アルバータ州レッドディアにある学校に勤務するマイク・フリッツ校長は、各教師の年次進捗評価の必須項目として「７つの習慣」の実践に関する目標を加えている。これは教師たちに、「７つの習慣」を自ら実践することが自分の重要な職務であることを意識させる効果がある。また、シャーロット郡公立学区では、校長やその他の学区リーダーの年次評価の一環として、リーダーたちの人的交流が「７つの習慣」にどの程度合致しているか、三六〇度評価を実施している。

教職員の成績評価は常に微妙な問題であり、法律や組合の厳格な指針に基づいて行われるケースが多い。つい先頃、何人かの教師が涙を流していた。彼らの学校では「リーダー・イン・ミー」を導入できないと言われたからだという。この州における教師や校長の評価は教科の成績だけを基準とし、校長はそれと関係ないことをやりたがらないからだった。これを聞いた教師たちはすっかり失望した。しかし、昨今そのような教師たちにとって幸いなことに、著名な教師評価制度が、「リー

教えることとは、大人たちが行う二番目にもっとも個人的な行為と言われている。実際、学校は公教育の評論家の一部から、共用の駐車場だけでつながっている封建君主（教師）によって支配される独立の王国（教室）のようなものだと評されてきた。

リチャード・デュフォー／ロバート・エーカー（『Professional Learning Communities at Work』）

ダー・イン・ミー」をはじめとする「ソフトスキル」を開発する手法を支持するようになってきた。

これらの手法では、クリティカル・シンキング、現実での問題解決、自らの成長に責任を負うことなどを学習者に経験させる教師の能力が考慮される。また、家族との協力、学習文化の確立、児童の行動管理、物理的スペースの活用、児童による目標の設定・追跡に対するサポート、児童との意志疎通、指導における評価の活用といった教師の能力も評価される。こうした要素はいずれも、「リーダー・イン・ミー」との相性が良いのだ。

報酬制度

評価制度と密接に関係するのは報酬制度だ。どちらも児童や教職員たちの意欲を引き出し、成果を祝福することを目的としている。どの学校にも、またどのクラスにも、何らかの種類の報酬制度が存在する。具体的な報酬の中身には事欠かないだろうが、教育者が児童に報酬を与えることができないとしたら、それはむしろ報酬を与えすぎた場合だろう。外的報酬は効果が長続きせず、懐柔策と受け取られる恐れさえあるのに対して、内的報酬は効果が継続する。内的報酬は、「現実の世の中」に対する準備として、自然の成り行き――良い結果と悪い結果――を児童に体験させる場合も多々ある。外的報酬を用いるときは、内的報酬と組み合わせるのがよい。

報酬として学習機会を追加的に提供するという、うまいやり方をしている教師もいる。たとえばノースカロライナ州では、州の基準で児童に礼儀作法の学習を義務づけている。ＡＢコームス小学校の教師たちは児童たちに、着席しなさいとか、静かにしなさいとか、礼儀作法の授業をしっかり受けなさいなどとは言わない。むしろ、そうした要求に報酬を絡めることによって楽しい目標に変えている。

新学年が始まってすぐ、彼らは児童たちに告げる。もし特定分野で優れた成績を上げたら、クラス全員にご褒美がある。昼食に「食堂がこれまでに出した中で最高の料理」を特別な銀トレーで食べられる、と。この目標に向けて全員で頑張ろう――児童たちはよだれを垂らしながら、そう心に誓う。いざ、ご馳走にありつけたとき、どのフォークをどの料理に使うのか見当もつかない児童たちは、食事のマナーから教わるのだ。この一年間の努力に対する報酬として新たな勉強が待っていようとは、誰も思っていなかっただろう。

報酬制度は、児童たちにそれぞれの内在的価値や進歩を実感させてあげるために存在する。

そうかと思うと、古いソックスを自分のオフィスのドアにぶら下げている教師がいる。「何でまたソックスなんかを?」と尋ねられた彼女は、「私のクラスの児童たちが今日、私を驚かすようなことをしてくれた（訳注：ソックスは良いことをして人を驚かすという意味がある）ので、彼らに知らせたかったんです」と答えた。彼女の児童たちがニコニコ顔でスキップしている姿は想像に難くない。ご馳走にありついたり、パーティに招かれたからではない。自分たちが良いことをしているところが先生の目に留まったからだ。彼らは内的報酬を受けたのである。

もっとも効果的な報酬制度は一銭もかからない。サマーズ校長は次のように述べている。

「我々は児童たちをことあるごとに褒めています。彼らに常に感謝します。我々が彼らをどれほど大事に思っているか、彼らに伝えるのです。我が校には九〇〇人の児童がいます。そして、我々が怠ってはならないことは、毎日彼らの一人ひとりとつながっていることです。我々はあなたたちを信頼している、と彼らに伝えなければ。我々は、我々の中核的な価値観に基づいてそうしているんです」

スケジュール作成システム

学年の最初に計画を立て、スケジュールを決めるとき、最優先事項は最初から予定に組み込むべきだ。新入教職員に対する「リーダー・イン・ミー」研修はいつ完了するか。児童主導の会合をいつ開くか。ライトハウス・チームのミーティングはいつか。人気のある伝統行事をいつ開催するか。リーダーシップ・デーなどの重要イベントはいつ開催するか。最重要目標の達成に向けた中途目標はどこに設定するか。一年が始まる前にイベントの計画を戦略的に立てることによって、イベントがうまくいく可能性が大幅に増す。それればかりかクオリティも上昇し、行事がバランスよく配置され、ＷＩＧをＰＩＧよりも確実に優先させられるのだ。

組織体制

学校の組織体制とは、学校で誰が何をするかを示すものだ。学校で素晴らしい成果が不意に生まれたとき、学校変革を持続させるためには、「偶然に発掘された有能な人材」ではない誰かが担当しなければならない。

ある小話がこの何年かの間にさまざまな形で登場している。著者なりの言い方をすれば、こうなる。ライトハウス・チームに非常に有能な五人が所属していた。彼らの名前は、Everybody（すべての人）、Somebody（ある人）、Anybody（いかなる人）、Nobody（誰でもない）、Busybody（何でも首を突っ込む人）だった。ある年、達成すべき最重要目標があった。Everybody が主導するようにと言われた。しかし、Everybody は、それをするための才能は Anybody のほうがずっとあり、少なくとも Somebody が自発的に名乗り出るだろうと確信していた。そこで、Everybody はいくつかのＰＩＧへの対処で忙しくなった。結局、最重要目標に取り組んだのは Nobody だった。そして、そのために Busybody は陰口や愚痴の種が何日分も増えたのだった。

リーダーの中には、責任を委譲したり、明確に分担したりできなくて、結局山のような仕事を一人で抱え込む人がいる。そうではなく、役割を明確に定め、有意義な期待をはっきり割り振ると、仕事が処理しやすい単位に分割され、そこに参加する人間が増え、そのプロセスが維持されるのだ。

つまり、学校がそのシステムに「リーダー・イン・ミー」を組み込んだ例はいくつかある。システムが学校のミッションや関係者のニーズとうまく連携していると、ストレスや緊張が緩和され、何年もかけて「一からやり直す」必要性が減少する。「リーダー・イン・ミー」が既存の学校システムに埋め込まれていればいるほど、そのシステムが長期的に維持される可能性が高まるのだ。

実績を語り続ける

「リーダー・イン・ミー」を立ち上げる中で得た四つ目の戦略上の教訓は、実績を語ることの重要性だ。成功事例を何度も語ることで決意が蘇り、文化が育まれ、努力を続けることができる。

ＡＢコームス小学校には、長年にわたって積み重ねられた実績がそろっている。ある日、音楽クラブを指導しているジャッキー・イザドア先生がうっかり遅刻した。遅れて部屋に入って行くと、四年生のアネッサ・ジョンソンが合唱団員の前に立って発声練習の指揮をしていた。別に指示しておいたわけでもないのに。「誰かが思い切ってやらないと、と思ったんです」彼女はそう説明した。リーダーとしてすべきことは何なのかを児童たちに示す目的で、このエピソードはずっと語り継がれている。

アラバマ州ディケーターのサマーヴィル・ロード小学校は、その壁全体を使って現在までの学校の歩みを紹介している。児童が毎日通り過ぎる長い壁には巨大な時系列が描かれ、そこにはその年の成果を記した紙や写真が無数に貼られている。いずれも、学校のミッションを明示したり、児童たちの価値や可能性を伝えたりするものだ。こうした歴史は一週一週積み重ねられ、思い出とビジョンとして生き続ける。

ダナ小学校は「リーダー・イン・ミー」を導入してわずか三年だが、話を聞かせてほしいという依頼がいくつも舞い込んでいる。ノースカロライナ州の地方都市、ヘンダーソンヴィルに建つこの学校は、五二六人の児童に生きていく能力を身につけさせる有効な方法を模索していた。入学者の四四％は少数民族で、三三％は英語が堪能とは言えず、八〇％が無料または割引の給食を支給されている。ケリー・スコーフィールド校長は言う。

「そうした児童たちの境遇にもかかわらず、我々は児童たちに大きな期待をかけ、高い目標を設定するのをやめようと思ったことは一度もありません。我々の『影響の輪』の中にあるものは何か、我々にできることは何なのか、いつもそれを考えるようにしています」

図書館の棚で『リーダー・イン・ミー』の本を見つけたことが、この学校にとって転機となったようだ。

それ以来、ダナ小学校は州や国から数々の賞を受けている。National Title I Association（ナショナルタイトルI協会）は、児童たちが継続して優れた成績を収めていることから、この学校を「優秀校」に指定した。また、米国で全米学校変革賞を受賞した六校のうちの一つでもある。また、算数の習熟度の伸びが評価され全米インテル賞で最終選考に残り、ノースカロライナ州からも優秀校の表彰を受けた。受賞の一つひとつが教職員たちにとって実績を語る材料となり、それが彼らの決意をさらに強固なものにするのだ。

ダナ小学校が獲得した賞の多くが、学力向上に関するものだった。この四年間で、この学校のスペイン系の児童は読書能力が二〇%から八〇%へと上昇した。また、「英語力が標準以下」の児童も七五%から一五%へと改善し、白人の児童が六一%から八五%に、貧困家庭の児童が四七%から八〇%になった。信じ難い成果と言える。スコーフィールド校長は、目標設定とデータ追跡のプロセスが「計り知れないほどの効果」をもたらし、児童たちが自分の学力に責任を持てるようになったと説明する。これは彼らの実績の大きな部分を占めている。ところが興味深いことに、校長によれば、こうした成功により訪問者が絶えないが、その大部分は学力向上に関する話を聞くことが目的ではないという。むしろ、児童たちによるリーダーシップ・スキルの応用法や学校文化の構築に関心があるそうだ。

このように実績を語り続けることは、「リーダー・イン・ミー」の推進や継続に有効である。しかも、ダナ小学校のように、それを裏づける確かなデータがあれば、実績はさらに迫力を帯びるはずだ。したがって、「リーダー・イン・ミー」実践校は、学力、文化、リーダーシップ・スキルの改善の経過がわかるようなデータの収集も含め、ぜひ成果を記録し保管してほしい。

ジョンズ・ホプキンス大学レポート

「リーダー・イン・ミー」は、学校がリーダーシップ・スキル、学校文化、児童の成績の進歩状況を追跡し、成果を祝福することを奨励する。これら三つの分野すべてにおける進歩の実例は、「リーダー・イン・ミー」（ＴＬＩＭ）実践校二校を対象にジョンズ・ホプキンス大学が実施したケーススタディーで紹介されている。このレポートが指摘した事実をいくつか紹介しよう。

確かに、ＴＬＩＭが学校の雰囲気を良い方向に変えたことは衆目の一致するところである。教師や校長にとって、その主たる要因は、「７つの習慣」に導かれた、児童たちの行動の改善と文化の確立であった。児童たちはその雰囲気の改善を、秩序と安全の強化という実感へとつなげた。児童たちが「７つの習慣」を学んだことで、いじめの件数が減少したとの明確な指摘もいくつかあった。

ＴＬＩＭがもたらした明確な効果の二つ目は、児童たちの自信と意欲が強まったことである。「７つの習慣」の実践を通じて方向性と責任感が生まれ、それが意欲をかき立て、決意を強化するのである。失敗を恥と感じたり、他人の失敗をからかったりする風潮がはびこる学校に比べ、勇気ある行動に出やすいのであろう。

三つ目の効果は、人間関係が円滑になり、争い事の解決の可能性が高まることである。教師、校長、親たちによれば、「口論や喧嘩、処罰、停学の件数が以前より減少したという。争い事に対しても積極的な対処ができるようになって喜んでいる」と児童たちは回答した。

四つ目の効果は、指導が容易かつ楽しくなった点である。この効果は、児童たちの行動が改善され、自らの行動に責任を持つようになったこと、学校全体の雰囲気が改善されたこと、学校の文化や秩序が「7つの習慣」に沿って形成されたことに直接起因しているように思える。教師のフォーカスグループはTLIMのメリットとして、児童たちの自発性、効率性、宿題やクラスの課題をやり遂げることに対する個人の責任感が向上したと指摘した。

学区の支持を得る

「リーダー・イン・ミー」に対して学区のサポートが得られれば、このプロセスが長期的に継続する可能性が高まる。そんな例を二つ紹介する。一つはフロリダ州、もう一つはテキサス州だ。

フロリダ州ポートシャーロット

シャーロット郡公立学区は、二〇〇三年から「7つの習慣」を導入している。この年、かつての教育長デイブ・ゲイラー博士、チャック・ブラッドリー副教育長、学区の教育委員会が、「7つの習慣」を学区の文化の中核に据えることを決めたのだ。この決定は、現在の教育長ダグ・ホイタッカー博士のもとでも引き継がれている。

この学区の教職員五〇〇人以上が自主的に「７つの習慣」の研修を受けた。多くの人々が「５つの選択」、「スピード・オブ・トラスト」など、フランクリン・コヴィー社が提供しているその他の研修も受けた。これらの研修はいずれも、この学区の意欲的なリーダーのためのプログラム用に提供されているものの一部だった。ホイタッカー教育長とブラッドリー副教育長は自ら「７つの習慣」のファシリテーターの認定を受け、各種コースの指導にあたっている。

「リーダー・イン・ミー」のことを耳にした学区の管理部は大いに興味を持った。彼らはそれを、児童たちを次世代のリーダーあるいは市民に育て、将来のキャリアや私生活に役立つような習慣を身につけさせる一つの方法ととらえた。彼らはまた、「リーダー・イン・ミー」は地域社会にも好影響を及ぼす可能性があると感じた。また、学区全体で行うことのメリットにも着目した。

ブラッドリー副教育長によれば、学区を関与させることの一つのメリットは、学区の教職員に研修の一部を主導させることによって、費用が節約される点だという。もう一つのメリットは、学校同士の連携だ。校長たちが集まる月例会議が考えを述べ合う場となる。小学校一〇校すべてが参加しているのは、学区の関与による部分が大きく、彼らは目下中学校への拡大も検討中である。

テキサス州サンアントニオ

北東独立学区（ＮＥＩＳＤ）では、三八の学校が「リーダー・イン・ミー」をスタートさせている。

この学区も「リーダー・イン・ミー」が登場した時点ですでに、「7つの習慣」をはじめとするフランクリン・コヴィー社のプログラムの存在を知っていた。この学区でリーダーシップの育成を専門的に担当しているパット・サンフォードは、何年も前から「7つの習慣」の認定インストラクターだった。彼女は前教育長のリチャード・ミドルトン博士、現在の教育長ブライアン・ゴターディー博士と共に、学区のリーダーたちの大部分に「7つの習慣」（管理者六三一人）、「第8の習慣」（管理者二八八人）、「実行の4つの規律」（三つの事業部）を指導してきた。

NEISDは、子どもたちをあらゆる面でサポートするというビジョンと哲学を掲げている。彼らはこれを三六〇度教育と呼んでいる。つまり、児童たちの学力を伸ばすだけでなく、多方面の才能、共感して話を聴くスキル、意思決定や進路設計を適切に行う能力も身につけさせようというわけだ。こうした考え方に合う「リーダー・イン・ミー」が提供され始めたとき、NEISDに迷いはなかった。だが、戦略的で責任を持てる方法で普及させたいとの思いから、まず五校から始めることにした。学区の教職員たちが「7つの習慣」の研修の大部分を指導し、他の部分についてはフランクリン・コヴィー社のコンサルタントを招いた。この五校は次の八校のモデルになった。さらに、その八校がまた次の何校かのモデルとして指導にあたり、毎年八校か九校ずつ増やしていった。

全体としてこの学区の教職員二〇〇〇人以上、児童三万人以上が「リーダー・イン・ミー」を通して「7つの習慣」の研修を受けた。学区のPTA協議会のメンバーたちも訓練を受けた。この学区が享受した最大のメリットの一つは、同じ用語を共有する児童や教職員の数が増えたことだ。その結果、学区教職員と学校の教職員、それと児童たちの間に連携が生まれている。それが一人ひとりを一個人として、また専門家として向上させるのに役立ったと彼らは感じている。すべての児童に「７つの習慣」を学ばせることにより、「ライフスキルを家庭で教えられる子どもと、そうでない子どものギャップが解消された」とサンフォードは指摘する。学区にとっての最大のメリットは、「児童たちのボイスが聞かれるようになった」ことで、さまざまな学校の文化が著しく改善されたという。

「リーダー・イン・ミー」を実践している学区はシャーロット郡とＮＥＩＳＤだけでなく、他にも数多く存在する。学区全体への導入を通じて、重要なポイントが三つ浮かび上がる。まず一つは、学校や教職員に参加を強制してはならないということだ。教職員の準備が整わないうちに無理やり参加させるべきではない。教職員が当事者意識を持って取り組まないと意味がないからだ。第二に、学区レベルの人間がこのプロセスを支持する必要がある。前で紹介したチャック・ファーンズワースとパット・サンフォードの二人は、素晴らしい支持者と言えるだろう。また、五〇余の学校が参加しているアルバータ州エドモントン公立学区では、管理・支持する学区チームを組織している。第三に、学区が最善の導入法を見出すべくシナジーを発揮するとき、規模の経済、効率、そして協調が生まれるのだ。

パラダイムに働きかける

「リーダー・イン・ミー」を長期にわたって継続させるための戦略上の教訓で、ここまで触れていないものがもう一つある。それは、パラダイムに絶えず働きかけるということだ。結局、このプロセスに参加するかどうかを決めるのは人間なのだ。目的、道筋、ペースを定めるのも、システムを設計するのも、実績を語るのも、すべて人間なのである。そして、人間の行動を駆り立てるのは、その人のパラダイムなのだ。

「リーダー・イン・ミー」を実践するにあたり、考え方をほとんど変える必要のない人も中にはいる。そういう人は、キャリア全体について「リーダー・イン・ミー」に沿った考え方をしてきたのだ。その一方で、パラダイムを大きく変えなければならない人もいる。つまり、「リーダー・イン・ミー」を継続させるためには、学校は人々のパラダイムに繰り返し取り組む必要がある。

では、そうしたパラダイムとは、具体的にどのようなものだろうか。本書の随所ですでにいくつかのパラダイムを挙げてきた。「7つの習慣」のそれぞれは、重要なパラダイムである。「リーダー・イン・ミー」の立ち上げ、そして継続に不可欠な、その他のパラダイムを見てみよう。

インサイド・アウトから働きかける

学校の継続的変革は、個人の継続的変化から生じる。ある人が反応的で、慢性的な「被害者症候群」――何か問題を抱えると、すべて他人や環境のせいにする――に侵されているなら、変革は自分の中から始まるということをそっとわからせてあげる必要がある。教師が児童や親の行動を改善しようとする場合、その児童や親のパラダイムを点検し、まずは自分の内面から始めなければならないことに気づかせてあげよう。持続する変化は、インサイド・アウトのアプローチによって可能になるのだ。

誰もがリーダー

自分たちが長年してきた仕事の一部を児童たちに委ねる努力をしている教師もいるだろう。児童たちの意見や才能を尊重し、彼らを「真のリーダー」とみなすとしたら、それは大きな変化と言える。彼らの意見を積極的に引き出し、彼らが自分のボイスを発見できるようにするには、継続的な励ましが必要だろう。自分を真のリーダーとみなせない児童もいるかもしれないからだ。

「解放」対「管理」

自分を「舞台に立つ賢人」と考えるのではなく、「傍に寄り添う案内人」とみなすとしたら、一部の教育者にとってそれはまさに自己変革と言えるだろう。お目付け役か引き立て役か、ということだ。他者の可能性をコントロールするのではなく自由に解き放ってやる。言い換えれば、矯正するのではなく、長所を見つけ出してやるパラダイムへと移行することは、人によってはきわめて難

「7つの習慣」は時代を超越した原則中心のパラダイムに基づいている。世界中どこでも、子どもが親しみやすいものにすることができる。

しいことかもしれない。それは、授業をしたり、規律上の問題を解決したり、イベントを企画したりする仕方に現れるものだ。やはり、児童たちの**ために**何かをしているつもりでも、彼らに**対して**何かをしてしまうのだろう。

子ども全体

これは、教育者の大部分がキャリアを始めたときに持っているパラダイムだ。彼らは子ども全体――肉体、知性、情緒、精神――に目を向けたいと思っており、だからこそ、彼らは教育という仕事に身を投じたのだ。問題は、テストのための指導に重点を置くことを要求するプレッシャーと報酬システムであり、児童たちをテストの点数と見るようになる教育者もいる。彼らの視野をもう一度広げてあげる手助けが必要である。

パラダイムは他にもたくさんあるが、大事な点は、私たちのパラダイム（物事に対する私たちの見方）が私たちの行動（私たちがすること、習慣）を促し、その行動が結果を生じさせるということだ。一時的なその場しのぎの改善でよければ、行動を変えることに努力すればよい。学校全体を永久的に大きく変革したいなら、そこに関わる人々のパラダイムに働きかける必要がある。

人のパラダイムはどんな手を尽くそうが変わらない、と言う人もいる。「老犬に新しい芸を仕込むことはできない」と。だが、それは違う。スタンフォード大学教授のキャロル・ドウェック博士は、次のように主張する。

「二〇年間にわたる私の研究が示すように、人が自分自身のために採用する考え方が、その人の生き方を大きく左右するんです。自分が目指す人になれるか、自分が重視することを達成できるかはそれで決まるんです。私たちは選ぶことができます。考え方、すなわちパラダイムは単なる信念です。強力な信念ではありますが、人の頭の中に存在するのであり、人は自分の頭の中を変えることができます」

パラダイムを変えさせる最善の方法は、原則を教えることだ。原則は変わることがなく、普遍的であるのに対して、手法は状況によって変わってくる。だからこそABコームス小学校は、校舎を模した図の土台部分に、原則に基づいた「7つの習慣」とボルドリッジの品質原則を配置しているのだ（図参照）。この図の窓は、「二一世紀市民」──新たな現実に対処する用意ができている児童

組織においては、アイデアの多くが実行に移されずに終わってしまう。新たな知見や取り組みは既存のメンタルモデルと衝突するものが多いことが一つの理由である。
ボーマン＆ディール（『Reframing Organizations』）

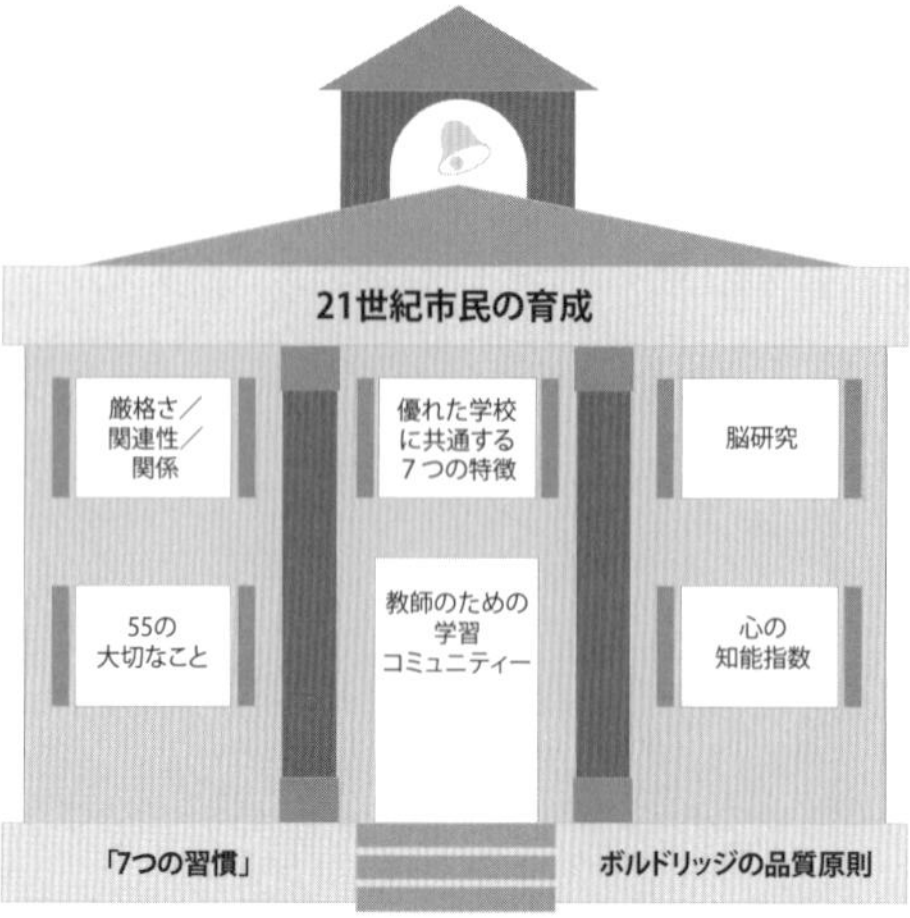

校舎で表したABコームス小学校の学校理念。

たち――を創るという教職員たちの目標の実現に向けた主要な手法を表している。サマーズ校長は言う。

「我々はプログラムや手法（窓）を数多く組み込んでいます。我々の学区や州、あるいは教育界の状況が変化すれば、それらも変化するでしょう。でも、変わらないものがあります。それは校舎の土台です。土台は『7つの習慣』とボルドリッジ原則であり、我々の目的の不変性を表しています。具体的に言えば、二一世紀にふさわしい才能と考え方を備えた人間を輩出することです」

原則は変わることがなく、普遍的である。そうであるからこそ、児童たちがどの段階で社会に出ようとも、変化に対応し得る永久的な土台を提供してくれるのである。

卓越、それは終わりなき旅

卓越とは最終目的地だけを意味するのではなく、そこを目指して努力を積み重ねることである。一夜にして卓越することはあり得ないのだ。

「7つの習慣」を教え、リーダーシップ文化を創造し、教科の成績など学校の目標を達成するには時間を要し、何年もかかることもあるだろう。しかし、そうした骨の折れる努力も、少しでも手を抜けばたちまち元の木阿弥になる。だから、この章で説明した取り組みは一度だけやればよいというものではなく、継続的に行うことが重要なのだ。そうすれば、次第に容易になり、微修正を加えるだけで軌道を維持することができるのである。

デイビッド・ジョージ校長とクレストウッド小学校は、「リーダー・イン・ミー」の旅を歩み始めて九年目に入った。長続きの秘訣を尋ねると、彼はサマーズ校長からもらった二つのアドバイスをすぐに挙げた。一つは、「『7つの習慣』を手加減して教えない」というものだ。児童たちには習慣を学び、実践する能力があると信じるということだ。もう一つは、「物まねではなく、自分に合ったやり方でやる」というものだ。ジョージ校長は、「『リーダー・イン・ミー』の良いところは、出来上がったものを与えられるのではないという点です。学区や州から学校に送られてくるプログラムを強化するのは、原則重視のプロセスと哲学なんです」と話す。

新しいプログラムが学区から送られてきた場合、この学校では「リーダー・イン・ミー」を中止してそのプログラムに取りかかるということはしない。ジョージ校長が「7つの習慣」の用語を用いて、そのプログラムを教職員たちに示すようにしている。そうすることで、学校が前から取り組んでいることに容易に組み込まれるのだ。その過程で教職員たちは、「リーダー・イン・ミー」を自分のものと考えるようになる。人の真似ではない、自分なりの方法で取り組むのだ。

ジョージ校長は、「これで完成だと言えば、その時点で終わってしまいます。持続させたければ、思い描いた終わりを決して見失わないことが大切なんです」と締めくくった。

自分自身を見つめ直す

「7つの習慣」の中の「第7の習慣　刃を研ぐ」は、再新再生と継続的改善の習慣である。学校が「リーダー・イン・ミー」を継続させるためには、個人個人がそれぞれの効果性を鋭く研いでおく必要がある。あなたの肉体、知性、情緒、精神を思い浮かべ、あなた自身の効果性をもっとも向上させると思うことを一つ挙げるとしたら、それは何だろうか。あなたの人生のその部分を改善するため、あなたは今週何ができるだろうか。

第10章

最初を思い出しながら終わる

リーダー・イン・ミー

私は、自分が初めて意識的に使った言葉で、生きること、考えること、そして希望を持つことを学んだ。

ヘレン・ケラー（『My Key to Life』1903）

最後の章では、冒頭のいくつかの章で述べた要点のいくつかを確認してみよう。それが著者なりの、「最初を思い出しながら終わる」やり方である。これまでの章と同様に、ある実例から始めよう。

ライリーは四歳のときに自閉症スペクトラム障害と診断された。彼の両親、リックとロゼリンにしてみると、息子の人生は今後どうなるのか見当もつかなかった。一生苦しみ続けることになるのか、はたまた乗り越えられるのか。「でも、あの子は私たちの素晴らしい子どもであることに変わりないんだから、できる限りのことをしよう」と両親は心に誓った。

ライリーは自分の肌に日差しが当たったり、カーエアコンが回り始めたりしただけでよく泣き出した。水洗トイレを見ては怯え、シャツに首を通すこともできなかった。それで、ライリーがアルバータ州レッドディアにあるジョゼフ・ウェルシュ小学校に入学する日が来たとき、ロゼリンは心配でならなかった。やっていけるのかしら。他の子たちがどういう態度で接するだろうか。登校の初日、彼女とライリーが学校の門をくぐったとき、彼女の頭の中ではこうした不安が駆け巡っていた。

校門で二人を出迎えたのは、マイク・フリッツ校長だった。ロゼリンはそのときのことをよく覚えている。フリッツ校長は彼女と握手し、「ようこそおいでくださいました。どうぞご安心ください」と語りかけた。歓迎会の中でフリッツ校長が最初に言った言葉は、「あなたのお子さんの教育にあたらせていただけることを光栄に思います。私たちにお任せいただき、感謝しております」というものだった。ロゼリンは周囲を見回し、教師や児童たちをじっと観察した。「先生方や教職員お一人お一人がそれぞれの子どもに愛情あふれる眼差しを注いでいる姿を見て、私は胸が一杯になりました。私は肌で、目で、そして耳でそれを感じ取ることができたんです。帰り道、涙が止まりませんでした」と彼女は振り返っている。

それからの数ヵ月間、リックとロゼリンは何度も学校を訪ねた。二人は「7つの習慣」に関する普段の会話を耳にしているうちに、習慣そのものに詳しくなっていった。ミーティングや廊下で、「それは私たちのミッションに合っているかしら？」とか、「それは児童がリーダーになってやれるかも」などと話しているのをよく聞いたという。こうした言葉はどれも前向きで、有言実行が貫かれていた。ライリーも同じで、「あなたは大切な存在なのよ」、「僕は君が好きだよ」、「あなたを信頼しているわ」、「君ならできるよ。さあ、リーダーシップを発揮して」といった言葉を常にかけられていた。それで、彼らはこの学校がとても気に入った。

だが、「素晴らしすぎて信じ難い」という状況に至る前に、ライリーにとっては必ずしもすべてが順調ではなかった。彼は自分の置かれた状況を十分わかっていたので、他の子たちと接すれば接するほど、自分が彼らと同じではないことに気づいたのだ。彼は読書が好きではなかった。何が彼の興味に火をつけるか、教師たちは見つけるのに苦労した。こうした状況は一日や数週間では解消されず、数年間にわたって続いた。あるとき、ライリーが自分自身を「気味の悪い子」と表現したことがあった。にもかかわらず、教師、助手、カウンセラー、フリッツ校長、その他の教職員たちは、ライリーを奮い立たせたるものを見つけようと必死の努力を続けた。

転機は彼が三年生になったとき訪れた。教育委員会でプレゼンテーションをしてほしい、という依頼が学校に舞い込んだ。こういうときの対応の仕方として一般的なのは、大人が大部分しゃべり、同伴した児童数人がちょっと図画を見せたり、プロジェクトの説明をしたりするというものだ。ところが、この学校は「リーダー・イン・ミー」実践校だったため、教職員たちは児童にプレゼンテーション全体を任せることにした。児童たちから希望者を募ったところ、ライリーの手が勢いよく上がった。誰もが驚いた。

ライリーは彼の教育をサポートしている人の助けを借りて、自分の脳がどういう仕組みになっているかをテーマにプレゼンテーションを組み立てた。自分の脳の図を描き、そこに黒、青、赤三種類の点を書き込んだ。晴れ舞台の日が来た。彼はスーツにネクタイ姿の男性やドレスを身にまとった女性たちの前で、これは自分のさまざまな気分を色分けして表したものだと説明した。彼の話し方には自信が漂い、熱い拍手を受けた。彼の顔に大きな笑みが浮かんだ。

翌日、ライリーはワイシャツにネクタイを締めて登校した。「僕は重要な人間なんだよ。重要な人間はネクタイを締めるのさ」と彼は言った。それからの数日間、いや数週間、彼が誇らしげに胸を張って堂々と歩いている姿が見かけられた。ネクタイは彼の一つのシンボルになった。だが、それ以上に重要なこととして、このときからライリーは読書が好きになった。

彼の学力はすべての面で大幅に向上した。彼はリーダーとしての役割を複数与えられ、他の児童一人ひとりに敬意をもって接した。大人四〇〇人を前にしたスピーチでもたじろいだりせず、総立ちの拍手喝采を浴びれば、彼のネクタイに負けないくらい大きな笑顔を見せるのだった。こうした経験を通して、彼は学んだのだった。他人と同じでなくても、リーダーになれるということを。そして、ライリーは吹っ切れたのだ。

ライリーはその後、中学校に進んだ。一部の問題はまだ引きずっていたが、他の人たちに対する思いやりの心と、リーダーになりたいという願望の強さは際立っていた。ロゼリンは「あの子は貧しそうな子どもを見かけると、自分が面倒を見てあげたいって言うんです。ホームレスの人を見ると、必ず言うんです。僕たちがリーダーシップを発揮して助けてあげなければ、って」と話す。彼女によれば、長年にわたる教職員たちの地道で協調的な努力の甲斐あって、ライリーは、「僕は気味の悪い子」と思う気持ちは消え失せ、自分をリーダーと確信する、とても社交的な男の子へと脱皮したという。「あの子は自分のボイスを見つけたんです」と彼女は言う。

現代の奇跡の人

ライリーの話は「リーダー・イン・ミー」の本質を突いている。また、今日の教育者の多くが「現代の奇跡の人」であるという、本書の第1章で述べた言葉を想起させる。これは著者が意味もなく述べた言葉ではないのだ。

「奇跡の人」という表現は、あのヘレン・ケラーの家庭教師を務めた女性、アン・サリヴァンによく用いられる。ご存知のように、ヘレンは視覚も聴覚も完全な状態で生まれたが、三歳のときに病気でその両方を失った。この肉体的障害のせいで、彼女は粗野で動物的な行動を示すようになる。あちこちの医者に診せても、彼女の中の野生を鎮めることはできなかった。アンと出会う日までは。ヘレンはアンに出会った日を、自分の精神的誕生日と呼んでいる。

アンの人生に面倒を見る相手がいなかったとしたら、この日は決して来なかっただろう。アンの母親は、彼女が九歳のときに他界した。その後、アルコール中毒の父親は彼女とその弟のジミーを見捨てた。親類たちも二人の引き取りを拒んだため、当時、病人や捨て子が収容された救貧院送りとなった。そこでジミーが結核で死に、アンも病気で視力のほとんどを失った。

アンが決して失わなかったもの、それは彼女の精神であり、その一つが学習意欲だった。彼女が一四歳だったある日、政府の検査官が救貧院を訪れた。アンは機会をうかがってその検査官に突進し、脚にしがみつきながら、学校へ行かせてほしいと必死に訴えた。文字を読めず、社会的能力もなかったため、彼女はパーキンス盲学校に送られることになった。そこで彼女は、反抗的で癇癪持ちという評価が定着することになる。それで、クラスメートからは無視され、教師の中にはもっとひどい態度をとる者もいた。

だが、この学校には、他の人が気づかないものを見る目と、聞く耳と、感じる心を持った教師が何人かいた。彼らはアンの潜在能力を見抜き、夢の実現に向けて救いの手を差し伸べた。彼らの支援を得て一連の手術を受けた彼女は、かなり視力を取り戻すことができた。彼女の寮母だったホプキンスは、アンに積極的に関わり、教師のローラ・ブリッジマンは指文字を使って意志の疎通を図る方法を彼女に教えた。このように、アンの精神を育んだのは、一度の出来事や一人の素晴らしい教師ではなく、数人の心優しい人たちから絶えず救いの手が差し伸べられたからだった。こうしてアンの才能が花開いたのである。

アンは二〇歳のときクラスの卒業生総代に指名され、卒業式の日に全校生徒の前に立った彼女は、新たな自信をみなぎらせながら宣言した。

そして、私たちはこれから厳しい実社会に巣立っていきますが、それぞれが人生の荷物を背負いながら、賢明さと幸福に満ちた住みよい世の中をつくるために微力を尽くす決意です……社会の進歩は常に、個々人の精神から始まるのです……希望を胸に、明るく、かつ真剣な気持ちで歩き出しましょう。私たちにとって真に大切なものを見つける旅へと。

アンはこのとき、自分にとって「真に大切なもの」――彼女のボイス――が何なのか、わかっていたわけではない。どこかで雇ってもらえる当てもなく、頼る家族もいなかった。だが、彼女の願いは運命の女神の耳に届いた。間もなく彼女にお呼びがかかったのだ。仕事は家庭教師、教える相手はヘレンという名の七歳の少女。

ヘレンはアンと初めて対面したとき、それまで彼女の面倒を見ようとした人たちに対する態度と変わらず、粗野で意固地だった。ところが、アンには、それまでの人たちにはない雰囲気があった。おそらくそれは、わかってもらえるという感じだったのではなかろうか。

ヘレンに大きな変化が起きたのは、アンがやって来て一週間後のこと、場所は井戸端だった。アンはヘレンの片手を流れ落ちる水の中に突っ込ませ、もう片方の手に「水」という言葉を記した。ヘレンは、この教師が外界の何かを教えようとして自分の身体に触れていることに初めて気づいた。この一つの言葉が彼女に新たな光、新たな希望をもたらしたのである。アンは日記に次のように記している。

二週間前のあの野生動物が、大人しい女の子に変身した。こうして書き物をしている私のそばに彼女は座っている。穏やかで幸せそうな顔をして……この子の魂の中で目覚めつつある素晴らしい知性を導き、形づくることが、今では私の楽しい仕事になっている。

このときから、ヘレンはアンにつきまとうようになった。かつてアンが政府の検査官の脚にしがみついたように。アンの取った手法は、ヘレンの世界に入り込み、ヘレンの興味を追いかけ、そのあとその行動や興味に言葉を結びつけるというものだった。そして、ヘレンの魂が花開いたのである。

ヘレンは、講演や執筆活動を通じて盲人や障害者のために尽くし、その名を馳せるに至った。彼女は国王や女王、各国の要人に何度も招かれている。晩年、アンと過ごした日々を次のように述懐している。

重度の障害を持つ者は、普通の人間として接してもらい、自分で生きていくようにと言われて初めて、自分の隠れた才能に気づくんです。

新たなレベルの考え方？

アンとヘレンのエピソードは一世紀以上前の出来事である。では、「リーダー・イン・ミー」とどういう関係があるだろうか。

アンやヘレンやライリーのような子は世界のどの学校にもいる。親から――少なくとも精神的に――見捨てられた子ども、周囲の事情で自分の価値や可能性を見失っている子ども、批評の声によって精神を閉ざされた子どももいる。彼らは孤独を感じ、時として腹を立て、荒っぽい行動に出る。

幸い、そのような児童だけでなく、他の人が気づかないものを見る目と聞く耳、そして感じる心を持つ、気高い教師や思いやりのある教職員もいる。そういう人たちは、アンやライリーの学校の教職員たちと同様、児童の「素晴らしい知性を導き、形づくることを自分の素敵な仕事」だと考えている。子どもたちが「隠れた才能」に気づく手助けをし、彼らを「普通の人間として扱い」、彼らに「自分なりの生き方をする」ように励ます人たちの姿を見かける。著者はそういう人々を誇りに思う。彼らはまさに現代の「奇跡の人」と言えるだろう。

児童の人生を変えるのは概して、一人の教師ではなく複数の人間の共同作業だ。教師、教職員、親、地域社会の住民などが連携し、子どもたちがそれぞれのボイスを発見できるようにサポートするのだ。彼らの努力が単独でなされることはめったになく、むしろ一連の地道で些細な出来事が長期間にわたって子どもたちの人生に影響を及ぼすのである。

冒頭の第1章で、セリグマン博士の研究と彼が五歳の娘ニッキから助言された話を紹介した。心理学という学問は一世紀の大半にわたり、人々を幸せな気分にし、効果性を高めることよりも、問題点を見つけ出し、苦痛を軽減することによって「人の矯正」に焦点を合わせきた、と彼は思い至った。彼は結局、「子どもを育てるということは、単にその子の悪いところを直すだけではない、もっと大きな目的があるはずだ。子どもの持つ強みや長所を見つけ、さらに伸ばしてやること、そして、彼らがそうした良い面を目一杯発揮できる分野を見つける手助けをすることが目的なのだ」という結論に達したのだ。それは、ライリー、アンとヘレン、そして「リーダー・イン・ミー」の話と同じではないか。

セリグマン博士がたどり着いた結論は、彼にとって新たな考え方であり、心理学の新分野の開拓へとつながった。著者は彼の言葉を引用するにあたり、そうした新たな考え方から生まれつつある学力、文化、リーダーシップ・スキルという三つの課題に取り組む必要があるかと問いかけた。

だが、今になって思えば、セリグマン博士の結論は一世紀前にアンがヘレン相手に採用した手法とあまり似ているようには思えない。彼女はヘレンを矯正しようとしたわけではなかった。彼女のGAP（欠点）にこだわりはしなかった。アンの取った手法は、ヘレンの世界に入り込み、ヘレンの興味を追いかけ、そのあとその行動や興味に言葉を結びつけるというものだった。ヘレンの面倒を見ようとした他の人たちとは対照的に、アンは最初から、彼女を「一人の正常な人間」として扱っていたのだ。アンはヘレンに「自分なりの生き方をする」ように促し、彼女の「隠れた才能」を見出そうとした。そうして初めてヘレンの潜在能力が解き放たれ、彼女の精神が誕生したのだった。

「リーダー・イン・ミー」はさまざまな意味で新たな考え方であると著者は確信している。三つの課題に同じ方法でアプローチするプロセスであり、これに似たものはないはずだ。特に「7つの習慣」は強力な原則を独自に組み合わせたものであり、世界中の何百万という大人たちの効果性を向上させてきた。今、若者を対象に同じことをしようとしている。新たな考え方を多くの形で、多くの人々に提案しているのだ。

だが、その一方で、「リーダー・イン・ミー」は古い考え方とも言える。「7つの習慣」は何世紀も前から存在し、これからも何世紀にもわたって存在し続けるであろう原則に基づいている。まさに時代を超えた原則だ。「リーダー・イン・ミー」は新たな考え方であると同時に、そうした永遠の原則に立ち戻ることも求めているのである。

人によっては、「リーダー・イン・ミー」は、長年履き慣れた古い靴のように感じるかもしれない。それは、子どもたちを相手にする教師たちが、物事を教えたり実行したりする際に用いてきた方法であり、彼らが読んだことのある調査結果とも実に合うのだ。その一方で、ぎこちなさを感じる人もいるかもしれない。それはおそらく、教育界がいろいろな点で児童たちを「矯正」することだけに慣れっこになってしまったからだろう。その一つの理由は、テストの点数を上げることを求める圧力にある。その他にも、リーダーシップよりも管理のパラダイムを備える教師、管理の必要性を感じつつも、物事の管理の仕方や人のリードの仕方を一度も学んだことのない教師のせいかもしれない。そして、やはり、「矯正」は悪いことではなく、セリグマン博士が彼の五歳の娘から学んだように人生の重要な部分である。しかし、学校や教師がそれだけに一生懸命になるようであれば、新たな考え方が必要になるかもしれない。

仕事が増えるわけではない

『鏡の国のアリス』では、疲れ果て困り果てたアリスがハートの女王と出会う。女王はアリスに、「ここではね、同じ場所に留まるためには、思いっきり走らなければならないの。どこか別の場所に行きたいなら、少なくともその二倍速く走らなきゃ！」と言う。

教育者たちがもっとも嫌がるのは、状況を改善したかったら、これまでの二倍の速さで走らなければならないと言われることだ。

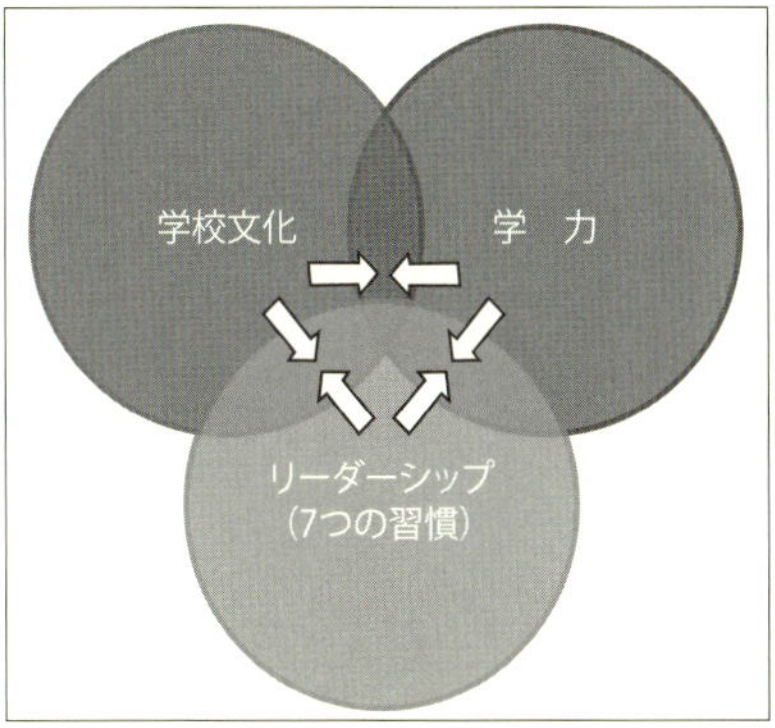

教育者の大半はすでに、能力以上の速さで走っている。そして、どんなに優秀な教育者であっても、情熱を燃やし続けることが時として非常に難しいことを認めるだろう。官僚的組織や膨大な量の業務を監督したり、気の短い親たちや厄介な一握りの児童たちに対処したりすることは日々大仕事なのだ。自分はどうして教育界に足を踏み入れてしまったのかと、途方に暮れる人もいる。「また仕事が増える」となれば、つぶれてしまうかもしれない。

「リーダー・イン・ミー」は「また仕事が増える」と考えるべきではない、と本書の随所で強調したのには二つの理由がある。その一つは、「7つの習慣」の中に埋め込まれている考え方やスキルセットを、「また仕事が増える」ではなく、「基本的骨格」ととらえる親たち、企業経営者、教育者、思想的リーダーたちがますます増えているからだ。これらのスキルは、たまたま時間が余ったら取り上げればよいという代物ではない。むしろ、学校が取り組むべき主要な課題であり、児童たちが今日の新たな現実を生き抜く可能性を決定づける重要な要因なのだ。

「リーダー・イン・ミー」は「また仕事が増える」というものではないと人々が言う二つ目の理由は、彼らはこのプロセスを、「前からやっていることをより効果的に行うための方法」と見ていることだ。なぜそう言えるのか、本書の中ですでに少なくとも次の五つの理由を挙げている。

1 「リーダー・イン・ミー」は物の見方、プロセスであって、プログラムではない。一つの考え方であり、哲学なのだ。コンピューターや携帯電話のOSに似ていて、ありとあらゆる行動や決定に関係する。何かを追加するわけではない。皿の上の料理が一品増えるのではなく、皿そのものなのだ。ひとたび導入すれば、物事がうまくかみ合い、スムーズに進むようになるのだ。実際、専門家の学習コミュニティーや国際バカロレア（IB）の学校など、すでに他の取り組みを進めている数多くの学校も、「リーダー・イン・ミー」によってそうした取り組みが大幅に強化されたと報告している。

2 「リーダー・イン・ミー」は、場所を問わず統合的な手法を用いる。「リーダー・イン・ミー」

は、学力、リーダーシップ・スキル、文化を三つの別の活動ととらえず、互いに支え合う活動と見るということだ。全体的かつ予防的な取り組みなのだ。これら三つの分野の一つを改善すると、その効果は他の分野にも及ぶ。

3　「リーダー・イン・ミー」は、教育者が既存のメニューから一部を取り除き、より価値があって適切なものと入れ替えるのに役立つ。最重要目標（WIG）を決めることにより、学校は最優先事項に力を注ぎ、単に時間を浪費するだけのこと、すなわち、関係者の主要なニーズを満たすことに貢献しないタスク、トピック、イベントなどは拒絶することができる。重要でないことは受け付けないことにより、重要なことにもっと多くの時間をかけられるのだ。

4　「リーダー・イン・ミー」により、教師は文化に関連する問題にあまり時間をかける必要がなくなる。著者がよく耳にするメリットの一つは、クラスや学校の習慣や文化に毎日一〇分ほどの時間を費やすと、規律の問題にかける時間が少なくとも同じほど節約できるというものだ。この時間を減らせるということは、その時間を教科やリーダーシップ・スキルの指導に回せるということである。

5　「リーダー・イン・ミー」は教師の効果性と効率を高める。教職員たちが「7つの習

子どもたちに教えるべき「最優先事項」は何か──その確認をすべきときである。

慣」を自分の私生活や仕事に応用すると、何かをする際の効果性や効率が向上する。そうすると、関係構築、計画、リーダーシップなどにより多くの時間をかけられるということだ。

その効率アップの一因は、教師がリーダーシップの責任を児童たちと分担することにある。パソコンの電源を切ったり、ブラインドを閉めたりといった毎日の授業後の片づけに、以前は二〇～三〇分間を費やしていた教師の話はすでに紹介した。今では彼女の児童たちがそれを二分間でやっている。責任の分担により、優先度の高いことに時間をかけられるようになるのだ。

これら五つのメリットを通じて、学校は気づくことだろう。忠実にかつ適切なペースで導入する限り、「リーダー・イン・ミー」は「仕事を増やす」のではなく、すでにしていることがより効果的に行うための方法であるということに。

一人ひとりの子どもに偉大さを植えつける

アン・サリヴァンが教えた児童はヘレン・ケラーたった一人だったが、これは例外なケースだ。まさに何百人もの子どもたちが毎朝、波が岸に打ち寄せるように学校へとやって来る。そして、一日の授業が終わると、まるで潮が引くように一斉に去っていく。そのため、一人ひとりの子どもを個性ある一人の人間とみなすのは難しく、ライリーのような子を一人ひとり見つけ出して育てるのは至難の業である。

それでも、子どもの才能や特異な潜在能力を十分理解し育てるためには、大人が時間を見つけ、何らかの形でその子の世界に入り込むことがどうしても必要になる。また、教職員それぞれの長所を最大限活かそうとすれば、誰かが時間をかけて、その教職員の興味や才能を個別に把握しなければならない。結局、誰もが一人の人間であり、一人の人間として尊敬に値する価値を持っているのである。

多くの子どもたち、とりわけ中・高生たちは、羅針盤もなく途方に暮れている。将来の進むべき方向を見失い、自分の独自性を見つけ出せずにいる。彼らは難しい時代に生きている。多くの偽物、そして誤ったプレッシャーにより、彼ら独自のアイデンティティが盗み取られかねない状況にある。

すべての「一人」が大切な一人である。

そういう現実の中、大人たちが前に進み出て、大きな岐路に立たされている今日の若者たちと一対一で向き合うのは、なかなか難しいことかもしれない。だが、ライリーのケースのように、リーダーシップを発揮する機会を与えたり、褒め言葉をかけてあげたりするだけでよいのだ。

確かに今日の若者は、卒業してすぐ多国籍企業を経営する準備はできていないかもしれない。いつの日か社長になるということもないかもしれない。テストで最高得点を取ることも、「7つの習慣」をすべて暗記することも、自分の好きなリーダーとしての役割を選ぶこともできないかもしれない。だが、これらは、思い描く最終的な終わりではない。

思い描くべき最終的な終わりは、彼らが、①自分で人生の舵を取ること、②他者と協力すること、③自分の周囲の世界に前向きな貢献をすること、つまり、自分の存在価値を感じられるようになることなのだ。子どもたちの多くがそうした結果を手にするためには、わかれ道に

「リーダー・イン・ミー」――終わりを思い描く

主要な目的
子どもたちが……
・自分で人生の舵を取る。自信を持ち、自立する。
・他者と協力する。互いに支え合う。
・職場、家庭、地域社会にバランスよく有意義な貢献をする。
副次的目的
・学校の教職員が仕事や私生活における効果性と効率性を向上させる。
・家庭における効果性と効率性を向上させる。
・将来の優秀な労働力と好意的かつ安全な地域社会を創造する。

差しかかった彼らに誰か大人が寄り添い、輝きを発するチャンスを与えてあげることが絶対に必要なのではないだろうか。大人たちが子どもたちにそうした機会を与えられるようにすること、そのために「リーダー・イン・ミー」は存在するのである。

クレッシェンドの人生を生きる

この本が印刷に回されようとしていたとき、エキサイティングな出来事が二つあった。一つは、ＡＢコームス小学校が米国のマグネット・スクールのナンバーワンに再び選出されたことだった。二度の受賞は前例がなかった。教職員や児童たちはもとより、両親や地域社会にとっても大きな名誉であった。

だが、この受賞に劣らずエキサイティングで、価値のあることがもう一つ起きた。それは個人レベルで見られた変化であり、これこそもっとも輝かしい成果だと、Ａ

Bコームス小学校の教職員たちは主張することだろう。具体的に説明しよう。

ABコームス小学校で五年生を担当するショーン・マジオロ先生は、サマーズ校長と変革の道のりを最初から歩んだ教師の一人だ。そんな彼女でも、本書の印刷直前に起きた、ある出来事を予期できなかった。彼女は一五人の児童たちに自分自身の年代記について教えていた。児童たちがそれぞれ自分の年代記を作成し、これまでの人生で特に重要だったと思う出来事を八つ書き込むことになっていた。どのような出来事を選ぶべきか、彼女はまったく指示をしなかったし、児童たちが課題に取りかかったときも話し合いはしなかった。年代記が完成したとき、マジオロ先生は児童たちに、影響をもっとも強く受けたと思う出来事を一つ選ぶようにと言った。やはり話し合いも指示もしなかったが、児童一五人中八人がABコームス小学校に入学したことを選んだのだった。彼女は気絶するほど驚いた。

マジオロ先生は児童たちに尋ねた。どうしてABコームス小学校への入学が最大の出来事なのか、と。かいつまんで言えば、彼らはこの環境が大好きだということだった。リーダーと見られることがたまらなくうれしかったのだ。一部の児童にとっては、人から信頼されるのが初めてで、自分の価値を実感できたのだ。彼らの言葉はどこまでも正直だった。涙が出るほどうれしい、と彼女は言った。そのあと、児童の一人が別の学校からABコームス小学校に転校してきた経緯を説明した。

「僕の前の学校は読み書きと算数が中心でしたが、この学校はそれだけではありません。人に対する接し方とか、人生をどのように生きるべきか、そういったことを教えてくれるんです」

この児童は、自分が感じた違いについて話し続けた。それを聞いた彼女は、くしゃみが出たような振りをしてティッシュをつかんだ。彼女は涙もろい性格だった。この子どもたちが語ってくれことに、自分もこれまでわずかながらも貢献できたのでは、と思った。それは彼女にとって、教師冥利に尽きる瞬間だった。すべてが報われた――おそらくそういう気持ちだったのだろう。

本書の冒頭で紹介したが、コヴィー博士は「クレッシェンドの人生を生きる」を座右の銘にしていた。博士は常に、自分はこれからもっと大きな貢献ができると信じて生き、そして仕事をしていた。ハーバード大学のＭＢＡ課程を卒業した博士に、兄弟のジョンが尋ねた。この人生で何をしたいか、と。博士は実に簡潔に答えた。「人間の可能性を解き放つこと」だと。そして、まさに博士はそれを実践したのだった。世界中の何百万という人々が、自分がより良き人生を送れているのは博士のおかげと思っている。博士は講演の最後に、ジョージ・バーナード・ショーの次の言葉をしばしば引用していた。

これこそ人生の真の喜びである――自らが大切だと信じる目的のために働くことである。それは自然の力と一体になることであって、世界が自分を幸せにしてくれないと嘆いたり、不平を言ってばかりいる利己的な愚か者になることではない……死ぬときには自分のすべてを使い果たしていたい。なぜなら働けば働くほど、より生きているということだからだ……私にとって人生とは短いろうそくではない。それは私に手渡され、私が今このときに掲げている松明《たいまつ》のようなものだ。だからそれを次の世代に手渡すまで、できる限り赤々と燃やし続けたいのである。

マジオロ先生もこれからもっと大きな貢献ができる、と著者は信じている。彼女の松明は、次の世代に手渡されるまで、さらに赤々と燃え盛るはずだ。本書を読んでおられるあなたも、この先さらに素晴らしい瞬間を迎えることだろう。

あなたが忙しい日々の中でしばし立ち止まり、子どもたちに生きる術をどう教えるべきか、その方法をもう一度見つめ直すきっかけとなればと、そういう思いで本書は書かれたものである。本書で述べた考えが「素晴らしすぎて信じ難い」と思うか、それとも、新たな現実に適合していると感じるか、あなたなりの判断がついたのではないだろうか。

それ以上に重要なこととして、本書があなたのお役に立つことを確信していただけたことと思う。本書があなた自身の「ボイス」――アンが自分にとって「真に大切なもの」と呼んだもの――について考えるきっかけとなれたのなら、著者として望外の喜びである。あなたの独自性はどこだろうか。何に対してあなたの情熱は燃え上がるか。本書に含まれるアイデアや概念を、あなたは自分の職業、地域社会、家庭にどのように応用するつもりだろうか。他者がそれぞれのボイスを発見できるように、どのような刺激を与えるつもりか。クレッシェンドの人生において、あなたはどのような貢献をするつもりだろうか。

同じ場所に立ち止まったままのリーダーが多すぎる。現状を甘受し、過去に機能したものから抜け出せないでいるのだ。そういうリーダーは、変革と「リーダーシップ」という言葉は誰か他の人のためにあると思い込んでいるのだろう。そして、単なる見物人と化しているのだ。あなたには主体的なリーダーになってほしい。学校変革は一人ひとりが変わることから始まるのだ。自分自身から始まるインサイド・アウトのプロセスなのである。

今日のグローバル経済においては、若者たちが初めて会社の指導的ポストに昇格する前に、他者とうまくやり、目標を設定し、先を見越して考える能力を習得させなければならない。学校の教師、医師、消防士、エンジニア、親になる前に、生き方を決め、イニシアチブを発揮し、チームとして活動する方法を教えなければならない。彼らが自分の価値や可能性を独力で見つけるまで、のんびり待っているわけにはいかないのだ。彼らはもっと成長できるはずだ。希望を託されるだけの能力を、彼らは秘めているはずなのだ。

あなたもわかれ道に差しかかったら、ぜひ本書を読み直してみてほしい。

自分自身を見つめ直す

『第8の習慣』のテーマは、「自分のボイスを発見し、それぞれのボイスを発見するよう人を奮起させる」である。あなたのボイスは何だろうか。ボイスを発見できるように、あなたが一対一で促すことのできる相手は誰だろうか。あなたが本書で学んだ知識を活用できる子どもが近所にいないだろうか。学校が近くにないだろうか。本書で紹介した原則を自分の人生に今日から応用し始めるとしたら、あなたはどのような方法を取るだろうか。あなたはクレッシェンドの人生をどのように実現するつもりだろうか。

著者について

スティーブン・R・コヴィー

スティーブン・R・コヴィーは、国際的評価の高いリーダーシップの権威であるとともに、コンサルタントや教師としても活躍した。その著書は好評を博し、とくに世界的ベストセラーとなった『7つの習慣』は「二〇世紀に最も影響を与えたビジネス書」のナンバーワンに選ばれ、世界三八カ国語に訳され三〇〇〇万部も発行された。その他、『第8の習慣「効果」から「偉大」へ』『7つの習慣最優先事項』『原則中心リーダーシップ』『7つの習慣 ファミリー』『第3の案 成功者の選択』『偉大なる選択～偉大な貢献は、日常にある小さな選択から始まった～』(いずれもキングベアー出版)などのベストセラー書もある。

全米ファーザーフットイニシアティブの「二〇〇三年度父親業賞」、人類への継続的貢献を讃える「トーマス・モア・カレッジ・メダリオン」、全米講演家協会の「講演家大賞」「トーストマスター金の小槌賞」、「シークス国際平和賞」「国際起業家賞」など受賞歴は数え切れない。また『タイムズ』誌より、もっとも影響力のあるアメリカ人二五人の一人に選ばれ、名誉博士号も八つ贈られている。博士はフランクリン・コヴィー社の共同創設者であり、副会長の職にあった。本書『リーダー・イン・ミー』第二版の出版に向けた準備の最中、帰らぬ人となった。

ショーン・コヴィー

ショーンはフランクリン・コヴィー社の副社長として、教育部門を率いる。子ども、教育者、学校へのリーダーシップ原則・スキルの普及を通じて、世界の教育を変革する活動に情熱を注いでいる。『7つの習慣ティーンズ2　大切な6つの決断～選ぶのは君だ～』『7 Habits of Happy Kids』『7つの習慣 ティーンズ』（世界二〇ヵ国語に翻訳され、四〇〇万部以上を売り上げた）などの著書は、『ニューヨーク・タイムズ』紙においてベストセラー書に選ばれた。

ショーンは全米会議でも度々基調演説を行っている。ブリガムヤング大学（BYU）で英語学の学士号を、ハーバード・ビジネス・スクールでMBAをそれぞれ取得した。BYUではクォーターバックとして二つの大学フットボール選抜試合でチームを率い、ESPN最高殊勲選手に二度選出されている。

アイルランドのベルファスト生まれ、趣味は映画観賞、フィットネス・トレーニング、子ども連れでの外出、バイク運転、作詞。妻レベッカ、そして子どもたちとともにロッキー山中で暮らしている。

ミュリエル・サマーズ

ミュリエル・サマーズは一九九八年より、ノースカロライナ州ローリーのABコームス小学校で校長の職にある。ノースカロライナ大学（UNC）チャペルヒル校で学士号を、同大学シャーロット校で初等教育学修士号を、メリーランド大学で学校経営学修士号を、カリフォルニア州大学で名誉博士号を取得している。米国初のリーダーシップをテーマとする小学校創設が彼女の夢だった。サマーズ校長の指導のもとＡＢコームス小学校が受賞した米国の賞は、全米優秀学校賞、全米品格教育賞、全米マグネット・スクール賞、全米タイトルⅠ優秀校、全米最優秀小学校など多数にのぼり、フランクリン・コヴィー社より初のパイロット校賞にも選出された。二児（バンクスとコーリン）の母親でもある。世界中の子どもたちの成長に貢献すべく、同僚の教育者たちとの連携した取り組みに情熱を燃やしている。

デイビッド・Ｋ・ハッチ博士

デイビッド・Ｋ・ハッチ博士はフランクリン・コヴィー社教育部門の戦略イニシアチブ担当グローバルディレクターである。コンサルタントとして世界三五ヵ国以上を飛び回り、彼の個人および組織のリーダーシップ評価は全世界のリーダー一〇〇万人以上に利用されている。

『偉大なる選択～偉大な貢献は、日常にある小さな選択から始まった～』（キングベアー出版）はスティーブン・Ｒ・コヴィー博士との共著であり、本書『リーダー・イン・ミー』では初版および第二版とも主任調査員を務めた。企業や政府、教育機関を対象とするコンサルティング活動に従事し、この一〇年間は特に学校や個人が変革を実現するための実用的ツールの導入・応用に取り組んでいる。妻メアリー・アン、そして子どもたちとともにユタ州リンドンに居住。世界中の人々のためにより良い社会を実現しようと精力的に活動している。

◎参考文献（本文で引用されている文献）

はじめに

フランクリン・コヴィーの以下の著作は、冒頭の「はじめに」の中で、また、そのあとも随所で参照されている。

Covey, Stephen R. The 7 Habits of Highly Effective People: Powerful Lessons in Personal Change. New York: Simon and Schuster, 1989. Print. スティーブン・R・コヴィー著『7つの習慣』（キングベアー出版）

Covey, Stephen R. The Leader in Me: How Schools and Parents Around the World are Inspiring Greatness, One Child at a Time. New York: Free Press, 2008. Print. スティーブン・R・コヴィー著『リーダー・イン・ミー』（キングベアー出版）

Covey, Sean. The 7 Habits of Highly Effective Teens: The Ultimate Teenage Success Guide. New York: Simon and Schuster, 1998. Print. ショーン・コヴィー『7つの習慣 ティーンズ』（キングベアー出版）

Covey, Sean. The 6 Most Important Decisions You Will Ever Make: A Guide for Teens. New York: Fireside, 2006. Print. ショーン・コヴィー著『7つの習慣 ティーンズ2 大切な6つの決断 ～選ぶのは君だ～』（キングベアー出版）

Covey, Sean. The 7 Habits of Happy Kids. New York: Simon and Schuster, 2008. Print.

第1章 素晴らしすぎて信じ難い

Pink, Daniel, A Whole New Mind: Why Right-Brainers Will Rule the Future. The Berkley Publishing Group, New York, 2006, p.1, 3. ダニエル・ピンク著『ハイ・コンセプト「新しいこと」を考え出す人の時代』（三笠書房）

大学生の30％以上が一学年で中退している。以下参照：Upcraft, M. Lee, Gardner, John N., Barefoot, Betsy O., Challenging and Supporting the First-Year Student. San Francisco: John Wiley & Sons. Press. p.29. (中退率は学校の種類により17 ～ 47%に及ぶ)

Gardner, Howard. Five Minds for the Future. Boston: Harvard Business School Press, 2007, p. 17. Print. ハワード・ガードナー著『知的な未来をつくる「5つの心」』（武田ランダムハウスジャパン）

Tough, Paul. How Children Succeed: Grit, Curiosity, and the Hidden Power of Character. Boston: Houghton Mifflin Harcourt, 2012, p.xv. Print. ポール・タフ著『成功する子 失敗する子―何が「その後の人生」を決めるのか』（英治出版）

Seligman, Martin. Authentic Happiness: Using the New Positive Psychology to Realize Your Potential for Lasting Fulfilment. New York: Free Press, 2002, p.27-29. マーティン・セリグマン著『世界でひとつだけの幸せ―ポジティブ心理学が教えてくれる満ち足りた人生』（アスペクト）

第2章 導入の経緯と理由

ミュリエルに与えられた、「雇用主が求める資質とスキル上位10位」のリストは、全米大学・雇用主協会の作成によるものだった。

親の考え方の変化に関するデュアン・アルウィンの調査の詳細は以下参照：Psychology Today, October, 1988, article by Anne Remley。これは1924年に社会学者のヘレン／ロバート・リンドによって開始され、54年後にバージニア大学の社会学者テオドール・キャップロー、ブリガム・ヤング大学のハワード・バーとブルース・チャドウィックによって複製された「ミドルタウン」調査を参照している。

Learning, the Treasure Within: Report to UNESCO of the International Commission on Education for the Twenty-First Century. Paris: UNESCO Pub, 1996. Print. この報告書は、1990年代に発行されたが、今なお世界各地で参照されている。

Goleman, Daniel, (1994, Spring) A great idea in education: Emotional literacy, Great Ideas in Education: A Unique Book Review and Resource Catalog, No. 2, pp.33-34. 心の知能指数が職場でのリーダーシップに及ぼす影響を調べた調査については以下参照：Daniel Goleman ／ Annie McKee ／ Richard E. Boyatzis『Primal Leadership: Realizing the Power of Emotional Intelligence』Harvard Business School Press, March 2002, p.39.

「……トップレベルの成功を……」については以下参照：Goleman, Daniel. Working With Emotional Intelligence. New York: Bantam Books, 1998. Print.

「……2007年には……"Partnership for 21st Century Skills"〔仮訳：21世紀スキルのためのパートナーシップ〕……」については、教育に対する米国成人の意識調査がパブリック・オピニオン・ストラテジーズ社およびピーター・D・ハート・リサーチ・アソシエーツ社によって実施されている。この全国調査では、2007年9月10日～12日の期間に登録有権者800人が対象となった。"Framework for Partnership for 21st Century Skills"〔仮訳：21世紀スキルのためのパートナーシップ〕については以下参照：www.21stcenturyskills.org。

「2009年、英国を拠点とする世界的教育機関エデクセルが……24カ国の2000社を対象に調査を行った」については以下参照：Effective Education for Employment: A Global Perspective.<http://www.eee-edexcel.com/xstandard/docs/effective_education_for_employment_web_version.pdf>

Wagner, Tony. The Global Achievement Gap: Why Even Our Best Schools Don' t Teach the New Survival Skills Our Children Need – and What We Can Do About It. New York: Basic Books, 2008. Print.

「……2013年に全米の成人を対象に実施されたギャラップ世論調査……」は以下にて引用：Lopez, Shane and Calderon, Valerie J., Americans Say U.S. Schools Should Teach "Soft" Skills, August 21, 2013 以下参照：http://www.gallup.com/poll/164060/americans-say-schools-teach-soft-skills.aspx

「調査結果は語る」は以下参照:CASEL (学習･社会性･情動学習促進協同チーム､2011) CASELブリーフ:証拠重視のSELプログラムによって子どもたちが学校や人生においてより大きな成果を生み出す仕組み。以下より検索：http://casel.org/wpcontent/uploads/2011/04/academicbrief.pdf. このブリーフで引用されているのは、サマリーで指摘されている他の2つの調査報告書であった：

・Hawkins JD, Graham JW, Maguin E, Abbott RD, & Catalano RF (1997). 飲酒開始年齢および心理社会的リスク要因がその後のアルコール乱用に及ぼす影響の調査。Journal of Studies on Alcohol, 58(3): 280-290.

・Larson, Reed W., and Csikszentmahalyi, Mihaly (1980)。思春期の発達における一人で過ごす時間の意義。Journal of Current Adolescent Medicine, 2. 33-40.

第3章「7つの習慣」を教える

Viorst, Judith. Alexander and the Terrible, Horrible, No Good, Very Bad Day. New York: Atheneum Books for Young Readers, 2009.
Wong, Harry. The First Days of School: How to be an Effective Teacher. 4th Ed.
Mountain View, CA: Harry K. Wong Publications, 2009. Print.
Johnson, Joseph, Cyntia Uline, and Lynne Perez. Teaching Practice from America' s Best Urban Schools. Larchmont, NY: Eye on Education, 2013. Print.
Diesen, Deborah. The Pout-Pout Fish. New York: Farrar Straus Giroux, 2008. Print.

第4章 リーダーシップ文化を築く

Robinson, Ken. The Element: How Finding Your Passion Changes Everything. New York: Viking, 2009. Print.
Moore, Lonnie. The High-Trust Classroom: Raising Achievement From the Inside Out. Larchmont, NY: Eye on Education, 2009.
「調査結果は語る……ウォーレス財団より資金援助を受け、六年間にわたり共同で調査……」については、ミネソタ、トロント両大学が2010年7月に実施した調査である以下を参照：Louis, Karen Seashore, Leithwood, Kenneth, Wahlstrom, Kyla L., and Anderson, Stephen E. Investigating the Links to Improved Student Learning: Final report of Research Findings, Commissioned by The Wallace Foundation。
McGuey, Gary. The Mentor: Leadership Trumps Bullying. Self-Published. 2012. Print.
「……今や学校教職員の74%が、文化の改善は児童の成績向上に「非常に重要である」と認識している……」は、エデュケーション・ウィーク紙より公表された2013年「品質調査」レポートに基づく。Baker, Celia. Improving school character: climate change that helps, Deseret News, Published: Thursday, Feb. 7, 2013. にて引用。以下参照：http://www.deseretnews.com/article/865572600/Improving-school- character-climate-change-that-helps.html?pg=all#1TkLPtsBXwklK87k.99.

第5章 学校の目標を達成する

「どんな企業も、統一的な目標と価値観へのコミットメントを必要とする……」については以下参照：Drucker, Peter F. The Essential Drucker: The Best of Sixty Years of Peter Drucker's Essential Writings on Management. New York: HarpersCollins, 2001.
Ben-Shahar, Tal. Happier: Learn the Secrets to Daily Joy and Lasting Fulfillment. New York: McGraw-Hill, 2007, p. viii. Print.
「4つの手順」の詳細な定義は以下参照：McChesney, Chris, Sean Covey, and Jim Huling. The 4 Disciplines of Execution: Achieving Your Wildly Important Goals. New York: Free Press, 2012. Print.
「……［リーダー］が犯す最大の間違いは、連携の重要性を軽視することだ……」については以下参照：James C. Collins and Jerry I. Porras, Built to Last: Successful Habits of Visionary Companies. New York: HarperCollins, 1994.

「学力の伸びは他の児童との比較で測定されるとすれば……」については以下参照：Marzano, Robert J. What Works in Schools: Translating Research into Action, Association for Supervision and Curriculum Development, Alexandria, Virginia, 2003, p. 149.

「自治には結果確認の責任が伴う……」については以下より引用：DuFour, Richard and Michael Fullan. Cultures Built to Last: Systemic PLCs at Work. Bloomington, IL: Solution Tree Press, 2013. Print.

Hattie, John. Visible Learning: A Synthesis of Over 800 Meta-Analyses Relating to Achievement, p. 163-67, 173-178。この調査では以下も引用されている。

- Fuchs, L.S., & Fuchs, D.(1986) 長期的および短期的目標に向けた進歩に対するカリキュラム重視の評価。Journal of Special Education. 20(1), 69-82.
- Burns, M.K. (2002) カリキュラム重視の評価を用いた介入に対する包括的評価システム。Intervention in School and Clinic, 38(1), 8-13.
- Martin, A.J. (2006). パーソナルベスト（PB）：多面的モデルおよび実証的分析案。British Journal of Educational Psychology, 76, 816.
- Locke, E.A. & Latham, G.P. (1990). 目標設定とタスクパフォーマンスの理論。Englewood Cliffs, NJ: Prentice Hall, p.23.
- Nuthall, G.A. (2005)23. 教室での授業と学習の文化的通念と現実：個人的進歩。Teachers College Record, 107(5), 895-934.
- Deci, E.I., Koestner, R., & Ryan, R.M. (1999). 外的報酬が内発的動機に及ぼす影響を調べる実験結果のメタ分析レビュー。Psychological Bulletin, 125(6), 659.

「ロシェル・マギーという名前の母親がリーダーシップデーで語った言葉が、そのあたりを物語っている……」2012年12月13日に電子メールで送られた。

「『偉大なもの』のためなら、『良いもの』を諦めるのを恐れることはない……」Collins, Jim. Good to Great: Why Some Companies Make the Leap…and Others Don' t. New York: HarperCollins, 2001. ジム・コリンズ著『ビジョナリー・カンパニー２　飛躍の法則』（日経BP社）

「読書についての管理は、『Accelerated Reader™ プログラム』（読書の進捗を管理するソフト）を活用して行われた……」教材として使用される本はルネサンス・ラーニングから出版されている。以下参照：http://www.renlearn.com/ar/

第6章 原則を家庭に応用する

「ハーバード大学教育大学院のカレン・L・マップ教授によれば……」は、Christina A. Cassidy, Schools learn to roll out red carpet for parents, Associated Press, Sunday, September 8, 2013より引用。

Covey, Stephen R. The 7 Habits of Highly Effective Families: Building a Beautiful Family Culture in a Turbulent World. New York: Golden Books, 1997. Print. スティーブン・R・コヴィー著『7つの習慣 ファミリー』（キングベアー出版）

「学校には、児童たちの家庭の雰囲気を変える力がある。親の収入や学歴、職業までは変えられないとしても……」Marzano, Robert J. What Works in Schools: Translating Research into Action. Association for Supervision and Curriculum Development, Alexandria, VA, 2003, p.128

第7章 地域社会を巻き込む

「調査結果はきわめて明確に物語っている……」Fullan, Michael, Broadening the concept of teacher leadership. In S. Caldwell (Ed.), Professional development in learning-centered schools. Oxford, OH: National Staff Development Council, 1997a.
Leaders and Laggards: A State-by-State Report Card on Educational Effectiveness. Copyright c 2007 U.S. Chamber of Commerce 1615 H St NW Washington DC 20062-2000.

第8章 中学、高校、さらにその先へ

全米ギャラップ調査のデータおよびブランドン・バスティード氏の発言の引用は以下にて報じられている：Baker, Celia R., Teacher, I' m bored, Deseret News, National Edition, Monday, Dec. 2, 2013.
「生徒たちが今世紀において成功するためには……」とのウィラード・ダジェット博士の言葉は、教育イベントにおけるリーダーシップのための国際センターより提供を受けた。「厳密性と適用可能性」に関する博士の研究の詳細は以下参照：www.leadered.com.
「効果的な中学校をつくるための主要な戦略の一つは……」については以下参照：National Association of Secondary School Principals, Breaking Ranks in the Middle: Strategies for Leading Middle Level Reform, Reston, Virginia (2006).
「……自分が信頼している大人とそうした関係を築いている生徒の場合、退学するリスクは最大50%も下がると推測されている……」については以下参照：Croninger, R.G. and Lee, V.E. (2001). "Social capital and dropping out of high school: Benefits to at-risk students of teachers' support and guidance." Teachers College Record, 103:548-581.
「別のオランダ人学生のダニエル・スパイカーは次のように言う……」については以下参照：From CHN' s Passion: Annual Educational Report, CHN University, ed., K. Van der Hoek, R. Veenstra, 2006, pp. 52-54, 139.

第9章 変革の炎を燃やし続ける

「変革は全員の仕事である……」については以下参照：Deming, W. Edwards, Out of the Crisis. Cambridge: Massachusetts Institute of Technology, 1982.
「リーダーシップ論の大家、ジム・コリンズはこれを、『適切な人をバスに乗せる』と表現している……」については以下参照：Collins, Jim. Good to Great: Why Some Companies Make the Leap…and Others Don' t. New York: HarperCollins, 2001.
「34カ国から成る経済協力開発機構（OECD）のレポートによると……」は、2010年10月27日付『エデュケーション・ウィーク』紙に掲載のリチャード・デュフォーによる記事 "Why Educators Should be Given Time to Collaborate" (Vpl. 30, #9, p.15.) より引用。
「教えることは、大人たちが行う二番目にもっとも個人的な行為と言われている……」は以下より引用：DuFour, Richard and Eaker, Robert, Professional Learning Communities at Work: Best Practices for Enhancing Student Achievement. (National Educational Service, Bloomington, Indiana, 1998), p.115.
「ジョンズ・ホプキンス大学レポート」については以下参照：Ross, Steven & Laurenzano,

Implementation Quality and Outcomes of The Leader In Me (TLIM) Program: Case Studies at Two Diverse Elementary Schools, Center for Research and Reform in Education (CRRE), Johns Hopkins University, 2012.
「組織においては、アイデアの多くが実行に移されずに終わってしまう」については以下参照：Bolman, Lee and Terrence Deal. Reframing Organizations: Artistry, Choice, and Leadership. San Francisco: Jossey-Bass, 2013. Print.
Dweck, Carol. Mindset: Mindset: The New Psychology of Success. New York: Ballantine Books, 2008, p 6, 16. Print.

第 10 章 最初を思い出しながら終わる

「自分が初めて意識的に使った言葉で……」については以下参照：Keller, Helen. My Key of Life: Optimism: An Essay. London: Isbister and Co, 1094. Print.
ライリーのエピソードは、2013 年 4 月 30 日火曜日にアルバータ州エドモントンで開催された「リーダー・イン・ミー・シンポジウム」での彼の母親のスピーチより抜粋。
アン・サリヴァンによる卒業式での答辞全文は以下参照：www.perkins.org/culture/helenkeller/sullivanvaledictory.html. アン・サリヴァンおよびヘレン・ケラーのその他の引用については以下参照：Lash, Joseph P. Helen and Teacher: The Story of Helen Keller and Anne Sullivan Macy. Merloyd Lawrence, New York, 1980.
「鏡の国のアリス」については以下参照：Carroll, Lewis, Through the Looking Glass, chapter 2. Logical Nonsense: The Works of Lewis Carroll, ed. Philip C. Blackburn and Lionel White, p.177. 初版 1872 年。
「米国の公立学校の現行カリキュラムに存在する大きな問題点は……」については以下参照：DuFour, Richard and Eaker, Robert, Professional Learning Communities at Work: Best Practices for Enhancing Student Achievement. (National Educational Service, Bloomington, Indiana, 1998), p.165.
「彼らの同僚であるロバート・マルザノが実施した調査の結果が……」については以下参照：Marzano, Robert J. in What Works in Schools: Translating Research into Action. Association for Supervision and Curriculum Development, Alexandria, VA, 2003, p. 26-28. マルザノは自分の主張の根拠として、TIMSS study by Smith, McKnight, & Raizen, 1996 を挙げる。
「これこそ人生の真の喜びである ― 自らが大切だと信じる目的のために働くことである……」については以下参照: Shaw, George Bernard Shaw. Man and Superman、初版1903年。バーナド・ショー『人と超人』（岩波書店）

フランクリン・コヴィー社について

フランクリン・コヴィー社は、戦略実行、顧客ロイヤリティ、リーダーシップ、個人の効果性の分野において、コンサルティングおよびトレーニング・サービスを提供するグローバル・カンパニーです。顧客には、米国の『フォーチュン』誌が指定する最優良企業上位一〇〇社のうち九〇社、同じく五〇〇社の四分の三以上が名を連ねるほか、多数の中小企業や政府機関、教育機関も含まれています。フランクリン・コヴィー社は、世界四六都市に展開するオフィスを通して、一四七カ国でプロフェッショナル・サービスを提供しております。

トレーニング提供分野：

- 7つの習慣
- リーダーシップ
- タイム・マネジメント
- 実行
- コミュニケーション
- プロジェクト・マネジメント
- キャリア
- セールス・パフォーマンス

詳しくは、弊社Ｗｅｂサイト（www.franklincovey.co.jp）をご覧ください。

リーダー・イン・ミー

「7つの習慣」で子どもたちの価値と可能性を引き出す！

2014年8月31日　初版第一刷
著　者　スティーブン・R・コヴィー
ショーン・コヴィー
ミュリエル・サマーズ
デイビッド・K・ハッチ
発行者　竹村富士徳
発行所　キングベアー出版
〒102-0075
東京都千代田区三番町5-7　精糖会館7階
電話　：03-3264-7403（代表）
URL　：http://www.franklincovey.co.jp/

印刷・製本　大日本印刷株式会社
ISBN 978-4-86394-029-1
